季冻区粉质黏土路基
回弹模量预估与性能劣化机制

付伟　王云　何斌　著

中国建筑工业出版社

图书在版编目（CIP）数据

季冻区粉质黏土路基回弹模量预估与性能劣化机制/
付伟等著.—北京：中国建筑工业出版社，2018.6
ISBN 978-7-112-22093-9

Ⅰ.①季… Ⅱ.①付… Ⅲ.①公路路基-回弹模量-
研究 Ⅳ.①U416.1

中国版本图书馆 CIP 数据核字（2018）第 077557 号

　　本书针对季节性冰冻区路基性能劣化问题，重点围绕粉质黏土路基回弹特性变化与控制，系统阐述了季冻区路基回弹模量预估模型、性能劣化机制与控制方法。主要内容有：绪论、季冻区路基冻害与回弹模量影响因素、未冻融粉质黏土回弹特性试验分析、冻融作用下粉质黏土回弹特性试验分析、基于 SEM 的季冻区路基土性能劣化机制分析、真实气候条件下季冻区路基结构性能劣化机制、典型处治措施下季冻区路基结构性能控制机理、总结。

　　本书可供从事公路设计、施工、养护及管理工作的技术人员参考，也可作为相关专业大专院校师生学习用书。

　　责任编辑：杨　允
　　责任设计：李志立
　　责任校对：李美娜

季冻区粉质黏土路基回弹模量预估与性能劣化机制
付伟　王云　何斌　著

*

中国建筑工业出版社出版、发行（北京海淀三里河路 9 号）
各地新华书店、建筑书店经销
北京佳捷真科技发展有限公司制版
北京圣夫亚美印刷有限公司印刷

*

开本：787×960 毫米　1/16　印张：11½　字数：228 千字
2018 年 7 月第一版　2018 年 7 月第一次印刷
定价：**50.00** 元
ISBN 978-7-112-22093-9
（31986）

前　言

　　季节性冻土广泛分布于我国东北、西北、华北等地区，近年来，随着"一带一路"倡议、西部大开发、振兴东北等国家战略的深入推进，我国基础设施建设力度逐渐向西部北部地区加大，季节性冰冻区已建和待建的高等级公路越来越多，交通需求和服务质量要求也逐步提高。道路冻害一直是困扰季节性冰冻区公路建设与养护的技术难题，如何建立安全舒适、经济耐久、环保美观的公路工程，成为当前季冻区道路工程建设管理日益关切的问题。

　　本书在中交第二公路勘察设计研究院有限公司承担的大量季冻区公路勘察设计工程实践基础上，相继开展了路堤合理高度的研究（西部交通建设科技项目200831822312-1）、低路堤防排水技术研究（西部交通建设科技项目200831822312-2）、公路路基结构性能与设计指标研究（西部交通建设科技项目2011318493720）、季冻区公路低路堤修筑关键技术研究（吉林省交通运输科技项目2011-1-3）、季冻区路基土回弹模量衰减机理与预估模型研究（中交二公院科技研发项目KJFZ-2012-045）等课题研究，形成了以路基填料微观分析、室内小尺度冻融循环、路基结构足尺仿真分析等多尺度研究路基结构性能的方法，对季冻区路基回弹特性预估模型、性能劣化机制与控制方法，进行了较为系统地分析研究。

　　全书分为8章：第1章绪论，主要介绍了季冻区公路路基结构性能的特点、技术问题和研究进展情况；第2章季冻区路基冻害与回弹模量影响因素，阐述我国典型季冻区公路路基病害及成因、路基土回弹模量影响因素；第3章未冻融粉质黏土回弹特性试验分析，研究不同含水率、压实度状态下粉质黏土填料的回弹特性及变化规律，建立未冻融粉质黏土回弹模量的预估模型；第4章冻融作用下粉质黏土回弹特性试验分析，研究不同冻结温度、水补给环境及不同含水率、压实度状态下粉质黏土填料的回弹特性及衰减规律，建立粉质黏土填料冻融后稳定回弹模量的预估模型；第5章基于SEM的季冻区路基土性能劣化机制分析，定量分析不同冻融次数后路基土结构微观特性，阐释季冻区路基土路用性能劣化机制；第6章真实气候条件下季冻区路基结构性能劣化机制，模拟不同气候环境条件下季冻区路基内部温度场、湿度场、回弹模量场分布变化特征，分析季冻区路基结构性能劣化机制；第7章典型处治措施下季冻区路基结构性能控制机理，阐述季冻区路基病害常用防护措施，重点仿真分析防水保温措施对季冻区路基结构性能的控制效果和机理；第 8 章总结。其中，第 1、3、4、7、8 章由付伟撰写，第 2 章由何斌撰写，第 5、6 章由王云撰写，全书由付伟统稿。

本书即将出版之际，首先感谢中交第二公路勘察设计研究院有限公司为本书的完成提供了资金支持和人力保障；感谢中交第二公路勘察设计研究院有限公司吴万平教授级高工，为系列课题研究和本书撰写给予了大量的悉心指导和无私帮助；感谢吉林省交通运输厅陈东丰研究员，为本书撰写提供了部分调研资料；感谢三峡大学谈云志、武汉理工大学陈奇、武汉工程大学陈文，为本书撰写进行了部分室内实验工作；感谢张晶、卓浩对全书的校核，为本书的撰写提供了有益帮助。

本书适合公路设计、施工、养护及管理人员在具体工作中参照使用，也可作为相关专业本科生、研究生的教学参考书。限于作者的认识水平，书中难免存在疏漏和不足，请广大读者不吝赐教。

作者
2018 年 3 月

目　　录

第1章　绪论 ⋯⋯⋯⋯⋯⋯⋯⋯⋯⋯⋯⋯⋯⋯⋯⋯⋯⋯⋯⋯⋯⋯⋯ 1

　1.1　背景 ⋯⋯⋯⋯⋯⋯⋯⋯⋯⋯⋯⋯⋯⋯⋯⋯⋯⋯⋯⋯⋯⋯⋯⋯ 1

　1.2　国内外研究现状 ⋯⋯⋯⋯⋯⋯⋯⋯⋯⋯⋯⋯⋯⋯⋯⋯⋯⋯⋯⋯ 2

　1.3　本书的主要内容 ⋯⋯⋯⋯⋯⋯⋯⋯⋯⋯⋯⋯⋯⋯⋯⋯⋯⋯⋯ 14

第2章　季冻区路基冻害与回弹模量影响因素 ⋯⋯⋯⋯⋯⋯⋯⋯⋯ 15

　2.1　季冻区公路路基冻害与回弹模量调查 ⋯⋯⋯⋯⋯⋯⋯⋯⋯⋯ 15

　2.2　季冻区路基回弹模量影响因素分析 ⋯⋯⋯⋯⋯⋯⋯⋯⋯⋯⋯ 36

　2.3　本章小结 ⋯⋯⋯⋯⋯⋯⋯⋯⋯⋯⋯⋯⋯⋯⋯⋯⋯⋯⋯⋯⋯ 38

第3章　未冻融粉质黏土回弹特性试验分析 ⋯⋯⋯⋯⋯⋯⋯⋯⋯⋯ 40

　3.1　方案设计与试验方法 ⋯⋯⋯⋯⋯⋯⋯⋯⋯⋯⋯⋯⋯⋯⋯⋯⋯ 40

　3.2　未冻融粉质黏土回弹特性 ⋯⋯⋯⋯⋯⋯⋯⋯⋯⋯⋯⋯⋯⋯⋯ 45

　3.3　回弹模量预估模型构建与验证 ⋯⋯⋯⋯⋯⋯⋯⋯⋯⋯⋯⋯⋯ 46

　3.4　本章小结 ⋯⋯⋯⋯⋯⋯⋯⋯⋯⋯⋯⋯⋯⋯⋯⋯⋯⋯⋯⋯⋯ 48

第4章　冻融作用下粉质黏土回弹特性试验分析 ⋯⋯⋯⋯⋯⋯⋯⋯ 49

　4.1　方案设计与试验方法 ⋯⋯⋯⋯⋯⋯⋯⋯⋯⋯⋯⋯⋯⋯⋯⋯⋯ 49

　4.2　冻融作用下路基土回弹模量衰减规律 ⋯⋯⋯⋯⋯⋯⋯⋯⋯⋯ 60

　4.3　开放系统冻融稳定后粉质黏土回弹模量试验 ⋯⋯⋯⋯⋯⋯⋯ 67

　4.4　封闭系统冻融稳定后粉质黏土回弹模量试验 ⋯⋯⋯⋯⋯⋯⋯ 73

　4.5　开放与封闭系统条件下粉质黏土回弹特性对比分析 ⋯⋯⋯⋯ 79

　4.6　冻融稳定后路基土回弹模量预估模型构建与验证 ⋯⋯⋯⋯⋯ 82

　4.7　本章小结 ⋯⋯⋯⋯⋯⋯⋯⋯⋯⋯⋯⋯⋯⋯⋯⋯⋯⋯⋯⋯⋯ 88

第5章　基于SEM的季冻区路基土性能劣化机制分析 ⋯⋯⋯⋯⋯⋯ 90

　5.1　土体微观结构研究方法 ⋯⋯⋯⋯⋯⋯⋯⋯⋯⋯⋯⋯⋯⋯⋯⋯ 90

　5.2　不同冻融次数后路基土颗粒微观特性分析 ⋯⋯⋯⋯⋯⋯⋯ 100

　5.3　不同冻融次数后路基土孔隙微观特性分析 ⋯⋯⋯⋯⋯⋯⋯ 105

　5.4　本章小结 ⋯⋯⋯⋯⋯⋯⋯⋯⋯⋯⋯⋯⋯⋯⋯⋯⋯⋯⋯⋯ 109

第6章　真实气候条件下季冻区路基结构性能劣化机制 ⋯⋯⋯⋯ 111

　6.1　季冻区路基土湿热耦合分析模型 ⋯⋯⋯⋯⋯⋯⋯⋯⋯⋯⋯ 111

　6.2　路基土冻融过程湿热响应分析模型与参数 ⋯⋯⋯⋯⋯⋯⋯ 115

6.3 气候作用下典型季冻区路基内部温湿度响应特征 ……………… 120

6.4 典型季冻区路基模量场分布与演化特征 …………………… 127

6.5 不同气候环境下季冻区路基结构性能劣化机制分析 ………… 138

6.6 本章小结 ……………………………………………………… 142

第7章 典型处治措施下季冻区路基结构性能控制机理 ………… 144

7.1 季冻区路基冻害处治措施 …………………………………… 144

7.2 典型处治措施下季冻区路基回弹模量变化分析 …………… 149

7.3 防水保温措施下季冻区路基结构性能控制机理分析 ……… 162

7.4 本章小结 ……………………………………………………… 163

第8章 总结 ………………………………………………………… 165

参考文献 ………………………………………………………………… 167

第1章 绪 论

1.1 背景

我国季节冻土分布广泛，约占国土面积的 53.5%，其中，中深度季节冻土（冻深＞1m）约占国土面积的 1/3，主要分布于东北三省、内蒙古、甘肃、宁夏、新疆北部、青海、川西和西藏等地。

在季节性冰冻地区（季冻区），随着冬季气温的下降，土体中原有的水分和从外界迁移进来的水分逐渐相变成冰，引起土颗粒间的相对位移，使土体体积产生冻胀，春季气温升高后土中冰逐渐相变成水，致使土体融化沉降，这种反反复复的冻胀和融沉变形，引起路基路面开裂、凸凹不平、鼓胀、翻浆等多种病害，如图 1.1-1 所示。

(a) 长春-松原K65+100道路冻胀翻浆

(b) 长春-松原K630+700路面冻融破坏

(c) 吉林环长白山线路基路面纵向裂缝

(d) G302国道吉林段路面破损

图 1.1-1 季冻区道路常见病害

公路是直接修筑于自然环境中的人工线形结构物，季冻区反复的冻融循环作用，使路基湿度状态、回弹模量等表征路基性能的参数逐渐发生变化，路基性能的衰减导致路面受力状态与性能发生变化，最终导致路面结构破坏，严重影响了道路的服务水平和使用寿命，给公路尤其是高等级公路的正常运营带来了安全隐患，同时也额外增加了公路养护费用。季节性冰冻地区道路的主要病害是冻融对路基路面结构层的影响，抬高路基是防治道路冻害的有效措施，这种方式虽达到了减轻或防止冻融的目的，但会占用大量土地，由于土地是不可再生性资源，通过抬高路基防冻抗冻的方式已难以持续。

在路基路面设计中，我国现行的《公路路基设计规范》JTG D 30—2015 和《公路沥青路面设计规范》JTG D 50—2017 规定以最不利季节下路基土回弹模量为设计值，给出了标准状态下典型土组的回弹模量参考值，也明确非冰冻区路基土湿度预估方法及干湿循环条件下回弹模量湿度调整系数，但对季冻区路基土只给出了一个范围比较宽泛的回弹模量冻融循环折减系数，还没有具体细化如何考虑冻融作用来确定回弹模量调整系数的测试方法及状态，因此有必要深入研究不同影响因素条件下回弹模量的劣化规律，进一步加强土基回弹模量预估研究，以使规范操作起来更加便捷、准确。

为此，中交第二公路勘察设计研究院有限公司结合多年的季冻区公路勘察设计工程实践，持续开展了近十年的相关科技攻关，对季冻区公路路基结构性能及修筑技术进行了深入研究。本书为项目研究成果的部分总结，以粉质黏土填方路基为对象，重点阐述季节性冰冻区路基性能衰减规律与劣化机制，以及路基回弹模量预估模型和控制方法。

1.2　国内外研究现状

1.2.1　冻土力学

冻土是指温度在 0℃ 或 0℃ 以下，并含有冰的各种岩石和土壤。冻土包括多年冻土和季节冻土，前者指冻结状态连续两年或两年以上的温度低于 0℃ 且含冰的土，后者指随季节冻结和融化（冬季冻结、夏季全部融化）的土。冻土区别于常规融土的最本质的特征是冰的存在，也就是说，通常情况下融土是三相体系，而冻土是四相体系，如图 1.2-1 所示。

广义的冻土力学可以分为冻融作用和已冻土的力学性质两大部分，前者又涉及冻胀、融沉和冻融作用对土力学性质的改变，而后者则主要是已冻土的强度、应力-应变关系和动力特性等。冻土力学是冻土学的一个分支，国外冻土力学特性的研究始于 20 世纪 30 年代的苏联，以维亚洛夫（Vyalov）和崔托维奇（Tsytovich）为代表的冻土力学专家，在 60 年代和 70 年代取得了大量的成果。第一篇研究冻土力学性质的论文是苏联的崔托维奇（1930）发表的，随后崔托维奇又写了冻土力学的第一部著作《冻土力学基础》（1937）。《冻土力学原理》（1952）和维亚洛夫的《冻土流变性质及承载能力》（1959）以及冻土奠基人崔托维奇博士论文《冻土变形研究》（1940）这些论文和专著成为冻土力学的奠基之作，同时这些冻土在载荷下的应力应变关系随温度变化关系、长期强度理论以及冻土的流变特性都有效地指导了苏联当时的寒区工程建设。从此之后冻土力学在美国、加拿大、日本、中国得到了蓬勃的发展。我国冻土力学研究则始于 70 年代中期的青藏公路建设项目，由

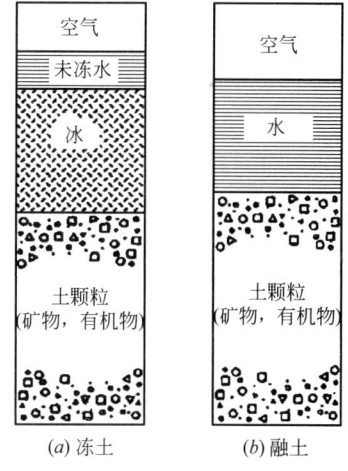

(a) 冻土   (b) 融土

图 1.2-1 冻土和融土的物质构成图（马巍）

于与国际接轨早发展极为迅速，目前有些研究已处于国际先进水平。

（1）冻融作用

冻融作用可分为冻胀、融沉以及冻融循环对土力学性质的影响几个方面的内容。自然条件下地基土及土工构筑物本身土质、水文及冻结条件的不均一性，造成建筑物的不均匀冻胀变形而不能正常运行，甚至破坏；或者即使在冻结时尚能运行，一旦融化便丧失承载力而破坏，称为冻害，是造成多年冻土地区建筑物破坏的主要原因。

1）冻胀

土的冻胀是由于土温度降至冰点以下，土体原孔隙中的部分水结冰体积膨胀，以及更主要的是在土壤水势梯度作用下未冻区的水分向冻结缘迁移、聚集，并冻结膨胀所致。土的冻胀受很多因素影响，如土质、水分补给、冻结条件（温度梯度和冻结速率）以及上覆荷载等。

冻胀是人们认识土冻结的最直观的现象，也是研究较为深入的课题，迄今为止已有十几个相关的冻胀模型或理论，Harlan 在 20 世纪 70 年代初提出水-热耦合模型、分凝势模型、水-热-力耦合模型、刚体冰模型、分离冰模型、热力学模型等；Konrad 等分析认为分凝冰产生的位置在冻结缘内某固定温度处；Nixon 指出，其实质与冰压力方法完全类似，且应用不如冰压力方法来得简洁。Konrad 等的模型对冰透镜体的判断分析混合了力学和物理方法，从能量和水阻的角度分析判断。Gilpin 在冻胀模型中采用冰压力的大小以判断分凝冰的形成；曾桂军、张明义运用试验与数值分析相结合的方法对饱和正冻土水分迁移及冻胀模型进行了验证试验。

2）融沉

冻土融化时，由于孔隙水的排出，使土体产生下沉，叫作融沉。对于冻土的融化下沉的研究主要有经验和理论两种方法。经验方法是预测融沉最直接的方法，国内外学者基于大量的试验数据得到了土体参数，这些研究大多集中于研究融沉系数同冻结干密度和含水率之间的统计关系，但由于经验方法对融化沉降只能做出较为粗略的估计且由于取样的随机性存在较大的随机误差，因此在进行准确的工程预报时存在着自身不可避免的局限性。融化固结理论为理论方法的最早尝试，Morgenstern 等基于太沙基一维固结理论，结合纽曼热传导方程得到了一维情况的变边界融化固结理论，但该模型基于小变形假设，预测大含冰量冻土融化时存在很大误差。Foriero 等基于一维大变形固结理论，建立了一维大变形融化固结理论。Gibson 等的理论基于对流坐标系，以孔隙比为场变量突破了小变形假设的局限，同时使用压缩系数和渗透系数同孔隙比间的非线性关系反映大变形对材料性质的影响，能够合理地描述一维情况高含水率土体的固结问题。但由于场变量孔隙比的引入，使得该理论无法拓展至三维情况。Cater 基于现时构型得到了三维情况下的大变形固结理论，物理意义明确，方程形式简洁，可以借鉴用以描述复杂条件下冻土融化的大变形固结问题。

3）冻融作用对土力学性质的影响

冻融作用影响土的孔隙比、渗透性、密度及微观结构，进而影响土的强度、应力应变关系等力学性质。王大雁，马巍等对经历了 0～21 次冻融过程的黏土进行三轴剪切试验，系统地研究了试样高度、含水率、应力-应变行为、破坏强度、弹性模量、抗剪强度指标等物理力学性质的变化，结果表明，在封闭自由冻结条件下随着冻融循环次数的增加，试样高度将逐渐升高，试样的含水率将逐渐降低，土的黏聚力逐渐下降，冻融循环对土内摩擦角的作用无规律可循，试验黏土的内摩擦角在 15°～30°之间波动；徐学祖、马巍（1996，1999）等通过 5、10 和 21 次室内冻融试验，得到石灰土每一次冻融循环的变形曲线大致可分为冻胀发育、冻胀相对稳定和融化下沉 3 个阶段。同时还发现，反复冻结和融化强烈影响着石灰土的强度特性，一次冻融循环后，对未加石灰的粉土来说，其剪切强度变化不大，但是对石灰粉土来说，其剪切强度明显低于未冻融状态，而且随着冻融循环次数的增加，石灰粉土的剪切强度逐渐衰减，经历 10 次冻融循环的饱水石灰粉土强度最低。陈湘生等（2002）利用自行研制的岩土离心模型试验装置对地基经 2 个冻融循环后进行离心模拟重复试验，表明该试验装置及其测试系统是可行、可靠的，同时试验表明，适当的荷载可抑制地基冻胀；离心模型试验是解决寒区工程问题试验研究的最佳手段之一。和礼红、汪稔等在大量单轴冻融试验的基础上发现冻融循环对 c 值的扰动较大，而对 φ 值的扰动较小，c 扰动达到稳定状态需要 5 个循环次数。朱志武、宁建国等基于广义塑性力学对冻土的体积屈服面进行了探讨。李宁、陈飞熊等从多孔多相连续介质的平衡条件、各相成分之间的变形协调条件、各相成分的应力传递机理及水、冰相变、水、热迁移等应遵循的能量守恒条件出发，建立了饱和正冻（融）土的水、热、力与变形耦合作用的理论框架。李洪升、王悦东等把冻土冻结过程中的内部空穴简化为冻土的初始裂纹，应用断裂力学理论研究了冻土的非线性断裂过程，给出了冻土非线性断裂破坏的胶结力裂纹模型。

（2）已冻土的力学性质

国内外学者通过大量试验，陆续系统地对冻土在不同负温、不同土性、不同含水率和荷载下的强度与变形性质的研究，揭示了冻土的单轴强度、瞬时三轴强度，尤其是冻土的流变特性及最基本的本构关系，并提出了相应的试验拟合模型。F. H. Sayles 在 20 世纪 60 年代末至 70 年代初对渥太华冻砂的蠕变特性作了极详细的研究，研究表明冻砂蠕变曲线分三个阶段：减速蠕变阶段，恒速蠕变阶段和加速蠕变阶段，并针对各个不同蠕变阶段提出了蠕变本构关系；密执安人学 O. B. Andersland 等人（1967，1970）就应力水平及受载时间对冻土蠕变速率及强度的影响进行了研究；B. Ladanyi（1972）通过对冻土蠕变性态的仔细研究，提出一种冻土蠕变的工程理论模型；Haynes et al.（1975）通过单轴压缩和拉伸试验发现冻结粉土的弹性模量随应变率的增加而稍有增加；Bragg et al.（1980）通过单轴压缩试验发现冻结砂土的弹性模量随应变率的增加和温度的降低而增加。

在国内由于青藏公路、青藏铁路等寒区工程建设需要，冻土力学研究如火如荼。吴紫汪、马巍对不同围压下冻土的三轴抗剪强度特性作了系统的试验研究，详细分析了围压对冻土的抗剪强度的影响关系，围压的增大则加速了孔隙冰的压融，当围压大于某值时，会降低冻土的粒间连接强度导致冻土弱化。朱元林、张家懿等根据冻土室内单轴受压的研究成果，将冻土的单轴压缩本构关系归为黏弹塑性和弹塑性两大类，每一大类又包含若干亚类。李海鹏、朱元林等对饱和冻结黏性土在常应变率下的单轴抗压强度进行了研究，建立了以温度、应变率及破坏时间为变量的强度预报方程。李洪升、杨海天等研究了冻土的单轴抗压强度对应变速率的敏感性问题，把单轴抗压强度对应变速率的敏感性分成几个区域，得到了一定温度下的强度与应变速率之间的关系式。马芹永对冻土的抗拉、抗压强度进行了试验研究，得到了冻结黏性土的抗压与抗拉强度之比为 3～5，冻结砂土的抗压与抗拉强度之比为 9～12。马巍、常小晓等对三轴应力作用下的冻结砂土、黄土和黏土的弹性模量进行了室内试验研究，初步得到了弹性模量随围压变化的规律。

马巍、朱元林等分析了冻结黏性土的变形特性，指出其体积变形在加荷初期缩小，随着荷载的增大，又逐渐膨胀。盛煜、吴紫汪等对变应力过程中冻土长期强度以及变形特性进行了试验研究，指出冻土在变应力过程中的破坏时间基本符合破损度线性累加原理，结合冻土的长期强度曲线即可得到冻土在变应力过程中的长期破坏时间准则。张长庆、张建明等还对冻土的正交各向异性特征进行了初步研究。赵淑萍、何平等对冻结砂土在动荷载下的蠕变特性进行研究，分析了最大加载应力、温度及加载频率对冻土蠕变破坏应变、破坏时间及最小蠕变速率的影响。

沈忠言、张家懿等研究了冻结粉土的动强度特性，并且提出了抛物线破坏准则。朱元林、何平等对冻结粉土在往复荷载作用下的变形特性及不同动载频率下冻土的强度特性进行了试验研究，发现冻结粉土在振动荷载作用下的破坏应变基本与围压无关，冻土在振动荷载作用下的蠕变破坏准则与静载下具有相同的形式，冻土在振动荷载作用下颗粒产生定向排列，是导致蠕变强度和破坏应变减小的主要原因。俞祁浩、朱元林等还对冻结兰州黄土、中砂和纯冰的抗冲击强度进行了试验研究，试验发现裂纹扩展所需要能量随速度的增加而增加。李洪升、刘增利等应用断裂力学理论对冻土断裂韧度以及原状冻土非线性断裂韧度进行了试验测试和修正，获得了加力点处位移与力的关系曲线。

1.2.2　季冻区路基

季节性冰冻地区（季冻区）指季节冻土分布的地区，季冻区路基的研究从道路冻害开始，人们很早就认识到土的冻害会对道路造成破坏。为了减少冰冻破坏，延长道路的使用寿命，改善道路的使用性能，不少道路工作者持续开展冰冻作用机理及防治技术研究。随着季冻土地区建设事业的蓬勃发展，有关季冻区路基的研究，得到了较大的发展，并取得了相应的研究成果。

（1）季冻区路基冻害

季节冻土区高速公路路基冻害的主要形式为冻胀形成的纵向裂缝、道路翻浆导致的沉陷鼓包及车辙变形。

1885 年俄国工程师斯图金伯格关于路基土的冻胀问题，提出了冻土水分迁移假说，将毛细管的作用导致水分迁移，与土体冻胀相联系，人们才认识到水分迁移是导致土体冻胀的主要根源。1916 年美国人泰伯提出水分迁移是由结晶力作用下移动的，而在土中有被水填充的不同直径的孔隙存在时，则大孔隙中先形成冰晶体，而小孔隙中小冰晶体还没冻结（冰晶体直径越小，融解温度越低），在结晶力作用下，从没有结冰的小孔隙吸取水分，使大孔隙冰晶体不断地增大，冻胀产生。

1994 年，戴惠民等通过现场试验和室内模拟试验所得数据进行分析处理，对季节性冻土区公路路基土冻胀性进行研究，提出了粉性土路基的冻胀模型及冻胀分类，建立路基潮湿状态模型，提出通过适当增加路基至地表水位距离以降低冻害的方案。

2002 年，郑秀清等著的《水分在季节性非饱和冻融土壤中的运动》一书以大量的室内外试验资料为基础，系统分析了土壤的季节性冻结和融化规律、冻融土壤水分入渗的基本特性、阻渗机理及主要影响因素，建立了冻土入渗参数预报模型。

2003 年第八届国际冻土大会上，俄罗斯学者 V. Ulitsky 认为俄罗斯铁路路基变形主要表现为冻胀和融陷，并运用泡沫聚苯乙烯材料作为保温层以减少路基变形，保持路基稳定。

（2）季冻区路基冻害防治技术

1965 年我国道路冻害防治会议上，交通部研究院等单位针对不同道路的水文条件类型，提出了路基水分集聚计算公式，总结了灰土垫层、石灰与砂桩在改善路基水温状态，减少道路冻害方面取得的成功经验。70 年代初期，根据青藏公路、铁路的建设、运营与科研实践，总结了我国第一部冻土地区铁路勘测设计文件，东北地区也对多年冻土与翻浆冻害地区的公路设计作出了规范性规定。70 到 90 年代，经济建设的飞速发展使道路建设与科研工作上了一个新台阶，先进的技术手段与方法使研究工作更为细致和深入，无论在理论上还是实践上都取得了大丰收。相比于多年冻土的研究，季节性地区的研究较少，近十年来吉林、辽宁、黑龙江、北京等地方的交通科学研究所、高等级公路建设局和科研单位院所等对公路冻害进行了调查，发现季节性冻土区的道路冻害主要有道路的冻胀、翻浆、水泥路面的面层结构开裂破坏和损耗，沥青路面的粒料损耗和裂纹等，深入分析发现道路冻害的发生与道路中水分的变化状态和运动形式有关，通过控制道路中水分的含量、稳定道路所处的温度场的环境及控制填土的材料性能等措施可以一定程度上缓解道路冻害。

1997 年"国际地层冻结和冻结作用研讨会"上，日本学者 Kunio Watanabe 通过室内冰冻试验，用 CCD 照相机观测了冻结锋面的微观结构。美国学者 Karen S. Henry、芬兰学者 S. Saarelainen 和日本学者 F. Tsuchiya 分别报道了用土工布隔断毛细水作为防冻材料的室内外试验结果；日本学者 Sinichiro Kawabata 报道了用石灰土换填法处理路基冻胀。

2006 年，吉林大学李向群博士对季冻区公路冻害进行了调查研究，并从设计、施工、养护等方面提出了详尽的防治措施。

2007 年，吉林大学谷宪明博士的毕业论文中，对季冻区公路路基冻胀翻浆及整治措施进行了较详细的分析。

2011 年，许健、牛富俊等研究了铺设保温层和加铺防冻胀护道对路基地温特征的影响规律，得出铺设保温材料对减小路基中部附近土体季节冻结深度有明显作用，但对路基两侧冻结深度影响相对较小；加铺防冻胀护道对边坡下土体季节冻结深度有一定程度的抬升作用，上升幅度由路基坡脚向路肩逐渐减小，但对路基中部附近土体季节冻结深度影响甚微；保温板-防冻胀护道复合路基结构形式，充分利用两种措施优点，对路基中心、路肩以及坡脚下最大冻结深度抬升的综合效果更好，抬升最大值分别为1.48m、1.01m、0.68m。

2016年，于静波、程培峰等为了能够全面评价季冻区公路路基使用状况，分析了影响路基使用状况的各项因素，建立了一套适用于季冻区公路路基使用状况的评价指标体系，通过研究比较已有评价方法的不足，提出了基于专家法与熵度量法的季冻区公路路基使用状况评价方法。

1.2.3　路基土回弹模量

回弹模量是指路基土在荷载作用下产生的应力与其相应的回弹应变的比值，表征路基的承载能力，反映路基在瞬时荷载作用下的可恢复变形性质。

（1）路基土回弹模量预估模型

长期以来，国内外许多学者和研究机构在深入分析回弹模量主要影响因素的基础上，分别从路基土的应力状况、土组基本物理性质指标等不同角度出发，建立了相应的回弹模量预估模型。根据模型建立所采用变量的不同，可将其分为两类，即以土的应力状态为变量的本构模型和以土的基本物理、力学性质指标为变量的经验模型。根据所选应力变量的不同又可分为3类：仅考虑剪切影响的模型，如双线性模型、幂指数模型；仅考虑侧限影响的模型，如围压模型、k-θ模型；综合考虑两种影响的复合类模型，如Uzan模型、八面体剪应力模型、UT-Austin模型、Superpave模型（NCHRP1 37A）、Ni模型等。复合类本构模型兼顾考虑了侧限力和剪切力的影响，可以更真实、全面地反映路基土回弹模量的应力依赖性。其中，Uzan模型是回弹模量本构模型研究的基础，其他模型大多是对Uzan模型修正的结果。

国内外的学者通过大量的现场和室内试验，分析了路基湿度对回弹模量的影响，并探讨建立了回弹模量的预估方程。总体上看，早期研究主要集中于对静态回弹模量的研究，构建与含水率、稠度、压实度以及与土质物性参数（塑性指数I_P、曲率系数、不均匀系数、干密度、粉黏粒含量）相关的回弹模量预估方程，如Heukelom与Klomp模型（1962）、Green和Hall模型（1975）、申爱琴（1996）、谢华昌（2001）、戴裕聪（2004）等模型。中期随着动回弹模量概念的提出，基于应力状态、含水率（饱和度）、压实度等因素的动回弹模量预估模型随之产生，如USDA模型、Thornton模型（1988），以及Uzan模型、NCHRP1-28A推荐的模量预估模型等。随着非饱和土力学的发展，关于应力状态、基质吸力、含水率（饱和度）、回弹模量之间相互影响规律的研究取得较大进展，杨树荣（2005）、张世洲（2005）、邱欣和钱劲松（2011）等提出了以基质吸力表征湿度状况，构建应力状态、基质吸力与动回弹模量之间的相关关系，并预估动回弹模量。此时的预估模型中都选择采用基质吸力来描述路基的湿度状态，这与非饱和土力学中"基质吸力能更为准确有效地表征路基的湿度状态"相符。

（2）季冻区路基土回弹模量预估模型

在季节性冰冻地区，路基存在四种状态：冻结、融化饱和、湿度恢复、湿度平衡期。冰冻过程伴随着冰晶体的形成，当路基完全冻结后，路基模量能提高20～120倍。而在解冻时随着冰晶体的融化，水分因无法迅速排除而大量积聚在路基中，使其模量大幅度降低。因此，对于季节性冰冻地区，路基回弹模量由于受温度变化将发生较大的波动。为了在路面结构设计中反映路基回弹模量的变化规律，需要明确一定的换算准则，将不同状况下路基的回弹模量当量为单一值，以便设计采用。这一在设计中采用的回弹模量值称为有效回弹模量，它与标准状态（路基处于最佳含水率和最大干密度条件下）的回弹模量之比值，称为回弹模量调整系数 F_{sc}。

一个冰冻循环周期各个阶段对应的路基回弹模量为冰冻状态回弹模量、饱和状态回弹模量、中间状态回弹模量、平衡湿度状态回弹模量。将一年划分为24个时间段，根据各个时间段路基的含水率确定相应的回弹模量调整值，并按照损伤系数法得到季节性冰冻地区的有效回弹模量，由此确定回弹模量调整系数 F_{sc}。

损伤系数法为美国 AASHTO 推荐方法，其基本原理是当路基模量较小，在行车荷载作用下路面结构受到的损害也更为严重，相应对该模量值赋予较大的损伤系数，以反映路基处于不利模量状态下对路面结构造成的损伤情况。不同回弹模量值所对应的损伤系数 $\mu_{Rs,i}$ 按式（1.2-1）计算：

$$\mu_{Rs,i} = 4.022 \times 10^7 M_R^{-1.962}$$ （1.2-1）

相应的有效回弹模量可采用式（1.2-2）来计算：

$$\overline{M_R} = \frac{\sum M_R \mu_{Rs,i}}{\sum \mu_{Rs,i}}$$ （1.2-2）

由此可获得季节性冰冻地区路基回弹模量的综合调整系数 F_{sc}：

$$F_{sc} = \frac{\overline{M_R}}{M_{Ropt}}$$ （1.2-3）

式中：F_{sc}——路基回弹模量调整系数；

$\mu_{Rs,i}$——路基回弹模量值损伤系数；

M_{Ropt}——标准状态，即路基土处于最佳含水率、最大干密度时的回弹模量（MPa）；

$\overline{M_R}$——路基实际使用状态下的回弹模量（MPa）。

（3）季冻区路基土回弹模量实验研究

路基土回弹模量实验包括室内试验和现场试验，目前，室内试验方法主要有承载板法和强度仪法，现场试验方法有静载贝克曼梁（简称 BB）试验方法、动载落锤式弯沉仪（简称 FWD）试验方法和承载板试验方法。

毛雪松等选取西安黄土（粉质黏土）进行试验。直径为 50mm，高度为 50mm；试件成型采用静力一次成型法。测试过程中测得的模量为无侧限回弹模量。试件的冻融循环过程应用冻融循环试验机来控制，试验机内最低温度为 −18℃，最高温度为 18℃。为了使试件达到完全的冻结和融化状态，在试验机内部同时放置一标准试件，内设温度传感器，以判断试件是否冻结、融化，试验结果见图 1.2-2。

程培峰等选取黑龙江省内几种具代表性的土样——黏性土、粉性土、砂性土。其中黏性土取自哈大老路（二级路），粉性土取自黑大公路（一级路），砂性土取自绥满高速公路（大庆至林甸路段）。试验采用承载板法对所取土样进行回弹模量试验。试件采用 10cm×10cm 的圆柱体。根据黑龙江地区的实际情况，试验的冻融循环温度区间为 −20℃～20℃。一个冻融循环周期为 16h，其中冻结 8h，融化 8h。

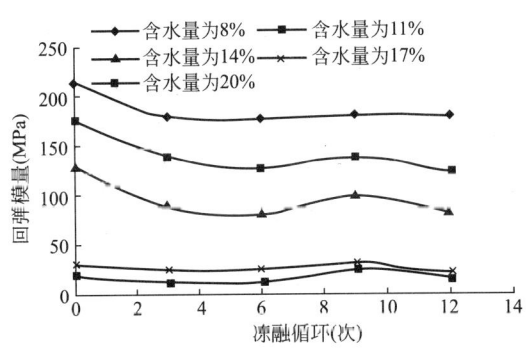

图 1.2-2　冻融循环回弹模量试验成果（毛雪松）

韩春鹏等选取黑龙江省鸡西-讷河公路 K546＋550 处取土场土样，为鸡讷公路路基填筑用土。试验所用试件按照《公路土工试验规程》（JTG E40—2007）中规定，尺寸为直径 10cm×10cm，采用静压法成型。针对不同温度区间冻融循环下土体回弹模量的变化进行了试验研究，其试验冻融循环温度范围确定为 −3℃～15℃、−6℃～15℃、−9℃～15℃ 及 −15℃～15℃ 等 4 个区间，按照循环次数分别为 1 次、3 次、6 次和 10 次进行试验，分析回弹模量变温区冻融循环作用下的变化规律。试验采用冻融箱作为冷冻源，运用冻融箱的温控功能控制循环温度。每个冻融循环为 12h，其中从 15℃ 降至负温为 4h，然后保持负温恒温 2h，再用 4h 从负温上升至 15℃，保持 15℃ 恒温 2h。同时配一同体试件，内部布设温度传感器，随时监测上体内部温度。试验采用顶面法测定上体的静态侧限回弹模量，试验结果见图 1.2-3。

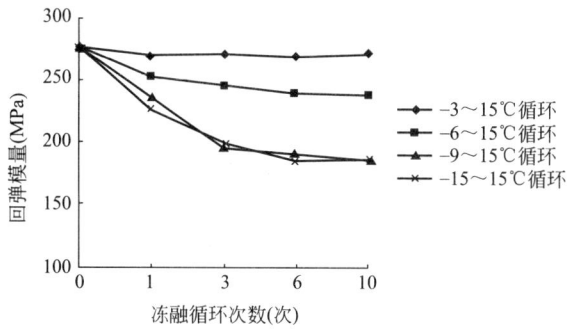

图 1.2-3　冻融循环回弹模量试验成果（韩春鹏）

陈忠达等选取青海省共和至结古高等级公路施工工地典型粗粒土路基填料展开研究。路基填料回弹模量采用强度仪法测定，考虑粒土最大粒径的影响，试件采用圆柱体试件，直径为 15.2cm，高度为 12cm，在成型方式上采用静压一次性成型。冻融循环试验冻结温度采用－20℃，融化温度采用 30℃。为保证试件完全冻结、融化，试验时内设一个测温探头的平行试件，以判断试件是否冻结、融化完全，最终确定冻结时间为 12h，融化时间同样为 12h。进行冻融循环试验时，为防止水分蒸发散失，试件采用双层塑料薄膜包裹。为了研究冻融循环作用对不同含水率粗粒土路基填料回弹模量的影响，测试最多 10 次冻融循环次数后的回弹模量，每组试验包含 3 个试件，试验结果见图 1.2-4。

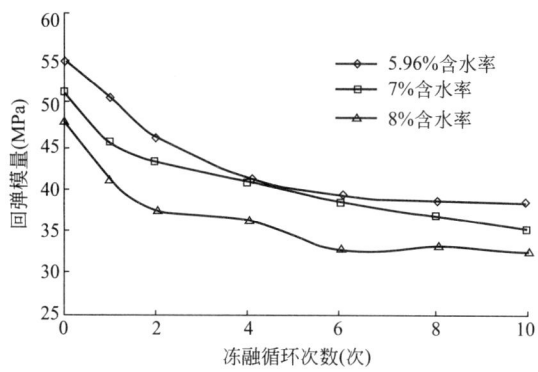

图 1.2-4　冻融循环回弹模量试验成果（陈忠达）

王静等选取 3 类季冻区典型路基土。采用可控温型冰柜，将温度设置为－20～20℃，为了保持试验过程中试件的含水率不变，对上述 3 种土样试件用保鲜膜密封之后进行了 0～7 次冻融循环试验。对经历不同次数冻融循环后的试件，在常温下进行静三轴及动三轴试验，或者回弹模量。

刘方等采用细粒土（粉质黏）为试验对象。试件为直径为152mm，高度为120mm的圆柱体，采用击实法测得不同含水率下的击实次数-压实度曲线，从而指导试验达到预控压实度，密封处理后在低温箱以及烘箱进行冻融循环室内模拟处理。为保证试件最充分的冻结和融化，因此确定试件冻结时间72h，融化时间48h。最后，采用CBR强度仪法得出回弹模量。分别将各类中的不同试件分别进行0次、1次、2次、3次、4次、5次冻结和融化过程，冻融循环过程中，低温箱冻结温度设置为−30℃（冻结72h），烘箱融化温度设定为45℃（融化48h），从烘箱取出后，常温下冷却且养生24h后再进行回弹模量试验，以确保水分的再次充分扩散。

杨俊等试验土样取自湖北省宜昌市某一级公路施工现场，为灰白色膨胀土。试验采用可控温型冷冻箱进行冻融。试样成型模具，采用万能液压试验机静压成型的方式制作试件，试件高度120mm，直径152mm。将带试筒的试样用塑料薄膜密封，以防止其水分散失。考虑到当地的最低温度，将冻融循环的负温度设为−15℃，冷冻时间为24h，将其取出放置在室温条件下24h，此为1次冻融循环，整个过程需耗费时间48h。本次试验方案分别按0～12次进行冻融循环，每组制作3个平行试件。将完成冻融循环后的试件取出，采用承载板法，利用杠杆压力仪进行试验（试验结果见图1.2-5）。

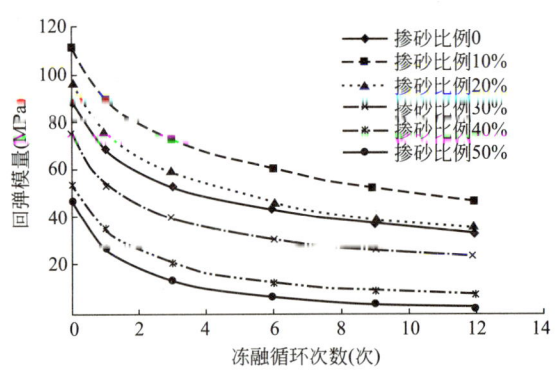

图1.2-5　冻融循环回弹模量试验成果（杨俊）

1.2.4　路基土微观结构

土微观结构的研究开始于20世纪，1925年，美籍奥地利土力学家，土力学创始人Karl Terzaghi（太沙基）首次提出土的微观结构的概念。1958年，第一届国际土的结构形态学工作会议在德国Braunschweig-Völkenrode举行，标志着土的微观结构研究进入了一个新的阶段。1959年，Rosenqvist首次应用电子显微镜对海洋土的微观结构进行了研究。1966 年，R. N. Yong 等将黏土的结构类型归纳为四种基本模型：分散结构、片堆结构、片架结构和定向结构。早期的土微观分析多局限于定性研究，很多结论是从土的宏观工程特性推断出来的。20世纪 70～80 年代，制样技术及电子显微镜得到了很大的发展，为土微观分析定量化提供了可能。1973 年，Ohta 提出了土微观结构受力作用下的理想模型。Tovey 利用液氮冻干技术及胶带剥离技术采用电镜扫描研究了原状土的结构性，提出土微观结构定量分析方法。20 世纪 90 年代以来，计算机图像处理技术快速发展，极大地推动了土微观结构定量分析的步伐。Tovey（1989，1990，1991）、Sukharev、Sokolov（1992）等在黏性土微观结构要素定量化计算机处理方面开发了一系列应用软件，取得了显著的成果。2003 年，V. R Ouhadi 探讨了黏土微观结构和质量吸收系数对射线衍射分析所得矿物含量的影响。2007 年，Olivier Monga 采用圆柱体和球冠将三维土 CT 图像模型化。2011 年，Olivier Cuisinier 研究了压实石灰土的微结构与渗透系数，评估了石灰稳定作用对粉土的微结构影响。2011 年，T. Zhang 采用微结构叠加技术，完善了三维微结构的本构关系，以研究冻-融土的力学行为。

国内对于土微观结构的研究起步稍晚，但在几十年的努力过程中，亦取得不少骄人成绩。高国瑞（1979，1980）采用扫描电子显微镜、投射电子显微镜和 X 射线衍射分析研究了兰州黄土的微观结构和黏土矿物成分，根据黄土骨架颗粒形态、骨架颗粒连接形式及排列方式在影响黄土湿陷性方面的主次程度，其相互搭配关系等将中国黄土划分为十二类。1988 年，吴义祥完成了《工程黏性土微观结构的定量研究》的博士论文，开创了我国土微观结构参数定量化研究的先河。1995 年，马巍等利用扫描电子显微镜，在 $-5℃$ 和不同围压（0～22MPa）下对饱和冻结兰州砂土进行微观结构观测，得到在不同围压之下，饱水冻结砂土的宏观强度与微观结构变化趋势。2005 年，赵安平采用扫描电镜提取路基土在冻胀过程中不同状态下的微观结构图片，并采用 WD5 专业图像分析软件对微观图片进行微观参数的定量分析，说明了季节性冻土区路基土冻胀的微观机理。查甫生（2008，2010）采用自行研制的电阻率测试仪研究了孔隙率、孔隙结构等土的微观结构特征对膨胀土和黄土的电阻率的影响规律，结果表明，规律性较强。2008年，李伟采用颗粒流软件对黏土颗粒进行模拟，对模拟土样进行剪切试验、压缩试验等，研究试验过程中，黏性土颗粒的微结构变化规律。

随着冻土宏观力学性质的深入研究，冻土的细观、微观力学性质以及基于细观微观损伤力学也越来越受到重视。1969 年以来，舒舍利娜、戈里什腾和维亚洛夫等将微结构损伤概念引入到冻土力学中，在试验中利用光学显微镜和切片法对冻土蠕变过程中微结构的变化进行了观察，得出结论：蠕变的发生和发展是受荷载作用下冻土中微结构的发育、颗粒集合体的破坏以及其他结构缺陷的增长所控制的。马巍、吴紫汪等利用电子扫描显微镜观测了−5℃不同应变速率条件下饱和冻结兰州中的微结构，发现当 $\sigma_3 >$ 8MPa 时，孔隙冰压融和结构联结的破坏导致了冻土的弱化；沈忠言、王家澄等利用扫描电镜对冻土在单轴受拉时的微结构变化进行了观测，认识到矿物颗粒在拉力的作用下也存在重新定向的现象，而且还发现了变形过程中水分迁移和冰重分布；吴紫汪、马巍、苗天德等利用 CT 检测手段，观测分析了冻土在单轴三轴受压蠕变过程中的结构变化情况，认为冻土蠕变过程中所进行的微裂缝发育、颗粒集合体的破坏以及其他结构缺陷的增生与扩展，制约着冻土结构的强化与弱化作用，控制着蠕变过程中形态特征，冻土的破坏首先发生在低密度区，然后向四周扩展最终导致整体结构的破坏，同时还给出了 CT 值与物质密度和含水率之间的定量关系。何平在连续介质力学及热力学基础上建立了饱和冻土粘弹塑损伤本构理论。孙星亮对冻结粉质黏土三轴剪切过程进行了 CT 观测，指出在剪切过程中同样存在冻土结构的弱化与强化现象，同时还基于不可逆热力学导出了冻土的弹塑性各向异性损伤的本构方程。

1.3　本书的主要内容

本书的内容分为以下四个部分：

第一部分：季冻区路基工程病害与回弹模量影响因素调查分析

该部分主要介绍季冻区路基病害及成因调研、路基土回弹模量影响因素分析，作为论述后续章节的基础。

第二部分：季冻区粉质黏土回弹模量变化特征与预估模型

该部分主要从填料小尺度试验层面论述冻融前后粉质黏土填料回弹模量的变化特征，通过一系列冻融循环试验和回弹模量室内试验，研究不同冻结温度、水补给环境及不同含水率、压实度状态下粉质黏土填料的回弹特性及衰减规律，建立粉质黏土填料冻融前后回弹模量的预估模型。

第三部分：季冻区路基土回弹性能劣化的微观机制

该部分主要从填料微观结构层面论述季冻区路基土回弹特性劣化机制，通过冻融循环试验和 SEM 试验，分析不同冻融次数后路基土颗粒微观特性、孔隙微观特性，研究季冻区路基填料回弹特性劣化机制。

第四部分：季冻区路基结构性能劣化及控制机理

该部分主要从路基结构层面论述季冻区路基性能变化机制，通过模拟不同气候环境、典型处治措施条件下季冻区路基温度场、湿度场、回弹模量场分布变化特征，研究真实气候条件下季冻区路基结构性能劣化机制，分析防水保温措施对季冻区路基结构长期性能的控制效果与机理。

第 2 章　季冻区路基冻害与
回弹模量影响因素

公路路基是暴露在自然环境中的线性构筑物,在季冻区冻融循环作用下路基的性能衰减,时常导致冻胀翻浆、冻胀裂缝、支挡与防护结构冻害、路面冻害、边坡热融滑塌等病害,影响季冻区公路病害及路基性能的因素很多,包括水、土质、气温、路基结构等等。

本章主要讲述季冻区路基冻害调研情况,包括:典型季冻区公路路基病害及成因调查,季冻区公路路基回弹模量、含水率、温度场、湿度场等指标的调查测试,季冻区路基土回弹模量影响因素总结分析,为后续论述路基回弹模量预估及性能劣化机理研究打基础。

2.1　季冻区公路路基冻害与回弹模量调查

为掌握季冻区公路路基冻害及回弹模量相关指标在公路运营期间的变化状况,对我国华北、东北、西藏等季冻区典型已建/在建公路分专题开展调查研究,包括:公路路基路面冻害调查、路基路面回弹模量调查、路基湿度调查、路基温度调查。

2.1.1　公路冻害调查

寒区道路不可避免地受到极端气温影响,产生了特有的病害形式,主要形式有:冻胀与翻浆、冻胀裂缝、支挡与防护结构冻害、路面冻害、边坡热融滑塌等,道路的冻胀翻浆现象是寒冷地区道路冻害的一种常见形式。

1. 季冻区典型公路冻害情况

(1) G203 长春至松原段

G203 起点为黑龙江明水,终点为辽宁沈阳的国道,经过黑龙江、吉林和辽宁 3 个省份,全程 720km,本次调研主要针对吉林省境内长春至松原段。吉林省处于北半球的中纬地带,欧亚大陆的东部,相当于我国温带的最北部,接近亚寒带,该地区气温、降水、冻结指数和冻深数据见表 2.1-1。

东北地区道路中,G203 国道长春至松原段公路冻害有着很好的代表性,调研发现,本路段公路冻胀翻浆调研情况见表 2.1-2。

吉林省气候相关数据调查表　　　　　　　　表 2.1-1

平均气温 (℃)	最高气温 (℃)	最低气温 (℃)	降雨量 (mm)	潮湿系数	冻结指数 (℃)	冻深 (cm)
3～7	29～32	−38～−28	368～894	0.21～0.75	1100～2236	64～192

G203 长春至松原段公路冻胀翻浆情况　　　　　表 2.1-2

序号	位置	典型照片	情况描述
①	K630+700		路表隆起约 3cm,有直径约 50cm 的水坑。路面破碎、集料分散,沥青无黏附性
②	K670+200		路面翻浆现象十分严重,产生了直径约 2m,最大深度约 6～8cm 的大坑,路面上面层几乎完全脱落,集料散落一地
③	K65+100		行车道靠近中央分隔带处,翻浆冒泥,翻浆处附近路面有拥包,车辙较深,影响行车安全

序号	位置	典型照片	情况描述
④	K297 附近		季冻区盐渍土地段,路面冻胀和盐胀明显,路面坑槽交错,冒泥现象明显
⑤	K297 附近		路肩出坑槽长约 2m,宽约 40cm,路面沉陷 10cm,坑槽积水,坑槽周边路面破碎
⑥	K297 附近		路表出现大面积网裂,沥青严重老化,路面沉陷十分明显
⑦	K297 附近		路表出现大面积网裂,沥青严重老化,路面沉陷十分明显

（2）G302 蛟河至黄松甸段

G302 起点为吉林珲春，终点为内蒙古乌兰浩特，全程 1028km。调研主要针对吉林省境内蛟河至黄松甸路段，该路段为依山势而行的两车道单幅二级公路，冻害调查结果见表 2.1-3。

G302 蛟河至黄松甸段冻害调查表　　　　　　　表 2.1-3

桩号	冻害特征	路基断面形式
K369～K371	不均匀冻胀	填方 1.5m
K362+100	右侧行车道右轮迹不均匀冻胀	左填 1.5m,右填 4m
K349+200	间断纵裂,右车道轮迹处沉陷	左高填,右 0 填
K347+900	左右行车道纵裂	低填
K345+800	中心沉陷网裂,深达 4cm	左 0 填,右填 2m
K343+600	右侧行车道沉陷	左挖右填
K315+900	连续沉陷	左填 3～4m,右挖 2～5m
K289+600	行车道纵裂	填方 1m
K284+600	路中心纵裂	填方 1.5m
K281+200	路中心纵裂	低填

由表 2.1-3 可看出，进入山区后，G302 路基断面半填半挖和挖方形式数量增加，由于为二级公路，依山势而行，低填也占有一定数量，冻害除以路中心及行车道纵裂为主外，沉陷及冻胀病害数量明显增加。

(a)　　　　　　　　　　　　　　　　(b)

图 2.1-1　路面冻鼓

沉陷是地下水位、路基冻胀融沉及交通荷载综合作用形成的，与局部路基填土性质及排水处理密切相关。

| (a) | (b) |

图 2.1-2 路面沉陷

（3）G318 芒康至林芝段

川藏公路南线 G318 线起于成都，经雅安、泸定、康定、理塘、巴塘、芒康、林芝，止于拉萨，该通道里程约 2104km，其中西藏境约 1291km。

川藏地区高寒高海拔段落占比大，季节性冰冻灾害普遍存在，因受地形、地貌及水文地质条件的限制，公路冻害主要分布在海拔较高、地形浑圆起伏的丘状高原盆地、越岭线路或海拔较高、气温较低的峡谷与山岭过渡的地段。国道 G318 全线有严重冻害点 60 余处，累计直接危害长度大于 8km，冻害最严重的地段是吴仲河峡谷沿溪路段及东达山越岭路段，累计直接危害长度分别为 2.1km 及 2.81km，其次为安久拉越岭路段和然乌沟峡谷路段、米拉山越岭路段等，冬季路面结冰厚度达 20～30cm 左右，滑溜现象时常发生。在高山草甸区及越岭垭口路段，路基土受反复冻融作用，路面开裂、翻浆、坑洞等病害十分严重。

| (a) | (b) |

图 2.1-3 G318（西藏境内）高山草甸区及垭口路段路基路面冻害

2.公路冻害病因分析

以上调研表明，公路填方路段病害主要以冻胀翻浆为主。产生道路冻胀翻浆病害的原因很多，土质、水、温度与路面是影响冻胀的主要因素，翻浆除这四个因素影响外，还受行车荷载因素的影响。在上述诸因素中，土质、温度和水是形成冻胀和翻浆的三个基本条件。

（1）土质

冻胀翻浆路段钻孔发现，冻胀翻浆路段路基土质一般塑性小、粉性大、状态差，因此，不仅使冻结土层易产生冻胀，而且其下卧土层也容易提供水分迁移补给，从而使得该处的冻胀量较大。

用于路基填料的土质中粉性土具有最强的冻胀性，最容易形成翻浆。这种土的毛细水上升较高且快，在负温度作用下水分易于迁移，如水源供给充足可形成特别严重的冻胀，在春融时承载能力急剧下降易于形成翻浆。黏性土的毛细水上升虽高，但速度慢，只在水源供给充足且冻结速度缓慢的情况下，才能形成比较严重的冻胀和翻浆。粉性土和黏性土含有较多的腐殖质和易溶盐时，则更易形成冻胀和翻浆。粗粒土在一般情况下不易引起冻胀和翻浆，因其毛细水上升高度小、聚冰少，且在饱水情况下也能保持一定的强度；但当粗粒土中粉黏粒含量超过一定量以后，冻胀现象明显增加，也能形成冻胀和翻浆。

（2）水

水是路基发生冻胀的基本条件，调查中发现，冻胀和翻浆多发生在挖方或填挖交界的路段，主要由于挖方或填挖交界的路段与地下水的联系大大增强，对于半挖方地段，右侧边坡坡顶以上大范围地面均向公路方向倾斜，道路所在部位正是斜坡地面水和地下水的排泄方向和部位，造成地下水位很高，充足的水源是形成冻胀和翻浆的重要条件。对于土质路堑部位，较高的地下水位会使路面与地下水位距离缩小，如果地表有较大范围的汇水面积，冻层内又有低液限粉土，容易在冻层内形成很厚的层状冰，进而发生冻害现象。

此外调查中还发现在路基土冻结过程中，由于温度的降低，原来的土水势平衡被打破，土中水分将从土水势高的下部向上部土水势低的冻结锋面方向迁移，产生重新分布。因此，冻胀和翻浆的过程是水在路基中迁移、相变的过程。

（3）温度

气温会直接影响到土基中的水分能否结冰，没有一定的冻结深度或冰冻指数通常难以形成冻胀和翻浆，而在同样冻结深度或冰冻指数的条件下，冻结速度和负温作用的特点对冻胀和翻浆的形成有很大影响。例如，在初冬时气温较高或冷暖交替变化，温度在 $-5℃\sim3℃$ 之间停留时间较长，冻结线长时间停留在土基上部，就会使大量水分聚流到距地面很近的地方，形成严重的冻胀和翻浆。反之，冬季一开始就很冷，冻结线下降很快，水分来不及向上迁移，土基上部聚冰少，那么冻胀和翻浆就较轻或不出现。另外，春融期间的气温变化及融化速度对翻浆也有影响，例如春季开始化冻时，天气骤暖，土基急剧融化，则会加重翻浆。

（4）路面结构

冻胀与翻浆都是通过路面变形破坏而表现出来的，因此，冻胀与翻浆和路面结构是密切相关的。一方面，路面结构类型对冻胀与翻浆有影响，如在比较潮湿的土基上铺筑沥青路面后，由于沥青路面透气性较差，路基中的水分不能通畅地从表面蒸发，更易导致聚冰增加，冻胀量增大，以致出现翻浆。在多年冻土地区如黑龙江北部铺筑导温性高的沥青路面，土体原有的热平衡状态遭到破坏，引起多年冻土的含土冰层或饱冰冻土局部融化，也会发生翻浆现象，这种翻浆称为热融翻浆。另一方面，路面厚度对冻胀与翻浆也有影响，路面厚度大时可减轻冻胀。

（5）行车荷载

公路翻浆是通过行车荷载的作用最后形成和暴露出来的。虽然路基有聚水、有冻胀，春融时含水过多，但无行车荷载作用，是不可能产生翻浆的。当其他条件相同时，在翻浆季节，交通量愈大，车辆愈重，则翻浆也会愈多、愈严重。

2.1.2 路基路面回弹模量调查

为调查公路运营期路基路面结构性能和回弹模量状况，选择已建公路典型路段进行现场开挖探槽，并进行回弹模量、含水率等参数的现场测试。

调查路段为京港澳高速公路（G4）京石段，起自涿州北京交界，终于石家庄市滹沱河南岸的南高营村，全长221.2km。京石高速自1985年开始立项研究和勘察设计，1987年3月动工修建，采取纵向分段、横向分东西幅分期修建的形式建设，1993年11月半幅高速公路全线建成通车，1994年12月全幅通车运营。路基路面回弹模量现场测试时间为2010年。现场测试共选择3个路段（K49＋000段、K85＋163段、K195＋100段），具体情况描述如下：

（1）K49＋000段路基路面回弹模量调查

该路段路基路面探槽开挖及回弹模量、含水率等参数测试情况见表2.1-4～表2.1-7。

K49＋000段槽探情况 表2.1-4

层位	厚度（cm）	材料	状态描述	备注
面层	12	沥青混凝土	纵向裂缝伴有支缝	
上基层	24	石灰粉煤灰碎石	完好未见裂缝	
下基层	38	石灰土	完好	
土基	—	素土	完好	

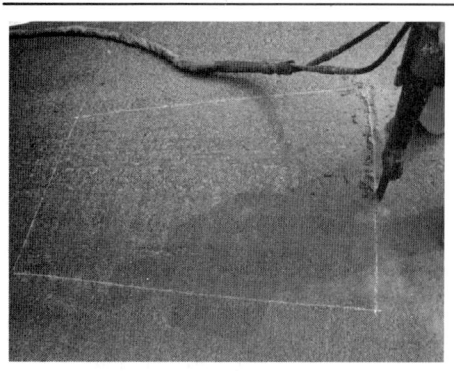

沥青路面表面

上基层表面

路床顶面

路床顶面以下50cm

路面各结构层当量回弹模量检测结果　　　　　表 2.1-5

路面层面	测试深度（m）	承载板直径（cm）	泊松比	荷载压强（MPa）	回弹模量（MPa）
面层顶面	0	30	0.3	8.94	684
基层顶面	0.12	30	0.3	8.94	992
底基层顶面	0.36	30	0.3	8.94	712
路基顶面	0.74	30	0.3	1.40	70
顶面以下 50cm	1.24	30	0.3	1.10	64

土基干密度及含水率检测结果　　　　　表 2.1-6

序号	干密度（g/cm³）	含水率（%）
1	2.140	14.3
2	2.146	13.6
3	2.154	14.5
平均值	2.146	14.1

材料及层位	1	2	平均值
石灰粉煤灰稳定碎石上基层	8.3%	9.6%	8.9%
石灰土底基层	21.0%	20.7%	20.8%

路面各层含水率检测结果　　　　　　　　　　表 2.1-7

（2）K85+163 段路基路面回弹模量调查

该路段路基路面探槽开挖及回弹模量、含水率等参数测试情况见表 2.1-8～表 2.1-10。

K85+163 段槽探情况　　　　　　　　　　表 2.1-8

层位	厚度(cm)	材料	状态描述	备注
面层	14	沥青混凝土	完好	
上基层	20	石灰粉煤灰碎石	松散、易挖开	
下基层	34	石灰土	完好	
土基	—	素土	完好	

沥青路面表面

上基层表面

石灰土中间层位

路基顶面

路面各结构层当量回弹模量检测结果　　　　表 2.1-9

路面层面	测试深度(m)	承载板直径(cm)	泊松比	荷载压强(MPa)	回弹模量(MPa)
面层顶面	0	30	0.3	3.78	823
基层顶面	0.14	30	0.3	2.88	242
底基层顶面	0.34	30	0.3	1.04	141
路基顶面	0.68	30	0.3	0.62	33

土基干密度及含水率检测结果　　　　表 2.1-10

序号	干密度(g/cm³)	含水率(%)
1	1.44	16.5
2	1.32	17.3

（3）K195＋100 段路基路面回弹模量调查

该路段路基路面探槽并挖及回弹模量、含水率等参数测试情况见表 2.1-11～表 2.1-14。

K195＋100 段槽探情况　　　　表 2.1-11

层位	厚度(cm)	材料	状态描述	备注
面层	20	沥青混凝土	完好	
上基层	18	石灰粉煤灰碎石	松散、易挖开	
下基层	40	石灰土	完好	
土基	—	素土	完好	

沥青路面表面

上基层表面

路床顶面

路床顶面以下50cm

路面各结构层当量回弹模量检测结果　　　　　表 2.1-12

路面层面	测试深度（m）	承载板直径（cm）	泊松比	荷载压强（MPa）	回弹模量（MPa）
面层顶面	0	30	0.3	8.94	697
基层顶面	0.20	30	0.3	8.94	700
底基层顶面	0.38	30	0.3	8.94	775
路基顶面	0.78	30	0.3	1.10	59

土基干密度及含水率检测结果　　　　　表 2.1-13

序号	干密度（g/cm³）	含水率（%）
1	2.219	14.5
2	2.119	13.5
3	2.118	14.0
4	2.152	14.0

路面各层含水率检测结果　　　　　表 2.1-14

材料及层位	1	2	平均值
石灰粉煤灰稳定碎石上基层	14.5%	12.5%	13.5%
石灰土底基层	20.8%	21.6%	21.2%

　　对比三个路段的回弹模量测试结果发现，K49＋000 段、K195＋100 段各结构层的回弹模量大致相当，而 K85＋163 段路基和基层的回弹模量明显小于 K49＋000 段和 K195＋100 段，主要是填料的干密度和含水率出现异常，K85＋163 段路基填料干密度为 1.3～1.4g/cm³ 小于其余两段的 2.1～2.2g/cm³，即路基的压实度出现了显著的下降；同时 K85＋163 段路基含水率也明显高于其余两

段。以上分析表明，路基的回弹模量受填料的压实度和含水率影响较大。

2.1.3 路基湿度调查

为调查路基内部湿度变化特征，一方面选择已建公路，在典型路段进行钻孔取样，测试不同路基深度的含水率状况；另一方面选择新建公路，在工程建设期间选择典型试验路段埋设湿度传感器，进行路基湿度分布及其变化规律现场跟踪观测，分析路基填筑过程中内部不同深度含水率及道路冻深的变化。

2.1.3.1 路基含水率取样调查

含水率取样调查路段为长吉高速公路，长吉高速公路西起长春市东郊杨家店，东止于吉林西郊虎牛沟，全长 83.6km，设计时速 120km，一期工程按 6 车道布设路基。长吉北线高速公路已经运营很久，其填料为碎石土，本次调查共选择 3 个断面（K23＋050、K40＋000、K61＋390）6 个钻孔。

（1）K23＋050 段路基含水率调查

K23＋050 路段位于融沉路段，左侧行车道沉陷路段长达 40m。

表 2.1-15 及图 2.1-4 是 K23 两个钻孔的钻探信息，K23-1 位于沉陷处，K23-2 位于良好路面处，可看出：

K23＋050 钻探描述   表 2.1-15

钻孔编号	K23-1	钻孔编号	K23-2
层位（m）	钻孔描述	层位（m）	钻孔描述
0～0.7	沥青面层、二灰碎石	0～0.8	沥青面层、二灰碎石、碎石土
0.7～1.1	碎石土，最大粒径大于 12cm	0.8～1.6	角砾＋黏土，0.8～1.2m 含根茎，冰现象明显，根系蓄水，聚集周围水分，下部水少，松散，1.6m 冻结
1.1～2.4	棕灰色黏土，1.8～1.95m 仍冻结，含冰	1.6～4.0	黏土，2.8～3.0m 含水率增加
2.4～5.3	粉质黏土，褐黄色		

① 从两孔的冻深数据来看，存在路线走向影响，阴坡 K23-1 较阳坡 K23-2 冻深深 17cm，右侧路肩相近，虽然路面材料导热系数大，但是含水率小。

② 由于水分迁移和路面开裂，K23-1 孔冻深范围内含水率高于其他两孔，K23-2 在路肩位置，由于蒸发，含水率也较小。

③ K23-1 孔 1.85m 处有大量冰晶，并且土样块状裂开，可能是本身裂隙，也可能是钻机的扰动使薄弱面开裂。K23-2 孔在 1.2m 深度处有大量冰晶，且均有树木根系，但土体较为致密，根系应该为水分的聚集提供了条件。黏土塑性比较强，融化期间层水分不易下渗。

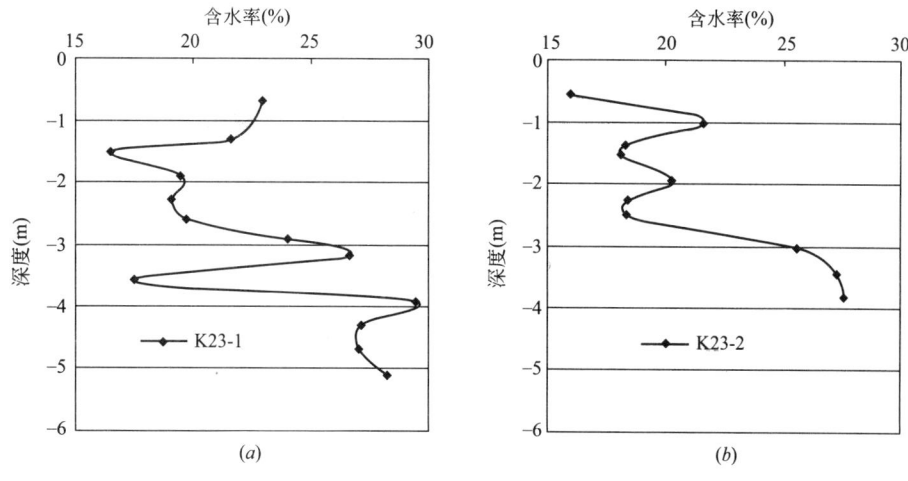

图 2.1-4 K23＋050 断面钻孔含水率分布

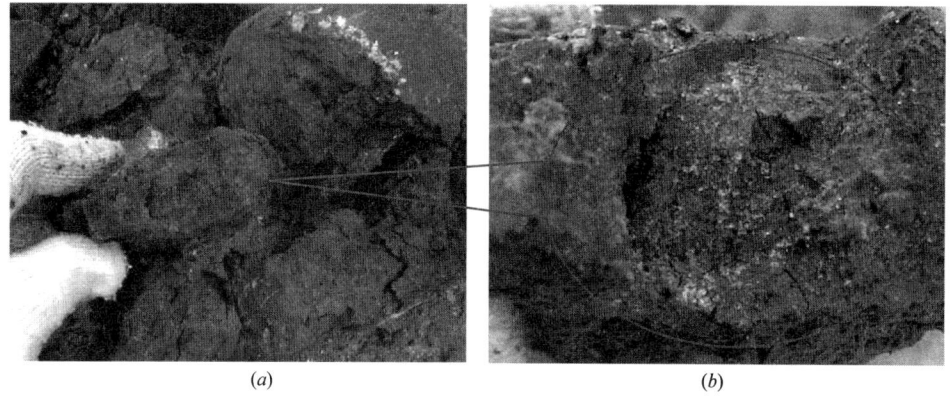

图 2.1-5 K23＋050 断面钻孔取样照片

（2）K40＋000 段路基含水率调查

K40＋000 路段无病害，钻孔取样点位于土质挖方段；

表 2.1-16 及图 2.1-6 是 K40＋000 段钻孔的钻探信息，可看出：

K40＋000 钻探描述

表 2.1-16

钻孔编号	K40-1	钻孔编号	K40-2
层位（m）	钻孔描述	层位（m）	钻孔描述
0～0.4	沥青面层、二灰碎石(松散)	0～0.4	沥青面层、二灰碎石
0.4～0.8	碎石土	0.4～0.8	碎石土
0.8～4.4	粉质黏土，褐黄，0.7～1.5m 含冰，1.8～2.2m 粉粒含量多	0.8～4.4	粉质黏土，1.4～1.6m 可见微小冰块，总体较干

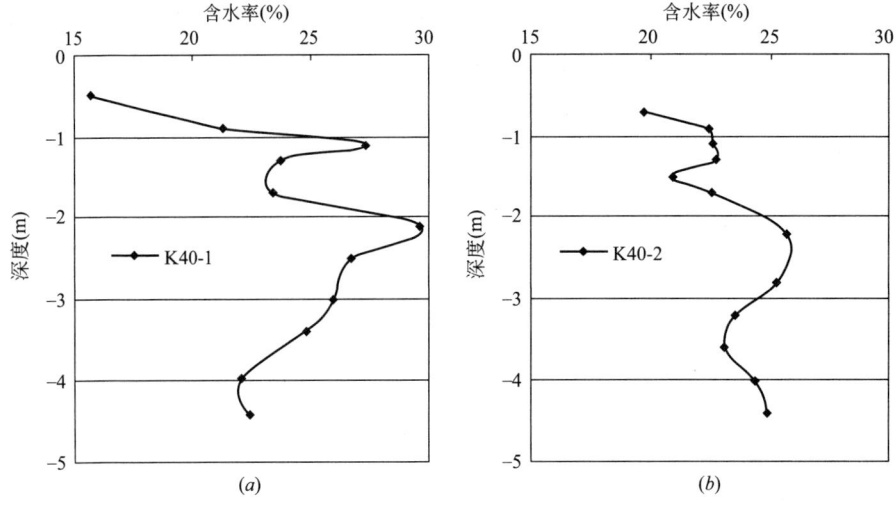

图 2.1-6　K40＋000 断面钻孔含水率分布

1）两个钻孔冻深在 1.55～1.6m 之间，冻深沿横断面区别不明显。

2）在含水率方面，两个钻孔呈现出以下特点：

① 冻深范围内路中心＜左幅＜右幅；

② 冻深至 3m 间右幅＜路中心＜左幅，即含水率由左向右依次递减；

③ 3m 以下规律不明显。

经分析其原因为：

① 在太阳和主导风向的影响，冻结初期，右幅为阴坡，冷量大，水分纵向迁移明显，因此右幅冻深范围内含水率最大，而冻深至 3m 间含水率最小。

② 左右两侧接触边沟，易于接触水分，因此路中心冻深范围内含水率小，而冻深至 3m 间居中，冻深最大。

因此，对于含水率高的挖方段要注意两侧尤其是阴坡的排水。

（3）K61＋390 段路基含水率调查

K61＋390 路段产生了严重冻胀翻浆，位于挖方下坡路段，边沟失效，雨水在此处汇聚并下渗，在冻胀和行车综合作用下，形成了严重的冻胀翻浆。

表 2.1-17 及图 2.1-7 是 K61 两个钻孔的钻探信息，可看出：

K61＋390 钻探描述　　　　　　　　　　　　表 2.1-17

钻孔编号	K61-1	钻孔编号	K61-2
层位（m）	钻孔描述	层位（m）	钻孔描述
0～0.6	面层已散，二灰碎石，山砂，山砂含灰色泥土	0～0.6	面层弱化、二灰碎石，二灰碎石含粉质黏土

钻孔编号	K61-1	钻孔编号	K61-2
0.6～1.4	淤泥质粉质黏土,冻结,1.0～1.2m 含根茎、有层状冰,粉粒增多	0.6～1.4	黏土夹砂、褐红、冻结,0.6～0.8m 均匀冰晶,0.8～1.0m 裂隙冰晶
1.4～3.0	粉质黏土,褐黄,1.4～1.8m 冻结	1.4～2.6	粉质黏土,褐红,1.4～1.6m 含冰
		2.6～3.8	黏土夹砂,褐红

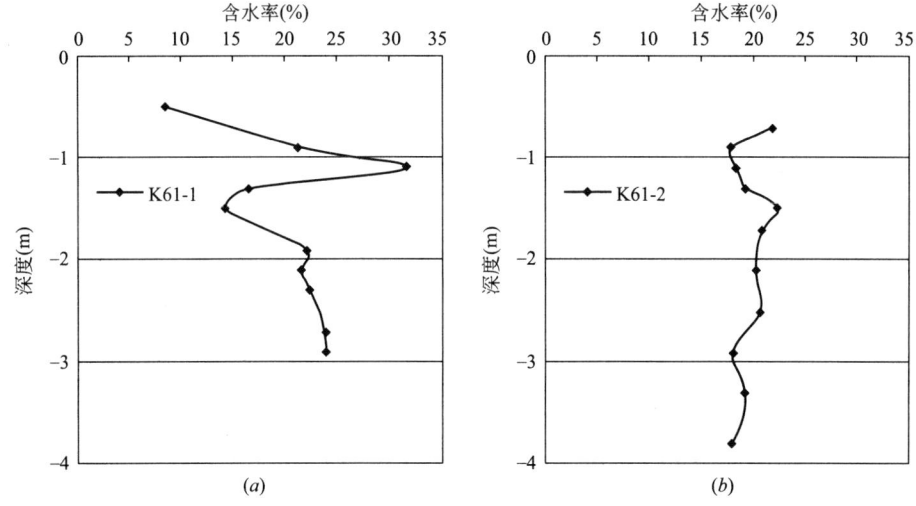

图 2.1-7 K61＋390 断面钻孔含水率分布

1) 两孔位于同一幅路面,靠近边沟的 K61-1 钻孔 0.6～1.4m 为淤泥质黏土,而 K61-2 钻孔为黏土＋砂,1.4m 以下深度土质相近,总体上含水率高于 K61-2 孔,就在 0.6～1.4m 层位,K61-1 钻孔的含水率超过了 30%,而 K61-2 钻孔在 20% 左右,在 1.1m 由于水分迁移出现了明显的聚冰带,并且淤泥质粉质黏土中的冰成层状分布,说明了不良土质对水分积聚的影响。

2) K61-2 孔水分迁移较弱,此处为黏土夹砂,0.6～0.8m 均匀冰晶,0.8～1.0m 裂隙冰晶,说明土质对冰的分布状态构成影响,在淤泥质黏土里,形成了层状冰,而在较硬的粉质黏土里,冰晶均匀分布,一些裂隙也存在一些冰晶。也就是说,若路基土层间薄弱就会出现层状冰,若密实则出现均匀冰晶,若密实但有裂隙,则在裂隙中存在冰晶。液体流动,充斥土中空隙,超过了空隙的容积,则产生冻胀。说明应保持路基填土致密、均匀。

综合以上长吉高速典型路段路基含水率调查情况,可看出:

(1) 长春地区大地冻深 1.45m,路面路肩的冻深数据均存在较大差异,分布范围 1.55～1.95m,既有和大地冻深相近的,也有相差较大的。

图 2.1-8 K61+390 断面钻孔取样

（2）路线走向影响明显，K23+050 阴坡路面较阳坡路面冻深深 15cm。

（3）1.0～1.8m 都出现了冰层，有层状的，有大颗粒冰晶的。

2.1.3.2 路基湿度场监测调查

湿度监测路段为吉林省珲乌高速公路长春至松原段辅道农安绕越线，选择典型路段作为监测试验段，在公路建设期间埋设湿度传感器，进行长期跟踪监测。路基湿度场监测试验段设置在 K15+460、K15+760 两处断面（图 2.1-9、图 2.1-10），两路段路基为低路堤，填料以黏性土为主，于 2010～2011 年进行路基含水率分布跟踪观测。

图 2.1-11 为试验路 K15+460 断面中心湿度的观测结果，结合路基冻结过程可看出：

（1）1.37～2.40m 处湿度出现了明显的季节性变化，雨季期间含水率明显增加，而后秋旱期间逐渐减少，1.90m 位置和边沟接近，含水率出现了明显的峰值，说明边沟深度对路基含水率的影响十分显著。

（2）雨季 0.87m 深度含水率变化比较平稳，2010-11-29～2010-12-18 期间

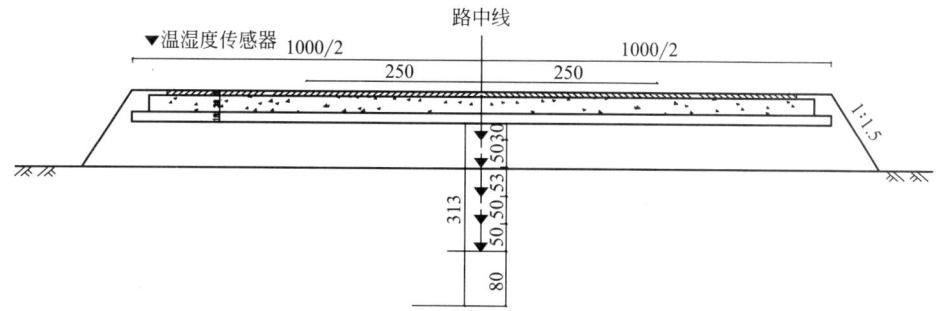

图 2.1-9　K15＋460 断面传感器布置（cm）

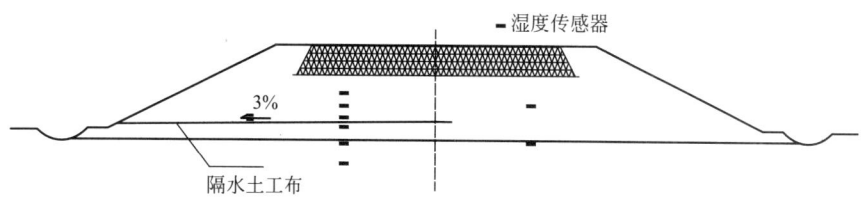

图 2.1-10　K15＋760 断面传感器布置

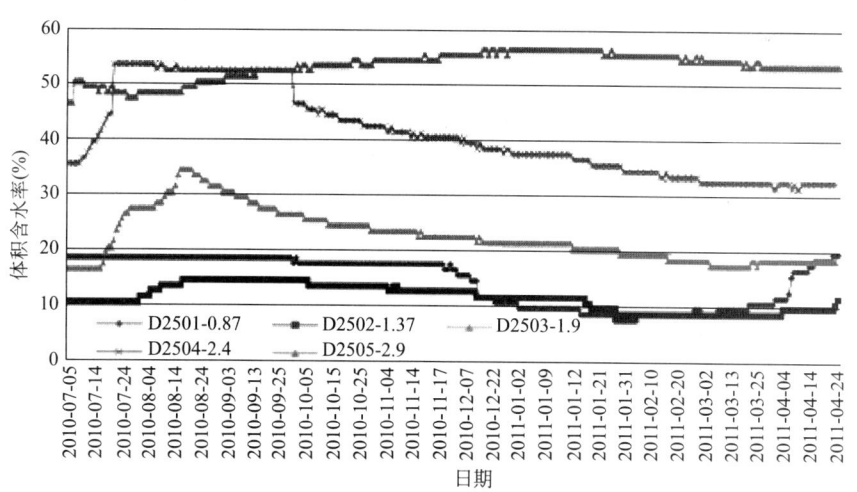

图 2.1-11　K15＋460 断面路中心各层含水率变化

0.53～0.87m 发生冻结，降温速率大，造成 0.87m 湿度明显下降。

（3）1.37～2.40m 湿度自 2010-11-29 路基顶面开始冻结时仍都呈逐渐减少趋势，由于此时地面湿度较大，蒸发降低含水率的可能性小，含水率减少现象原因应为冻结引起的水分迁移。

（4）2.90m 深度含水率比较稳定，在 50％～55％，换算为质量含水率为

82％，可看作是地下水位了。含水率呈逐渐增加，至 2010-12-30 增至最大，2011-1-22 逐渐减小，此时下路床 1.47m 处刚进入冻结状态，因此该处淤泥质黏土的冻结水上升高度不小于 2.9－1.47＝1.43m。

图 2.1-12、图 2.1-13 为试验路 K15＋460 断面中心湿度的观测结果，总体分布规律与 K15＋460 断面类似，同 K15＋460 断面相比，深度为 2.9m 处的含水率相当，均为接近地下水位处的含水率。

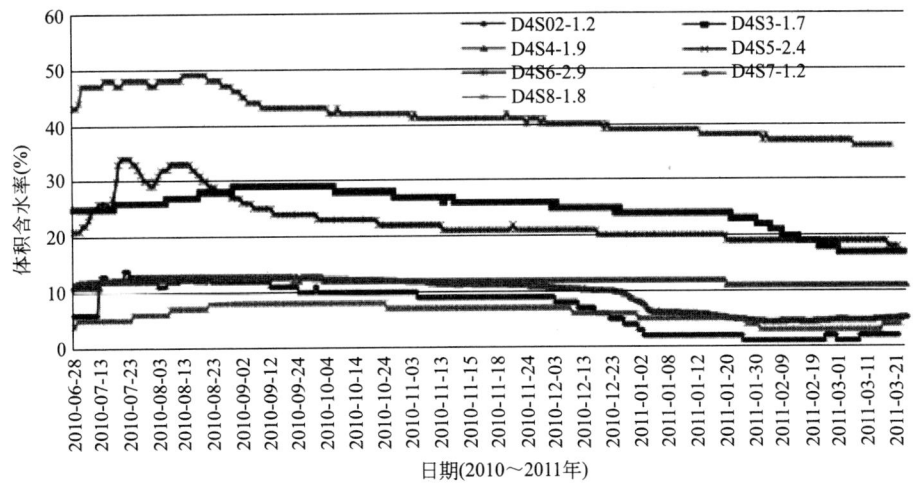

图 2.1-12　K15＋760 断面含水率变化

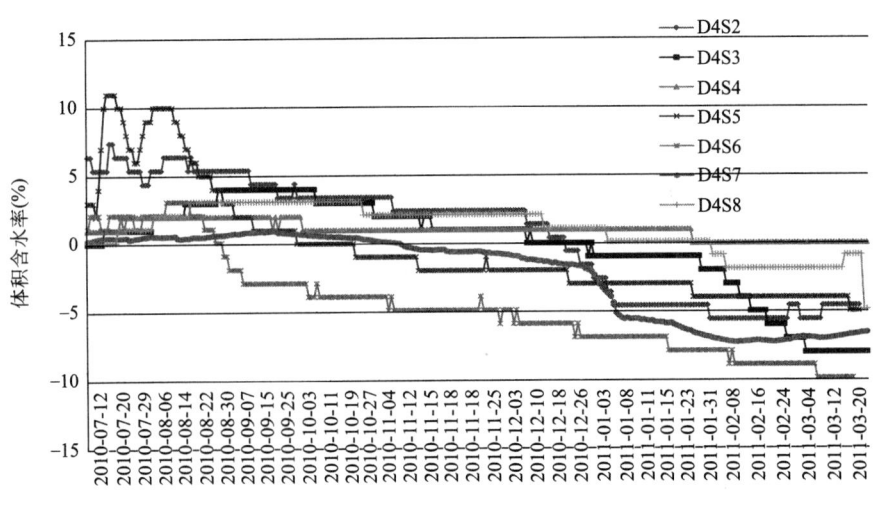

图 2.1-13　K15＋760 断面相对初始含水率变化

2.1.4 路基温度调查

为调查路基内部温度变化特征，选择典型新建公路，在工程建设期间选择典型实验路段埋设温度传感器，进行路基温度分布及其变化规律现场跟踪观测。

调查路段为吉林省珲乌高速公路长春至松原段辅道农安绕越线，起点位于长春市农安线北八里堡，终点为松原市王府镇南，工程按二级公路标准设计，路基宽度10m，路面宽度9m。路面结构采用4cm细粒式沥青混凝土，5cm中粒式沥青混凝土，30cm石灰粉煤灰砂砾，18cm石灰粉煤灰土，总厚度为57cm。所选试验段为低填路段，地基为淤泥质土且地下水位高，冰冻春融期易发生冻胀和融沉病害。

路基温度场监测试验段设置在K15＋680断面，该路段路基填高2.12m，路基填料以黏性土为主，温度传感器布设情况见图2.1-14所示，于2009～2010年、2010～2011年分两阶段进行跟踪观测。

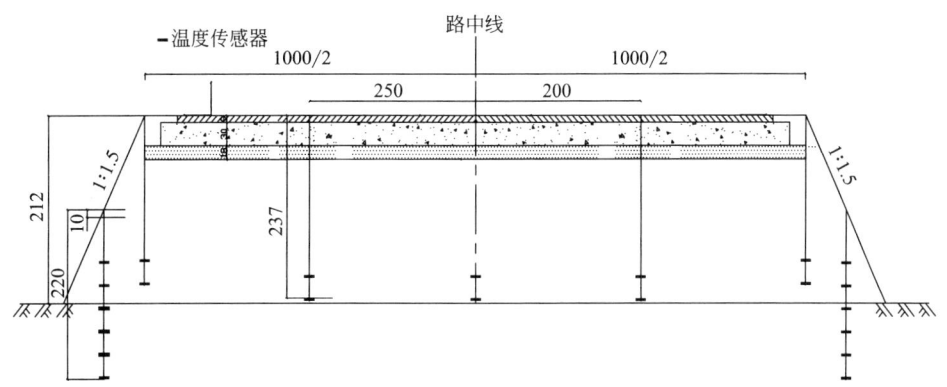

图 2.1-14 观测断面温度传感器布设（cm）

从图 2.1-15 和图 2.1-16 可以看出：

（1）2009-12-15～2009-12-27 左一位置冻深在 1.05～1.12m，2010-01-17 号达到 1.42m，2010.2.20 达到 1.72m，至 2010.4.24，一直在 1.72m 附近波动。

（2）0.52m 处在 2010-4-24 首先升至 0℃，0.82m 于 2010-04-29 开始升至正温，1.12m 于 2010-5-15 开始升至正温，1.42m 于 2010-5-23 开始升至正温，而1.72m 由 2010.4.9 的 0℃持续至 2010-4-24 后即开始升至正温，早于 0.82m、1.12m 及 1.42m 开始融化，说明融化的热量不是上部传来的。

（3）2010-1-4 左二位置冻深为 1.12m，2010-5-15 开始融化；

（4）2009-12-19 左三位置冻深为 0.82m，2010-1-7 冻深为 1.12m，0.82m 于2010-5-6 开始融化，1.13m 于 2010-5-16 开始融化；

（5）2009-12-19 左四位置冻深为 0.82m，2010-1-7 冻深为 1.12m，0.82m 于

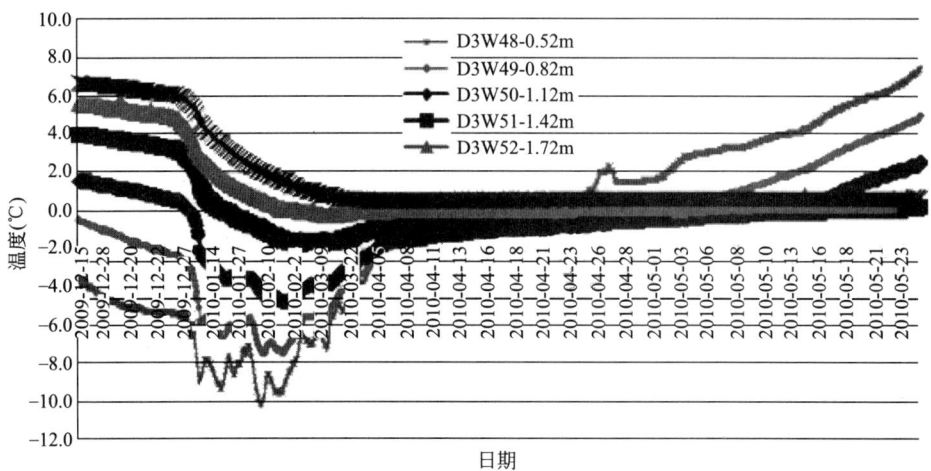

图 2.1-15　温度场观测结果（2009～2010 年）

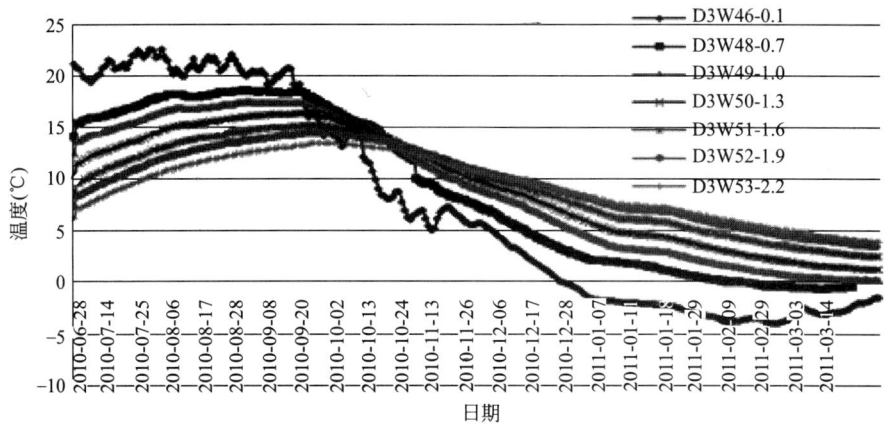

图 2.1-16　温度场观测结果（2010～2011 年）

2010-5-8 开始融化，1.12m 于 2010-5-18 开始融化；

（6）2009-12-19 左四位置冻深为 0.82m，2010-1-7 冻深为 1.12m，0.82m 于 2010-5-8 开始融化，1.1?m 于 2010-5-18 开始融化；

（7）2009-12-15 之前左五冻深即超过了 0.82m，2010-1-5 冻深为 1.12m，0.82m 于 2010-4-28 开始融化，1.12m 于 2010-5-16 开始融化；

（8）2009-12-18 左六位置冻深为 0.82m，2010-1-7 冻深为 1.12m，0.82m 于 2010-5-8 开始融化，1.12m 于 2010-5-18 开始融化；

（9）2009-12-15 日左七位置冻深即超过了 0.82m，2010-12-24 冻深达到 1.12m，2010-1-11 达到 1.42m，2010-2-18 达到 1.72m，至 2010-5-25，一直在

1.72m 附近波动。

(10) 0.52m 于 2010-4-22 首先升至 0℃，0.82m 于 2010-5-3 开始升至正温，1.12m 于 2010-5-15 开始升至正温，1.42m 于 2010-5-23 开始升至正温，而 1.72m 由 2010-4-9 的 0℃ 一直持续至 2010-5-25。

(11) 从 2010～2011 年连续观测结果可以看出：本断面阴阳坡效应并不明显，原因是试验段接近南北走向，冬季受西风影响阴坡面边坡有积雪厚度较大，而阳坡面为迎风面，虽然太阳辐射时间较长，但风对热量的影响更大一些，所以造成阳坡面冻深比阴坡面大。阳坡面边坡中部最大冻深 1.24m，土路肩最大冻深 2.14m，行车道中心最大冻深 2.22m，路中线对应最大冻深 2.22m。

从上述规律可以总结出如下结论：

(1) 冻结过程是冷量由上逐渐往下走，融化的过程却是上下同时进行，这在 2009 年左一断面的观测中得到了验证，1.72m 深度于 2010-4-24 开始由 0℃ 逐渐向正温过渡的时候，1.42m 深度温度保持负温直至 2010-5-23 才升至 0℃，说明热量不是由上部传来，而是下部热量造成。

(2) 在春融期，路基冻土融化从上下两端开始，中间冻结层会持续一段时间，导致水分不能下渗，从而会造成路床湿软。

(3) 路基坡中最大冻深为 1.72m，而长春市 1990～2000 年的大地标准冻深为 1.19～1.33m。

(4) 两路肩之间的相同深度冻结时间和融化时间区别不大。

(5) 右侧坡中较左侧坡中相同深度冻结的时间要早，最大冻深区别不明显，融化时间区别不大。

(6) 1.12m 深度以下每年的冻结只有一次，0.52m 深度以下每年的融化过程只有一次；0.52m 深度冻结试验最低冻结温度可取 -11.0℃，0.82m 最低冻结温度为 -6.6℃，0.82 以下可以统一取为 -0.38℃。

(7) 绘制该路段横断面最大冻深线，见图 2.1-17。

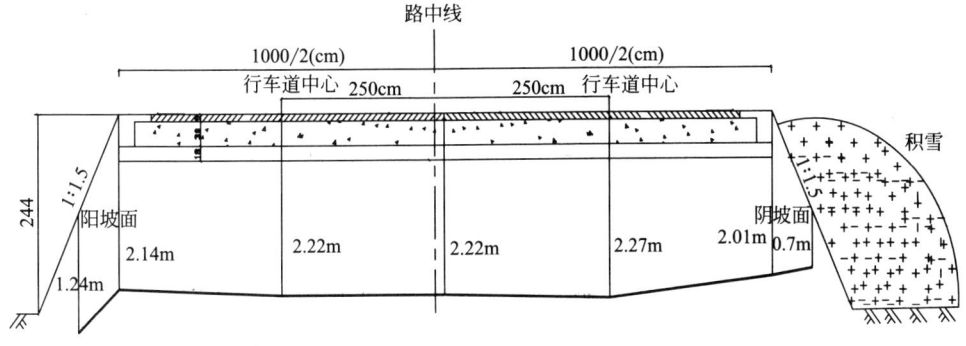

图 2.1-17 观测断面最大冻深线

2.2　季冻区路基回弹模量影响因素分析

2.2.1　填料类型

路基填料类型多样，有天然岩土材料，也有通过物理或化学等方法处治后的材料（如处治土等），也有纯人工的材料（如 XPS、EPS 等）。这些材料的本身物理力学性质决定着路基的回弹模量和结构性能。对于天然岩土材料填筑的路基，填石路基、片块石路基、碎石土路基、细粒土路基，因岩土性质差别有着不同路基回弹模量。此外，岩土材料的均匀性、温度、水稳定性及耐久性，甚至地质材料的地质形成过程及母岩成分都可以影响到路基回弹模量特征。

对于细粒土路基，土质条件主要影响其吸、持水能力。如 Cumberledge 等通过观测发现，在 3、4 月份，砂土湿度比粉土或者黏土增加幅度要大，一般砂土路基湿度增加 3%～4%，粉土增加 2%～3%，而黏土仅增加 1% 左右。而在 9、10 月份，路基湿度回落到基层湿度水平，且砂土恢复比粉土、黏土快。Marks 和 Haliburton 也发现，由于路基土质类型和性质不同，其湿度会发生变化，这种变化同样引起路基回弹模量分布及变化特征的不同。

2.2.2　湿度状态

路基土在施工碾压完成后，含水率通常介于最佳含水率 $w_{opt} \pm 2\%$ 范围内，属于不饱和状态。而在道路运营期间，由于地表雨水的入渗、边坡的渗流、地下水位的升降、地表水蒸发与植物吸收等气候环境等影响，造成路基土含水率发生变化，并于 3～5 年后趋于稳定，达到平衡含水率。季节性冰冻区由于路基水温作用的影响，使得路基的湿度状态发生变化，从而影响路基回弹模量及结构性能。

改变路基土湿度状态主要包括自然环境下的降雨、蒸发、日照、温度及其季节变化等。

1）降雨

降雨量对路基湿度有着较大的影响，Marks 和 Bandyopadhyay 研究表明：雨水从路表渗入到路基并产生湿度变化大约需要 4～6 周。且 Cumberledge 等通过调查发现：在降雨集中期，路基湿度通常具有不确定的增长量，某些降雨较集中的情况，路基湿度最大值可能会提早几个月来临。值得注意的是，降雨后路基达到软化状态所需时间往往受当地条件影响显著。

2）蒸发

Barbour 通过研究发现，蒸发量对路基边缘和路肩处的湿度状况影响比路基中心处大，而且当路基处于干燥或半干燥地区时，蒸发量对其湿度状况影响较为显著。

3）温度和季节变化

Stevens，Marks 和 Cumberledge 通过现场观测发现：路基湿度通常在晚冬或早春季节达到最大水平，这主要与夏秋季节降雨量大且持续时间长有直接关系，大量的雨水使路基和基层达到饱和状态。Mitchell 通过研究冰冻期的路基状况发现，由于能量级的不同，水分通常从地下水位处迁移到冰冻区附近，这是因为非冰冻区能量级较高，而冰冻区较低。而 Yao 通过研究发现，冰冻期间路基冰冻处所聚集的水量以及冰块厚度和间距主要与冰冻率、路基土的颗粒尺寸和颗粒分布有关。Vaswani 研究冰冻期间路基湿度状况时发现，路面以下路基湿度变化与温度有关，路基湿度因温度变化而产生 1%～5% 的改变。

在季节性冰冻区冬季冻结温度的不同直接影响到路基水分迁移的速率及迁移量，进而影响路基的结构性能及回弹模量分布。

4）地下水位

地下水位是影响路基平衡湿度的另一个重要因素。Russam 和 Coleman 研究发现，当地下水位较浅时，其对路基湿度状况影响较气候因素更为显著，但当地下水位很深时，地下水无法因为毛细作用而聚集到路基顶部。

绝大多数情况下，地下水位受季节变化而产生波动，通常地下水位在春季时上升，而在秋季时下降。在季冻区，地下水位的高低还会影响到冻结过程中路基内部水分补给关系，当地下水位较低时，冻结过程中绝大多数水分为路基内部水分的重分布，从外部进入路基结构的水分较少；地下水埋深越浅，冻结作用下将使大量的地下水迁移至路基内部，路基湿度状态会出现较大的变化。

2.2.3 密实状态

路基土的密实程度通常用压实度来表征。土体材料的压实度是指土体压实后的干密度与最大干密度的比值，压实度越大土体密度越大，孔隙度越小，土颗粒彼此相互咬合接触面积越大，土体的强度越高，路基土回弹模量越大，抵抗外界变形能力越强，在行车作用下产生永久变形越小。我国路基规范针对不同路基部位提出了相应的压实度要求。

2.2.4 气候环境

路基土是多孔介质材料，在温度发生变化情况下土体基质吸力发生变化，会引起路基土内水分的迁移，从而改变土体内部的湿度分布；湿度状态的改变同样会对温度分布产生反馈作用，这称之为土体湿热耦合。

普通路基填料在非冰冻期虽然路基内水分也会在温度作用下产生迁移，改变路基湿度分布，从而改变路基土体回弹模量，但这种改变一般不是特别显著，公路工程技术人员对其关注较少。

但在季节性冰冻期冻融循环中，水分会快速向冻结锋面迁移，不仅改变路基土湿度空间分布状态，同时对土体微观结构产生损伤，从而改变土体力学性质，改变路基土回弹模量。

在冬季由于路基冻结，部分液态水冻结成为固态，路基土回弹模量很大。春融期，随着自然界温度升高，路基土中水分融化，在融化锋面产生大量液态水，但是由于压实土渗透系数较小，水分渗透速度远小于自然界升温融化水的速度，因此会造成春融期路基强度下降，导致翻浆。

在季冻区这种周而复始的冻结—融化过程，通常称之为冻融循环作用。针对季冻区路基，影响路基冻融作用的因素有冻结温度、冻结期间路基土与外界水力联系状态等。

（1）冻结状态

自然界根据地理位置的不同，气候条件区别较大。在季冻区有些地区冬季漫长寒冷，气温可达 $-30\sim-40℃$，有些季冻区冬季气温相对较高，整个冬季时间也短。不同气候区路基经历冻结时间、冻结温度差异较大，从而影响该地区路基回弹模量性质。

（2）水力联系状态

季冻区路基水力联系状态，通常是指在冻结过程中是否有大量液态水补给进入路基，通常分为开放系统和封闭系统两大类。开放系统是指在冻融循环过程中土样底部始终保持与自由水接触，在冻结过程中随着土体中吸力的变化进行自由补水。封闭系统是指在冻融过程中路基土底部完全水力阻隔，没有自由水可以进入，只有影响区范围内水分的重新分布。路基处于自然环境中，地下水变化、地下水高低以及在冻融期内雨雪渗透、蒸腾蒸发作用，路基不可能处于绝对的开放系统或者是封闭系统中。

（3）冻融次数

路基土在自然环境中经历一次冻结一次融化，这样的一个循环过程，称之为一次冻融循环。有些地区冻结数日后气温回升快冻结土体可以完全融化一次，使得该地区一个冬季路基土会出现若干次冻融循环。

在深季冻区，一般冬季寒冷漫长，昼夜温差并不强烈，这样的地区路基土一般一年经历一次冻融循环。

经历冻融循环次数不同，土体受到冻融损伤不同，其冻融后回弹模量也不同。

2.3　本章小结

本章对我国典型季冻区公路路基病害及成因、路基回弹模量相关指标参数、路基土回弹模量影响因素进行了调查分析，取得了以下主要结论：

（1）我国季冻区公路路基冻害以冻胀翻浆病害为主，主要因素包括土质、水、温度、路面、行车荷载等，其中土质、温度和水是路基冻胀翻浆的三个基本条件。

（2）季冻区路基土回弹模量的主要影响因素有填料类型、湿度状态、密实状态、外部温湿气候环境等，填料状态参数（压实度、湿度等）以及气候环境条件（温度、降雨、地下水等）的变化是路基土回弹特性劣化的表观原因。

第 3 章　未冻融粉质黏土
回弹特性试验分析

路基回弹模量是路面结构设计的重要参数，也是影响路面结构厚度的最敏感因素之一，其取值的大小对路面结构厚度有较大影响，直接影响工程造价。在气候和环境以及行车荷载下，路基回弹模量与压实度、湿度状态以及受力状态密切相关。

本章针对未冻融（不考虑冻融作用）粉质黏土填料，通过大量回弹模量室内试验，研究不同含水率、压实度状态下粉质黏土填料的回弹特性变化规律，并进一步归纳分析，建立未冻融粉质黏土回弹模量的预估模型。

3.1　方案设计与试验方法

路基回弹模量根据荷载性质的不同可以分为静态回弹模量和动态回弹模量：

静态回弹模量指在静力荷载作用下产生的应力与其相应的回弹应变的比值，实际上是应力卸载阶段应力应变曲线的割线模量，测试方法包括室内承载板实验、现场贝克曼梁或承载板法试验等。

动态回弹模量是指土样在轴向循环荷载作用下的动应力与产生的回弹动应变的比值，其测试方法有室内试验测定和现场 FWD 弯沉测定反算法等。

鉴于动态回弹模量与静态回弹模量可以通过试验建立两者间换算关系满足工程设计使用，考虑到动态回弹模量试验的设备复杂、试验人员操作不当容易引起较大误差，大量工程设计单位试验室没有动态回弹模量试验设备。因此，本书中回弹模量仍然使用现行《公路土工试验规程》JTG E40—2007 中推荐使用的路基土静态回弹模量试验方法。

3.1.1　试验材料

室内试验的粉质黏土土样取自珲乌高速长春至松原段辅道农安绕越线段，桩号 K15＋300—K16＋000，对土样进行袋装、托运至试验室。在室内按照《公路土工试验规程》JTG E40—2007 相关试验方法和试样装置进行了比重、颗粒分析、界限含水水率以及击实试验，获得了试验原材料的基本物理力学性质，根据《公路土工试验规程》，对土体进行分类和定名，见表 3.1-1 及图 3.1-1。

土样名称	天然含水率 (%)	比重	液限 (%)	塑限 (%)	最大干密度 ρ_{dmax}(g/cm³)	最优含水率 w_{opt}(%)
粉质黏土	5.2	2.71	39.0	23.7	1.90	13.2

试验土样的基本物理性质　　　　　　　　表 3.1-1

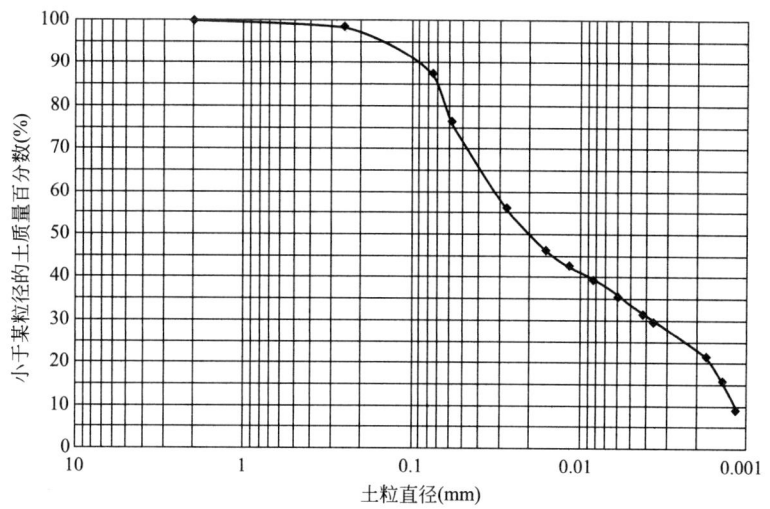

图 3.1-1　粒径分配曲线

3.1.2　回弹模量试验方法

公路工程中，路基土回弹模量室内试验常见的方法有承载板法（T0135—1993）和强度仪法（T0136—1993），本章采用承载板法。

试验装置为南京土壤仪器厂有限公司生产的 HM-1 型回弹模量仪，主要仪器设备有杠杆压力装置（图 3.1-2）、承载板（图 3.1-3）、试筒（图 3.1-4）、量表、秒表。

① 杠杆压力仪：最大压力 1500N，见图 3.1-2。

② 承载板：直径 50mm，高 80mm，见图 3.1-3。

③ 试筒：内径 152mm、高 170mm 的金属圆筒；套环，高 50mm；筒内垫块，直径 151mm，高 50mm；夯击底板与击实仪相同。如图 3.1-4 所示。

④ 量表：千分表两块。

⑤ 秒表一只。

根据《公路土工试验规程》JTG E40—2007 规定的 T0135—1993 承载板法，回弹模量测试的主要步骤如下：

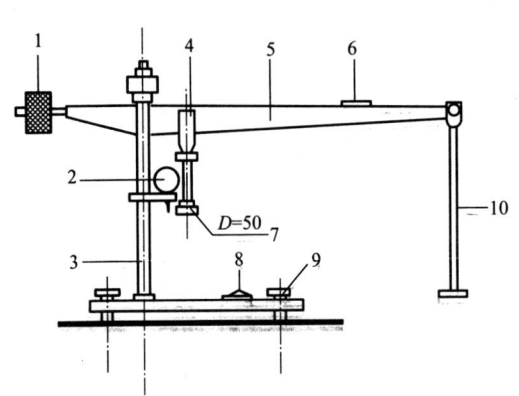

图 3.1-2 杠杆压力仪（单位：mm）

1—调平砝码；2—千分表；3—立柱；4—加压杆；

5—水平杠杆；6—水平气泡；7—加压球座；

8—底座气泡；9—调平脚螺丝；10—加载架

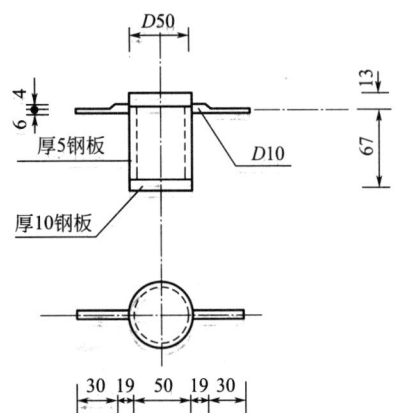

图 3.1-3 承载板（单位：mm）

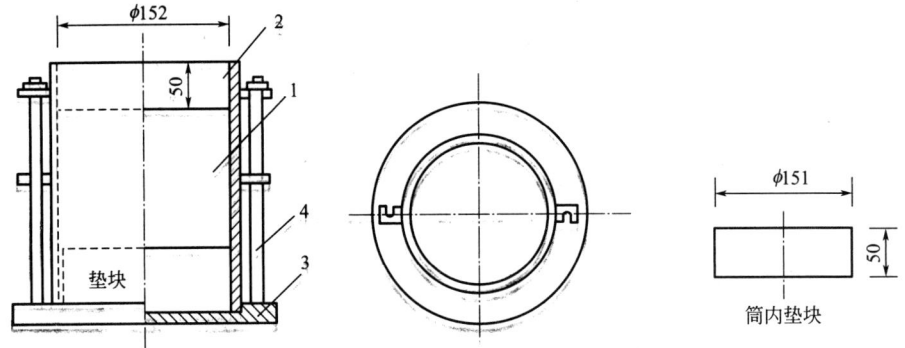

图 3.1-4 回弹模量试筒（单位：mm）

1—试筒；2—套环；3—夯击底板；4—拉杆

（1）干法备样。每组试验取代表性土样 25kg，风干碾碎，过 20mm 筛，将筛下的土样拌匀，测定土样的风干含水率 ω_0，准备 3 份土样（平行样），每份试样质量 6kg。

（2）加水配样。根据击实试验成果确定最优含水率，分别加入所需的水量并拌和均匀，密封闷料 1 天后再进行击实制样。

（3）制备试件。按照设定的压实度确定的击实数进行制样，试件分 3 层装料时每层装 1700g 左右，按试验压实度对应的击实次数分层击实，击实后高出 1/3 筒高 1~2mm。击实时，筒内放上垫块，垫块上放一张滤纸。每层击完，将表面拉毛，再击下一层。大试筒击实后，试样不宜高出套筒 10mm。卸下套环，用刮刀修平击实的试件，表面不平处用细料修补，然后取出垫块，称量（筒+试件质量）。

（4）冻融循环：将试验放入冻融循环实验装置，按照冻融循环模拟方法对试样进行冻融循环预处理（本章回弹模量测试不涉及该步骤，第4章回弹模量试验采用该过程进行冻融循环预处理）。

（5）安装试样：将试件和试筒的底面放在杠杆压力仪的底盘上，将承载板放在试件中央（位置）并与杠杆压力仪的加压球座对正；将千分表固定在立柱上，将表的测头安放在承载板的表架上。

（6）预压：在杠杆仪的加载架上施加砝码，用预定的最大单位压力 p 进行预压。含水率大于塑限的土，$p=50\sim100\mathrm{kPa}$，含水率小于塑限的土，$p=100\sim200\mathrm{kPa}$。预压进行 $1\sim2$ 次，每次预压 1min。预压后调正承载板位置，并将千分表调到接近满量程的位置，准备试验。

（7）测定回弹量：将预定最大单位压力分成 $4\sim6$ 份，作为每级加载的压力。每级加载时间为 1min 时，记录千分表读数，同时卸载，让试件恢复变形，卸载 1min 时，再次记录千分表读数，同时施加下一级荷载。如此逐级进行加载卸载，并记录千分表读数，直至最后一级荷载。为使试验曲线开始部分比较准确，第一、二级荷载可用每份的一半，试验的最大压力也可略大于预定压力。

（8）整理数据成果：以单位压力 p 为横坐标，回弹变形 l 为纵坐标，绘制 $p\text{-}l$ 曲线（图 3.1-5）。每级荷载作用下，回弹模量的计算公式为：

$$E_0=\frac{\pi D}{4}\left(1-\mu_0^2\right)\frac{p_i}{l_i} \tag{3.1-1}$$

式中　E_0——回弹模量（kPa）；

D——刚性承载板直径，规定为 5cm；

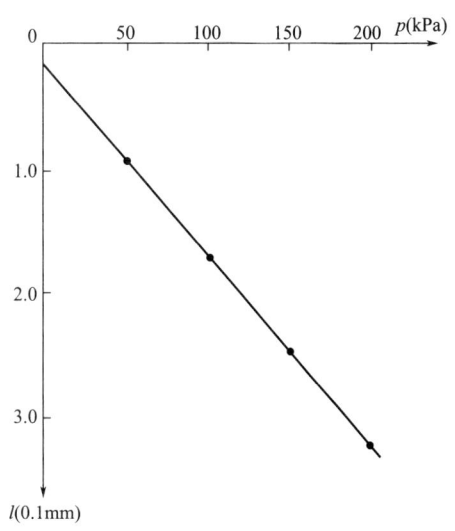

图 3.1-5　单位压力与回弹变形（$p\text{-}l$）关系曲线

μ_0——土基泊松比，取为 0.35；

p_i——回弹变形对应的各级荷载单位压力（kPa）；

l_i——各级荷载单位压力作用下的回弹变形（mm）。

对于较软的土，如果 $p\text{-}l$ 曲线不通过原点，用初始直线段与纵坐标的交点当作原点，修正各级荷载下的回弹变形和回弹模量。最终试样的回弹模量由三个平行试验的平均值确定，平行样误差应小于 5%。

3.1.3　试验方案设计

根据第 2 章路基土回弹模量影响因素分析，影响未冻融粉质黏土回弹模量的主要因素有含水率和压实度。

本部分在室内通过开展不同含水率、不同压实度条件下未冻融粉质黏土回弹模量试验，掌握回弹模量随含水率、压实度的变化规律，通过多元非线性分析，构建未冻融粉质黏土回弹模量预估模型，并对预估模型进行试验检验。预估模型是通过多元非线性回归获得，从数学上讲，回归模型适用于内插，并且回归分析样本越大模型内插精度越高。因此，想要获得含水率、压实度范围广且较高精度预估模型，试验土样含水率范围、压实度范围应涵盖工程实际范围。

由土的击实试验曲线可知，土体压实度与含水率并不是毫无关联的，压实度较低情况下含水率变化范围较宽；压实度越高，含水率可变化范围越窄。试验土样初始含水率为 11.2%（$w_{opt}-2\%$）、13.2%（w_{opt}）、15.2%（$w_{opt}+2\%$）、17.2%（$w_{opt}+4\%$）为主。压实度分别控制为 $K=85\%$、$K=90\%$、$K=96\%$ 综合考虑了路基上路床、上路堤以及下路堤，同时考虑到个别施工因素致使压实度未到达规范要求的状况。针对压实度大土样含水率可变化范围小，在试验方案中加密含水率，保证每个压实度对于 5 种不同含水率土样。为对回弹模量预估模型进行验证，试验方案中考虑 5 组用于模型验证试样，试验方案见表 3.1-2。

未冻融路基土回弹模量试验方案　　　　　　　　　　表 3.1-2

含水率（%）	压实度（%）	目的	含水率（%）	压实度（%）	目的
11.2	85	研究典型含水率、典型压实度条件下回弹模量变化规律	11.2	96	研究典型含水率、典型压实度条件下回弹模量变化规律
13.2			12.2		
15.2			13.2		
17.2			14.2		
18.8			15.2		
11.2	90	研究典型含水率、典型压实度条件下回弹模量变化规律	12.3	86	验证回弹模量预测模型
13.2			14.1	87	
15.2			17.8	91	
17.2			16.5	93	
18.0			15.0	95	

3.2 未冻融粉质黏土回弹特性

根据 3.1 节试验方案和方法，按照《公路土工试验规程》JTG E40—2007 中 T0135 承载板法试验要求进行未冻融粉质黏土回弹模量试验，试验结果见表 3.2-1。

	未冻融粉质黏土回弹模量试验结果				表 3.2-1
含水率（%）	压实度（%）	回弹模量 E_0（MPa）	含水率（%）	压实度（%）	回弹模量 E_0（MPa）
11.2	85	87.8	17.2	90	44.5
13.2	85	59.8	18	90	38.5
15.2	85	49.6	11.2	96	106.9
17.2	85	40.2	12.2	96	86.7
18.8	85	31.3	13.2	96	80.1
11.2	90	89.6	14.2	96	66.9
13.2	90	70.4	15.2	96	61.2
15.2	90	52.2			

3.2.1 不同含水率条件下粉质黏土回弹特性

图 3.2-1 是不同压实度土样回弹模量随含水率变化的关系曲线，表 3.2-1 为土样未冻融回弹模量试验结果。试验研究表明：相同压实度未经历冻融的粉质黏土土样回弹模量随含水率增加而减小。例如压实度 $K=96\%$ 路床土，含水率从 11.2%（$w_{opt}-2\%$）增加至 15.2%（$w_{opt}+2\%$）路基回弹模量从 106.9MPa 减小至 61.2MPa 减小了 42.75%；压实度为 $K=90\%$ 的土样，含水率从 11.2%（$w_{opt}-2\%$）增加至 15.2%（$w_{opt}+2\%$）路基回弹模量从 89.6MPa 减小至 52.2MPa 减小了 41.74%。

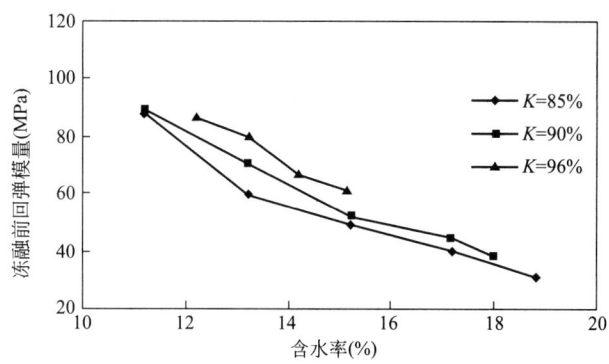

图 3.2-1 粉质黏土未冻融回弹模量随含水率变化的关系曲线

对试验结果进行非线性拟合，分析表明粉质黏土未冻融回弹模量与含水率呈幂函数关系。

以压实度 $K=96\%$ 为例，拟合函数关系为式（3.2-1）。

$$E_0 = 4.396w^{-0.873} \quad R^2 = 0.9498 \tag{3.2-1}$$

3.2.2 不同压实度条件下粉质黏土回弹特性

图 3.2-2 是不同含水率土样未冻融回弹模量随压实度变化的关系曲线，表 3.2-1 为土样未冻融回弹模量试验结果。试验研究表明：相同含水率粉质黏土土样回弹模量随压实度增加而增加。

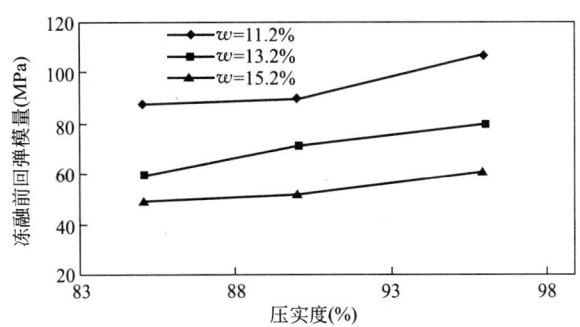

图 3.2-2 粉质黏土未冻融回弹模量随压实度变化的关系曲线

以最优含水率 $w_{opt}=13.2\%$ 土样试验结果为例，压实度从 85% 增加至 90%，路基回弹模量从 59.8MPa 增加至 70.4MPa，增加了 17.73%；压实度从 85% 增加至 96%，路基回弹模量从 59.8MPa，增加至 80.1MPa，增加了 33.95%。

对试验结果进行非线性拟合，拟合分析表明粉质黏土未冻融回弹模量与压实度也可用幂函数表征。

以最优含水率 $w_{opt}=13.2\%$ 土样为例，拟合函数关系为式（3.2-2）。

$$E_0 = 24.849K^{1.654} \quad R^2 = 0.9479 \tag{3.2-2}$$

3.3 回弹模量预估模型构建与验证

3.3.1 回弹模量预估模型构建

由 3.2.1 和 3.2.2 章节的研究结果表明：回弹模量 E 与压实度 K 呈幂指数关系，与含水率 w 也呈幂指数关系，可表达为：

$$E = f(w) = aw^b \tag{3.3-1}$$

$$E = f(K) = cK^d \tag{3.3-2}$$

则，假设回弹模量 E 与压实度 K，含水率 w 两个变量的函数关系为公式（3.3-3）

$$E = f(K，w) = Aw^a K^\beta \tag{3.3-3}$$

对式（3.3-3）进行两边求对数，即得：

$$\ln E = \ln A + \alpha \ln w + \beta \ln K \tag{3.3-4}$$

从式（3.3-4）可以看出 $\ln E$ 与 $\ln w$，$\ln K$ 呈线性关系，即可利用表 3.2-1 中试验成果进行多元线性回归。回归的结果为：

$$E_0 = 2.583 K^{1.940} w^{-1.720} \tag{3.3-5}$$

式中，E_0 为冻前回弹模量（MPa）；K 为土样压实度，取小数（如 0.96）；w 为土样初始含水率，取小数（如 0.132）。

3.3.2　预估模型构建的验证

为验证模型，按照 3.1 节的试验方法和试验方案，测试了几组典型压实度、含水率状态下粉质黏土填料回弹模量（无冻融作用），相关试验结果见表 3.3-1。

路基土未冻融回弹模量预估模型验证数据对比　　　　　　　表 3.3-1

试样编号	压实度（%）	初始含水率（%）	回弹模量测试值（MPa）	回弹模量预测值（MPa）	相对误差率（%）
1	86	12.3	75.11	70.86	−5.7
2	87	14.1	56.72	57.30	1.0
3	91	17.8	38.11	41.87	9.9
4	93	16.5	49.27	49.76	1.0
5	95	15.0	63.54	61.10	−3.8

根据预测模型（式 3.3-5），利用表 3.3-1 中验证试样的压实度、含水率参数，计算出相应的回弹模量预估值，进一步整理出路基土未冻融回弹模量实测值和模型预估值对比图，见图 3.3-1。

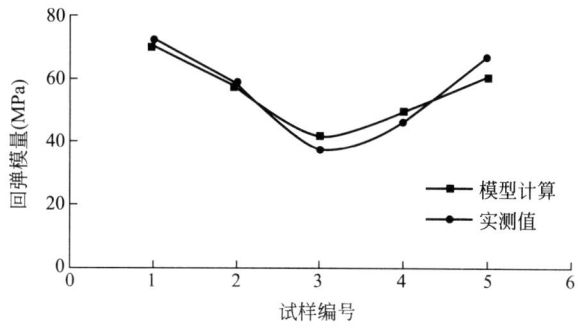

图 3.3-1　路基土未冻融回弹模量预估模型验证对比

对比路基土未冻融回弹模量实测值和预估值（图 3.3-1），总体上两者十分接近，分别统计各组验证数据的相对误差值（见表 3.3-1），得到粉质黏土填料未冻融回弹模量预估模型的误差为 $-5.7\%\sim9.9\%$，可见，预估模型基本稳定可靠，具有较高的精度。

3.4 本章小结

本章针对未冻融（不考虑冻融作用）粉质黏土填料，通过室内回弹模量试验，研究了不同含水率、压实度状态下粉质黏土填料的回弹特性及变化规律，建立了未冻融粉质黏土回弹模量的预估模型，取得了以下主要结论：

（1）相同压实度条件下，未经历冻融的粉质黏土填料回弹模量随含水率增加而减小，回弹模量与含水率呈幂函数关系；相同含水率条件下，未经历冻融的粉质黏土填料回弹模量随压实度增加而增加，回弹模量与压实度也可用幂函数表征。

（2）未冻融（未经历冻融条件）路基土回弹模量与压实度、初始含水率呈双参数幂函数关系，可采用 $E=Aw^{\alpha}K^{\beta}$ 进行描述，并根据试验成果进行了多元线性回归，给出了粉质黏土填料回弹模量预估方程的 A、α、β 回归值。

$$E_0=2.583K^{1.940}w^{-1.720} \tag{3.4-1}$$

式中，E_0 为冻前回弹模量（MPa）；K 为土样压实度，取小数（如 0.96）；w 为土样初始含水率，取小数（如 0.132）。

第4章 冻融作用下粉质黏土
回弹特性试验分析

本章重点针对冻融后（考虑冻融作用）粉质黏土填料，通过一系列冻融循环试验和回弹模量室内试验，研究不同冻结温度、水分补给环境及不同含水率、压实度状态下粉质黏土填料的回弹特性及衰减规律，在此基础上，深入归纳分析，建立粉质黏土填料冻融后回弹模量的预估模型。

4.1 方案设计与试验方法

为便于试验分析，本文根据路基土的水补给环境条件将冻融循环模拟试验划分为开放系统和封闭系统两大类：

开放系统是指在冻融循环过程中土样底部始终保持与自由水接触，在冻结过程中随着土体中吸力的变化进行自由补水（模拟反映路基和环境自由进行水分交换），这种状态对应着地下水位高，地基土毛细作用强，路基底部没有采取防水措施的路基工程。

封闭系统是指在冻融循环过程中土样始终保持与外界自由水隔绝任何水力联系，在冻结过程中土体不能从外界获得水分补给，这种状态对应着地下水位较低或路基底部采取良好防水措施的路基工程。

4.1.1 冻融循环试验装置

（1）国内外冻融循环试验方法与设备现状

对国内从事冻土研究、冻土工程设计单位进行了调研，目前冻融试验装置情况如下：以中国科学院冻土工程重点实验室为代表的冻融试验设备可以考虑水分的补给状态但一次只能完成一个土样试验，不能满足一组土样力学指标平行试验要求（图4.1-1）；吉林大学刘寒冰教授发明专利《冻融循环下路基材料力学参数测试试验机》介绍的试验装置主要功能是在动载荷下冻融进展过程中测试路基材料动力特性参数及冻胀量、路面弯沉值，但不能考虑地下水分补给，不能与现行规范回弹模量、CBR试验条件直接对接，同时也不能进行平行试验；国内还有其他高校或研究单位将土柱直接放入冰箱中进行冻融循环试验，这种方法不仅土柱冻结方式（温度梯度状态）和季冻区路基土冻结方式完全不同，而且不能模拟

(a)　　　　　　　　　　　　　　　(b)

图 4.1-1　目前国内常用冻融设备

冻融过程中水分在路基中补给与迁移过程。

国内冻土研究设计单位冻融循环试验设备调查表　　　表 4.1-1

序号	单位名称	试验仪器性能			
		补给水分	试验数量	能否平行试验	与现行规范回弹模量试验设备对接
1	中科院冻土研究所	能	1	否	否
2	长安大学	否	1	否	否
3	吉林大学	否	1	否	否
4	其他科研单位	使用冰箱冻融,边界条件不符合实际情况			

　　目前已有的试验装置尚不能满足季冻区最不利状态下力学指标测试要求,因此研制既能模拟冻融过程中水分在路基中补给与迁移过程,又能保证若干个土样顶板、底板温度相同且同步变化,以便保证反复冻融土样的初始状态和温度状态相同且满足《公路土工试验规程》对平行试样的要求,同时试样尺寸必须和回弹模量、CBR 测试装置直接对接的试验装置,测试最不利状态下季冻区路基土回弹模量和强度参数是亟待解决的。

　　(2)　多功能土基冻融循环试验装置的研发

　　在国内已有研究基础上,笔者研制了一种多功能公路土基冻融循环试验装置(ZL201010222919.7),冻融循环试验时六个试样放置在恒温系统的六个顶板热交换器与六个底板热交换器之间,六个顶、底板热交换器分别与制冷循环机组并联,水分补给系统与六个路基土试样底部相连,测试系统的温度传感器、土壤水分传感器埋设在六个路基土试样中、测试系统的位移传感器与温控系统的顶板换热器顶部接触，温度传感器、位移传感器、土壤水分传感器与数据采集系统的数据采集通道相连。结构简单，使用方便，更能完成现有装置不能实现的最不利状态下季冻区路基土回弹模量和 CBR 强度等工程设计参数平行试验测定，具有试验精度高、结果可靠、能直接为工程设计提供必要设计参数。

该装置克服了现有冻融循环试验装置的缺点和不足，提供了一种多功能公路土基冻融循环试验装置（图 4.1-2），结构简单，使用方便，具有同时满足以下三方面功能要求的特点：

图 4.1-2 多功能公路土基冻融循环试验装置

（1）冻结过程中土样底部与底板间能发生水力联系，使得土样处于开放系统，模拟自然状况下冻融过程中水分在路基中补给与迁移过程；

（2）能够保证若干个土样顶板、底板温度相同且同步变化，以便保证反复冻融土样的初始状态和温度状态是相同的，满足《公路土工试验规程》对平行试样的要求；

（3）试样尺寸和回弹模量、CBR 测试装置直接对接。不仅能实现现有试验装置进行冻土水分迁移、温度场测试等理论研究功能和冻胀量、融沉量变形参数测试要求，更能完成现有装置不能实现的最不利状态下季冻区路基土回弹模量和 CBR 强度等工程设计参数测定，具有能进行平行试验，试验精度高、结果可靠、能直接为工程设计提供必要设计参数的优点。

多功能公路土基冻融循环试验装置，包括水分补给系统、温控系统、测试系统和数据采集系统（图 4.1-3）。利用三套独立的温控设备分别控制恒温箱体、土样顶端热交换器、土样底端热交换器来模拟季冻区路基不同季节的温度边界。

恒温箱体温控系统由试验机箱体、箱体内保温材料、箱体温度控制器、离心风机、风道板、蒸发器、程序控制面板、散热板、压缩机、冷凝器组成（图 4.1-4、

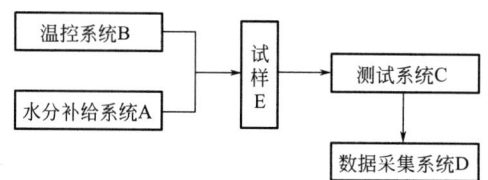

图 4.1-3 多功能公路土基冻融循环试验装置系统构成

图 4.1-5)，由压缩机抽吸蒸发器中的蒸气送往冷凝器，产生冷气传递至离心风机，经过风道板由散热板向内置保温材料的试验机箱体散热，使得内置保温材料的试验机箱体保持设定的恒温状态，温度控制器连接蒸发器和压缩机，通过温度控制器对试验机箱体进行温度控制。

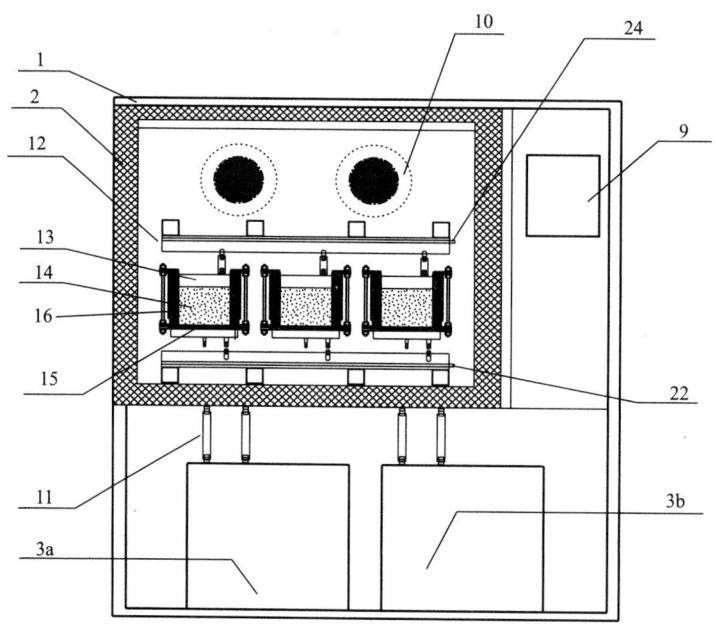

图 4.1-4 多功能公路土基冻融循环试验装置正面透视图

(图注详见图 4.1-5 注)

土样顶端热交换器温控系统由制冷循环机组、程序控制面板、耐压硅胶管、顶板热交换器、顶板冷却液通道、顶板冷却液循环管路组成，其连接关系是：用耐压硅胶管将顶板冷却液循环管路与制冷循环机组连接，通过顶板冷却液通道将顶板热交换器并联在顶板冷却液循环管路上，使得冷却液在制冷循环机组和六个顶板热交换器之间循环。

土样底端热交换器温控系统由制冷循环机组、程序控制面板、耐压硅胶管、底板热交换器、底板冷却液通道、底板冷却液循环管路组成，其连接关系是：用耐压硅胶管将底板冷却液循环管路与制冷循环机组连接，通过底板冷却液通道将

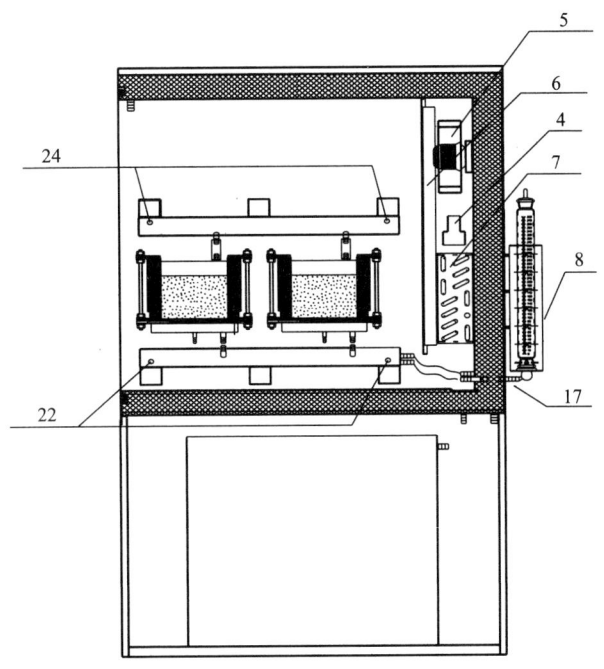

图 4.1-5 多功能公路土基冻融循环试验装置侧面透视图

1—试验机箱体；2—箱体内保温材料；3a—循环制冷机组（由加热元件、制冷元件、冷却液、温度控制元件组成）；3b—循环制冷机组（由加热元件、制冷元件、冷却液、温度控制元件组成）；4—箱体温度控制器；5—离心风机；6—风道板；7—蒸发器；8—马氏瓶；9—程序控制面板；10—散热板；11—耐压硅胶管；12—试样支架；12a—导水底座；13—顶板换热器；14—路基土试样；15—底板换热器；16—样品筒；17—补水通道；18—温度传感器；19—位移传感器；20—土壤水分传感器；21—底板冷却液通道；22—底板冷却液循环管路；23—顶板冷却液通道；24—顶板冷却液循环管路

底板热交换器并联在底板冷却液循环管路上，使得冷却液在制冷循环机组和六个底板热交换器之间循环。

六个相同的样品筒放置在试样支架中，样品筒内从下向上依次放置底板热交换器、路基土试样、顶板换热器，六个顶板换热器通过顶板冷却液通道与顶板冷却液循环管路并联，六个底板换热器通过底板冷却液通道与底板冷却液循环管路并联。两个循环制冷机组和箱体温度控制器均与程序控制面板相连，通过程序控制面板对恒温箱体和两个循环制冷机组进行可编程温度控制，从而模拟了冻融循环过程中路基土的温度边界条件，并且保证了 6 个路基土土样温度边界条件相同。

水分补给系统包括补水通道、马氏瓶、导水底座，其连接关系是：补水通道将马氏瓶中的蒸馏水与导水底座相连，连接方式是使用橡皮软管对接，导水底座

用螺钉固定在底板换热器顶端；水分补
给系统作用是：在试验过程中土样与马
氏瓶中蒸馏水保持水力联系，以模拟路
基土在冻融过程路堤本体以外环境的水
分补给条件。

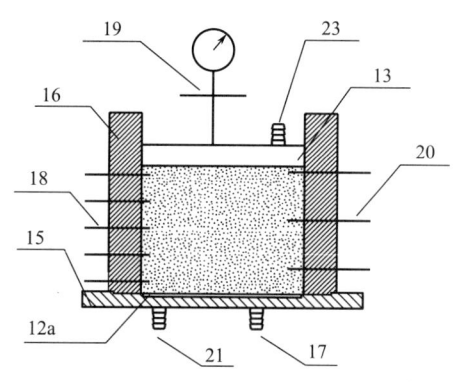

图 4.1-6 样筒与样品大样图
（图中代码注释见图 4.1-5）

测试系统包括两部分，一部分是传
感器元件，包括温度传感器、位移传感
器、土壤水分传感器；另一部分是《公
路土工试验规程》中指定土的回弹模量
试验装置和承载比 CBR 试验装置。温
度传感器分别以间距 20mm 沿土样高度
方向埋设，土壤水分传感器均匀地分布
于土样上中下部位，位移传感器与顶板换热器上部接触，并预留足够量程。传感
器元件是用来监测和获取试验过程中土样不同位置的温度、含水率以及土样顶部
的位移；冻融循环试验完成后将路基土试样与样品筒整体取出后放置在回弹模量
试验装置和承载比 CBR 试验装置中对冻融循环后土样进行公路路基土回弹模量、
承载比 CBR 参数测试。

数据采集系统包括数据采集仪和计算机，其连接关系为：将温度传感器、位
移传感器、土壤水分传感器与数据采集仪相连，数据采集仪与计算机相连，其作
用是采集并存储试验数据。

样品支架用来支撑六个样品筒，六个样品筒内径与击实仪、CBR 强度仪以
及回弹模量强度仪的样品筒内径完全相同，路基土试样置于样品筒中，土样顶端
和低端分别放置顶板换热器和底板换热器，六个顶板、底板热交换器与冷却液循
环管路并联，其作用是：使六组土样的温度边界条件相同，从而能完成平行
试验。

综上所述，该发明装置通过水分补给系统、温控系统解决了六组路基土试样
在冻融过程中温度边界条件相同，使得能够满足冻融循环平行试验要求；同时解
决了冻融过程中土样底部与外界的水力联系，使得土样处于开放系统中，有效模
拟了路基土的实际状态；样品筒尺寸规格保持和《公路土工试验规程》击实试
验、CBR 试验、回弹模量试验样品筒尺寸一致，实现了冻融后的试样直接在现
有公路路基回弹模量、CBR 试验仪上进行试验，这样就可以得到季冻区最不利
季节下路基回弹模量和 CBR 参数。

4.1.2 冻融循环试验方法

自然界中冻土的冻融是随着气候反复进行的，冻融的温度条件随气候周期变

化，冻结结束和融化结束时间也由外部气温决定。为了在室内冻融试验机模拟自然界的这种现象，采用研发的多功能冻融循环实验装置，控制冻融温度随时间的周期性变化条件以及试验的补水条件，可实现对不同水分补给状态、不同初始含水率、不同压实度、不同冻结温度状态下路基土冻融过程的仿真，为季冻区路基土回弹模量及 SEM 试验提供冻融循环环境模拟发生器及前处理平台。

（1）冻结时间的确定

冻土对温度具有很强的敏感性，温度决定着土体中水分的状态，进而影响和控制着冻土的固有属性及其物理力学特性。本次试验前先将土样每隔 20mm 设置热敏电偶测温计获得了土样的温度场分布状况，在土样顶部设置位移传感器监测冻结过程中冻胀量，测试示意图如图 4.1-7 所示。

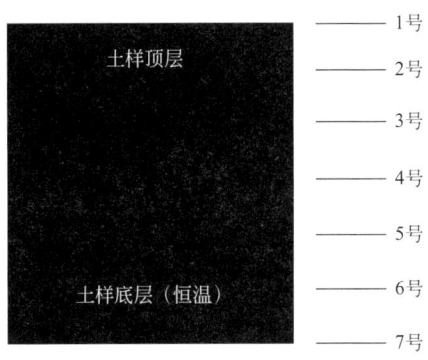

图 4.1-7 冻融循环热敏电偶测温计布置示意图

在试验室条件下，经过试验研究无论是开放系统还是封闭系统，当顶板负温确定后，土样不可能永无止境的发生冻胀，完全冻结意味着两方面含义，一方面冻土内温度场处于平衡状态，即各个热敏温度计温度不变；另一方面，冻土的冻胀变形也已完成。归纳起来，当同时满足式（4.1-1）、式（4.1-2），冻土的正冻过程已经完成。

$$T_i^{t+\Delta} - T_i^t \to 0 \tag{4.1-1}$$

$$S^{t+\Delta} - S^t \to 0 \tag{4.1-2}$$

式中　　T_i^t、$T_i^{t+\Delta}$——第 i 个热敏电阻温度计在 t、$t+\Delta t$ 时刻的温度值；

　　　　S^t、$S^{t+\Delta}$——位移传感器在 t、$t+\Delta t$ 时刻的变形值；

　　　　Δt——考虑到温度的敏感性，在本试验中取值 2 小时。

融化沉降是个更为复杂的问题，冻土在正温环境中土体中的冰融化为水，体积要减小，与此同时融化后的土体在自重条件下会发生土体的沉降变形，并且这两个过程是同时在发生的。鉴于此，当融化结束时候即可停止试验，融化结束时机很好判断，即各个温度探头的温度值都为正值，土体温度处于平衡中，可表示为：

$$T_i^{t+\Delta} - T_i^t \rightarrow 0 \qquad (4.1\text{-}3)$$

$$T_i^t > 0 \qquad (4.1\text{-}4)$$

自然界冻土的冻融是随着气候反复进行的，这种冻结结束和融化结束时间也是有外部气温决定的。因此，为了在室内冻融试验机模拟自然界的这种现象，我们也是周期性的调节顶板的温度来进行控制的。

经过试验确定，冻结时间为 48h，融化时间取 12h。

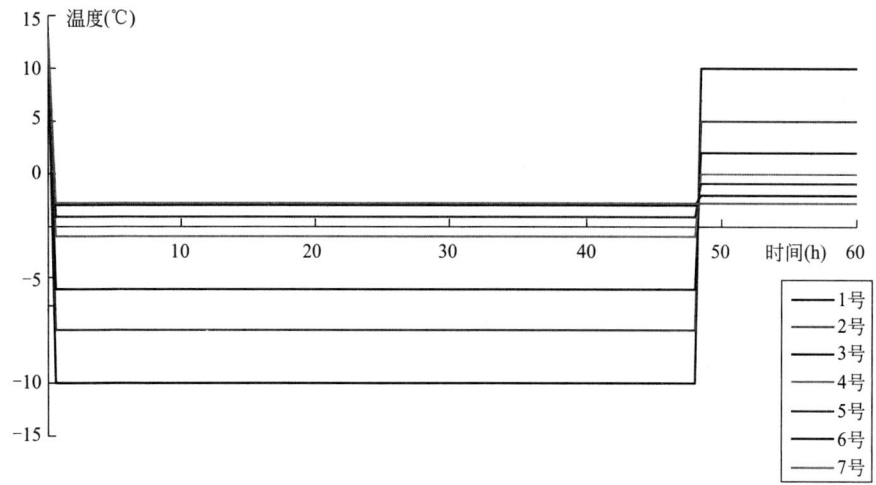

图 4.1-8　冻融循环过程土样内部的温度曲线

（2）试验步骤

试验期间恒温箱温度控制在 2℃，底板温度控制为一个恒定的正温 2℃，保持土体底部有一段恒定处于融土状态并且给水分补给创造温度条件，模拟季冻区路基下边界条件；顶板的温度变化模拟自然地表受到自然界大气的影响，温度处于负温和正温交替状态，试验中设为 −10℃（冻结温度根据试验要求可调整）和 15℃交替，如图 4.1-9 所示。这样可以保证试样处于一维的冻结和融化状态。

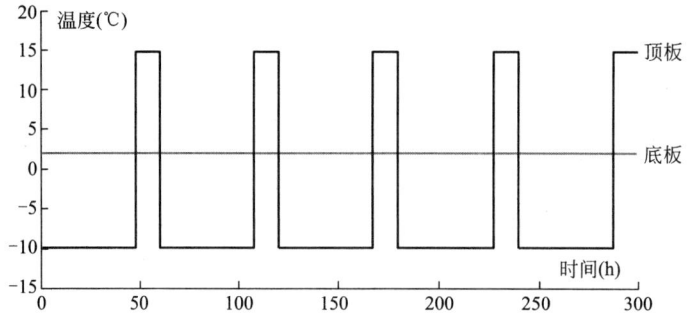

图 4.1-9　冻融循环试验装置温度控制曲线

具体试验步骤如下:

1) 制样: 按照试验方案要求的含水率和干密度制作直径为 152mm、高为 120mm 土样。

2) 装样: 将土样及样筒一并安装在多功能土基冻融循环试验装置样品底座上, 试样顶部、底部分别放置一张滤纸。

3) 冷却液管路连接: 将顶板置于试样顶部, 并轻压顶板, 确保顶板与土体接触良好; 用硅胶管将顶板、底板热交换器与冷却液管路连接。

4) 设定水分补给开关模式。若试验状况为开放系统, 开启水分补给开关; 若试验状态为封闭系统, 关闭水分补给开关。

5) 冻结过程: 开启制冷机组, 将恒温箱温度设置为 +2℃, 顶板负温分别设为 -5℃、-10℃、-15℃、-20℃ 四种状态 (根据冻结温度要求选定)、底板温度设定为 +2℃, 连续冻结时间 48 小时。

6) 融化过程: 土样完全冻结后将水分补给开关关闭, 顶板温度调为 +15℃, 保持底板温度为 +2℃, 土样开始双向融化。融化时间为 12 小时。

7) 反复冻融: 步骤 5)~6) 为土样一次完整的冻融循环过程, 重复该过程即为土样反复冻融。

4.1.3 试验方案设计

根据第 2 章对季冻区路基土回弹模量影响因素分析, 影响粉质黏土冻融后回弹模量的主要因素有外部气候环境 (地下水环境、冻结温度与次数等) 和内在状态 (路基土含水率、压实度等)。为系统探索路基回弹模量与环境状态的关系, 考虑上述主要环境状态影响因子 (地下水补给条件、冻结温度、冻融循环次数、路基土压实度、路基土含水率), 采用正交试验设计方法, 设计不同冻融循环条件的路基土回弹模量试验方案 (见表 4.1-2、表 4.1-3)。

首先, 根据路基地下水补给条件, 将试验方案划分为开放系统条件下和封闭系统条件下两大类。

然后, 分别针对开放系统和封闭系统两类冻融循环试验, 考虑路基土冻结温度、冻融循环次数、压实度、初始含水率等因素, 进一步细化试验工况, 研究冻融循环次数对回弹模量影响、不同压实条件及初始含水率土样在反复冻融作用下回弹模量的变化规律, 以及路基土回弹模量随冻结温度的变化规律。

开放系统条件下粉质黏土冻融循环试验方案见表 4.1-2, 封闭系统条件下试验方案见表 4.1-3, 方案总体流程描述如下:

开放系统下路基土冻融循环试验方案　　　　　　　表 4.1-2

编号	冻融循环次数	冻结温度（℃）	压实度（%）	初始含水率（%）	试验目的
O.1-1	0	−10	95		研究路基土回弹模量随冻融循环次数衰减过程,确定季冻区路基土性能稳定冻融循环次数
O.1-2	1			13.2	
O.1-3	2				
O.1-4	3				
O.1-5	4			17.2	
O.1-6	5				
O.1-7	6				
O.2-1	性能稳定循环次数 N	−10	96	11.2	研究冻融循环作用下不同初始含水率、不同压实度的粉质黏土填料在冻融前后回弹模量变化规律,建立季冻区粉质黏土填料冻融后稳定回弹模量的预估模型
O.2-2				12.2	
O.2-3				13.2	
O.2-4				14.2	
O.2-5				15.2	
O.3-1	性能稳定循环次数 N	−10	90	11.2	
O.3-2				13.2	
O.3-3				15.2	
O.3-4				17.2	
O.3-5				18	
O.4-1	性能稳定循环次数 N	−10	85	11.2	
O.4-2				13.2	
O.4-3				15.2	
O.4-4				17.2	
O.4-5				18.8	
O.5-1	性能稳定循环次数 N	−5	85	13.2	研究不同冻结温度条件下的粉质黏土填料在冻融前后回弹模量变化规律,建立季冻区粉质黏土填料冻融后稳定回弹模量的预估模型
O.5-2			90		
O.5-3			96		
O.5-4		−15	85		
O.5-5			90		
O.5-6			96		
O.5-7		−20	85		
O.5-8			90		
O.5-9			96		
O.6-1	性能稳定循环次数 N	−5	86	12.3	验证回弹模量预测模型
O.6-2			87	14.1	
O.6-3		−10	89	15.6	
O.6-4			91	17.8	
O.6-5		−15	93	16.5	
O.6-6			95	15.0	

封闭系统下路基土冻融循环试验方案　　　表 4.1-3

编号	冻融循环次数	冻结温度（℃）	压实度（%）	初始含水率（%）	试验目的
C.1-1	0	−10	95	13.2	研究路基土回弹模量随冻融循环次数衰减过程，确定季冻区路基土性能稳定冻融循环次数 N
C.1-2	1			13.2	
C.1-3	2				
C.1-4	3				
C.1-5	4			17.2	
C.1-6	5				
C.1-7	6				
C.2-1	性能稳定循环次数 N	−10	96	11.2	研究冻融循环作用下不同初始含水率、不同压实度的粉质黏土填料在冻融前后回弹模量变化规律，建立季冻区粉质黏土填料冻融后稳定回弹模量的预估模型
C.2-2				12.2	
C.2-3				13.2	
C.2-4				14.2	
C.2-5				15.2	
C.3-1	性能稳定循环次数 N	−10	90	11.2	
C.3-2				13.2	
C.3-3				15.2	
C.3-4				17.2	
C.3-5				18	
C.4-1	性能稳定循环次数 N	−10	85	11.2	
C.4-2				13.2	
C.4-3				15.2	
C.4-4				17.2	
C.4-5				18.8	
C.5-1	性能稳定循环次数 N	−5	85	13.2	研究不同冻结温度条件下的粉质黏土填料在冻融前后回弹模量变化规律，建立季冻区粉质黏土填料冻融后稳定回弹模量的预估模型
C.5-2			90		
C.5-3			96		
C.5-4		−15	85		
C.5-5			90		
C.5-6			96		
C.5-7		−20	85		
C.5-8			90		
C.5-9			96		
C.6-1	性能稳定循环次数 N	−5	86	12.3	验证回弹模量预测模型
C.6-2			87	14.1	
C.6-3		−10	89	15.6	
C.6-4			91	17.8	
C.6-5		−15	93	16.5	
C.6-6			95	15.0	

（1）先制作压实度 $K=95\%$，初始含水率为 13.2% 与 17.2% 两组土样，按照第 4.1.2 节所述的冻融循环和第 3.1.2 节所述的回弹模量试验方法分别测得：冻融 0 次（不经过冻融循环）的土样回弹模量 E_0 值；冻融 1 次的土样回弹模量 E_1 值；冻融 2 次的土样回弹模量 E_2 值；冻融 3 次的土样回弹模量 E_3 值；冻融 4 次的土样回弹模量 E_4 值；冻融 5 次的土样回弹模量 E_5 值；冻融 6 次的土样回弹模量 E_6 值。通过数理统计与回归分析，确定路基性能稳定循环次数 N。

（2）通过以上试验确定了稳定冻融次数 N 次后，接下来的试验，分别制备不同压实度、初始含水率和冻结温度的土样，按照第 4.1.2 节所述的冻融循环和第 3.1.2 节所述的回弹模量试验方法，直接开展冻融循环 0 次和冻融循环 N 次的冻融循环试验，对比冻融循环前后的路基土回弹模量变化规律。

（3）对试验数据进行统计回归分析，构建冻融作用下粉质黏土填料回弹模量预估模型，并进行验证。

4.2　冻融作用下路基土回弹模量衰减规律

根据 4.1.3 节试验方案，以压实度为 $K=95\%$ 含水率为最优含水率 w_{opt}（13.2%）和平衡含水率（$w_{\mathrm{opt}}+4\%$）试样为对象，研究季冻区路基回弹模量随冻融循环次数的关系，探索路基在填筑含水率和平衡含水率情况下的回弹模量衰减规律。

按照 3.1.2 节和 4.1.2 节试验方法，按照所需初始含水率拌和土样、闷料，按照试验所需压实度进行压样，每组样制作 2 个平行试样，未经冻融循环土样测试的路基回弹模量为经过 0 次冻融循环回弹模量值。通过控制“多功能公路土基冻融循环试验装置”补给水阀门设置开放系统与封闭系统模拟条件，设置顶板底板试验温度进行冻融循环试验，分别进行 1 次、2 次、3 次、4 次、5 次、6 次冻融循环，融化后取出试样放置在杠杆压力仪进行回弹模量测试，试验结果计为第 i 次冻融循环后回弹模量值。

开放系统条件下，压实度为 $K=95\%$ 初始含水率分别为 13.2% 和 17.2% 的试样，经历 0~6 次冻融循环后回弹模量试验结果见表 4.2-1 和表 4.2-2。

开放系统下 $K=95\%$、$w=13.2\%$ 土样不同次数冻融循环回弹模量试验结果

表 4.2-1

冻融循环次数 N	0	1	2	3	4	5	6
E_{i1}(MPa)	82.8	44.3	26.7	26.9	23.6	24.2	18.6
E_{i2}(MPa)	69.4	38.1	32.0	32.4	19.9	21.6	20.4
$(E_{i1}+E_{i2})/2$(MPa)	76.1	41.2	29.4	29.7	21.7	22.9	19.5

开放系统下 $K=95\%$、$w=17.2\%$ 土样不同次数冻融循环回弹模量试验结果

表 4.2-2

冻融循环次数 N	0	1	2	3	4	5	6
E_{i1}(MPa)	45.6	25.1	20.9	20.3	18.4	18	15.1
E_{i2}(MPa)	51.0	27.7	22.3	17.4	18	17.2	16.9
$(E_{i1}+E_{i2})/2$(MPa)	48.3	26.4	21.6	18.9	18.2	17.6	16.1

封闭系统下,压实度为 $K=95\%$、初始含水率分别为 13.2% 和 17.2% 的试样,经历 0~6 次冻融循环后回弹模量试验结果见表 4.2-3 和表 4.2-4。

封闭系统下 $K=95\%$、$w=13.2\%$ 土样不同次数冻融循环回弹模量试验结果

表 4.2-3

冻融循环次数 N	0	1	2	3	4	5	6
E_{i1}(MPa)	80.1	37.4	33.5	34.6	28.9	26	24.6
E_{i2}(MPa)	72.1	32.8	30.1	28.2	31.8	33.1	31.3
$(E_{i1}+E_{i2})/2$(MPa)	76.1	45.1	31.8	31.4	30.3	29.6	27.9

封闭系统下 $K=95\%$、$w=17.2\%$ 土样不同次数冻融循环回弹模量试验结果

表 4.2-4

冻融循环次数 N	0	1	2	3	4	5	6
E_{i1}(MPa)	45.6	28.3	20.9	22.2	21.4	18.3	17.5
E_{i2}(MPa)	51.0	25.3	23.2	20.3	20.9	19.1	19.1
$(E_{i1}+E_{i2})/2$(MPa)	48.3	26.8	22.1	21.3	21.2	18.7	18.3

不同冻结温度条件（−5℃、−10℃、−20℃）,压实度为 $K=95\%$、初始含水率为 13.2% 的试样,开放系统和封闭系统下经历 0~6 次冻融循环后回弹模量试验结果见表 4.2-5 和表 4.2-6。

开放系统不同冻结温度下土样不同次数冻融循环回弹模量试验结果 表 4.2-5

（单位：MPa）

冻结温度(℃)	冻融循环次数 N(次)					
	0	1	2	4	5	6
−5℃	76.1	54.8	38.5	29.7	29.6	28.2
−10℃	76.1	41.2	29.4	21.7	22.9	19.5
−20℃	76.1	30.8	21.6	17.7	16.4	15.8

封闭系统不同冻结温度下土样不同次数冻融循环回弹模量试验结果 **表 4.2-6**

（单位：MPa）

冻结温度（℃）	冻融循环次数 N（次）					
	0	1	2	4	5	6
−5℃	76.1	55.6	44.1	41.2	38.9	36.9
−10℃	76.1	45.1	31.8	30.3	29.6	27.9
−20℃	76.1	43.0	21.4	19.4	18.1	16.5

4.2.1　冻融循环次数对回弹模量影响研究

（1）开放系统下回弹模量随冻融循环次数的变化关系

对表 4.2-1 和表 4.2-2 的开放系统下土样 6 次冻融循环回弹模量试验数据进一步整理，得到土样回弹模量随冻融循环次数关系曲线（图 4.2-1 与图 4.2-2），总体上，土样回弹模量随冻融循环次数的增加呈现先快后慢并逐步趋于稳定的变化趋势。

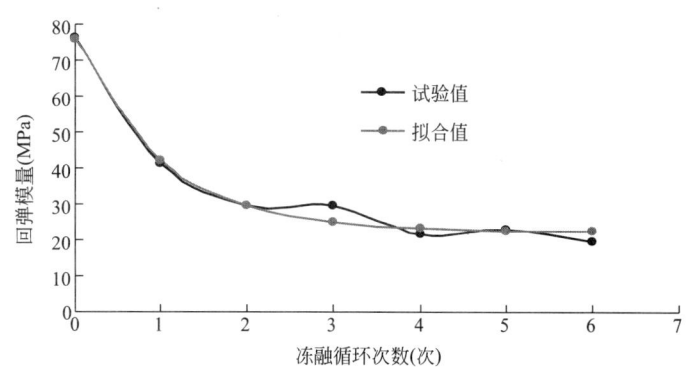

图 4.2-1　开放系统下 $w=13.2\%$、$K=95\%$ 土样回弹模量随冻融循环次数变化

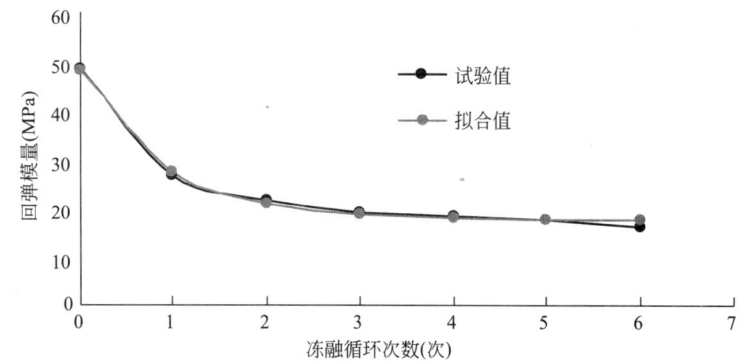

图 4.2-2　开放系统下 $w=17.2\%$、$K=95\%$ 土样回弹模量随冻融循环次数变化

对试验数据进行非线性拟合分析，获得初始含水率 $w=13.2\%$ 和 $w=17.2\%$ 土样回弹模量随冻融循环次数函数关系表达式分别为式（4.2-1）和式（4.2-2）。相关系数分别为 0.9783 和 0.9922，可见非线性拟合非常成功。

含水率为 13.2%：

$$E_N = 53.675e^{-\frac{N}{1.013}} + 22.188 \quad R^2 = 0.9783 \tag{4.2-1}$$

含水率为 17.2%：

$$E_N = 30.736e^{-\frac{N}{0.877}} + 17.419 \quad R^2 = 0.9922 \tag{4.2-2}$$

式中，E_N 为 N 次冻融循环后回弹模量（MPa）；N 为冻融循环次数，取 0，1，2，…，6。

（2）封闭系统下回弹模量随冻融循环次数的变化关系

对表 4.2-3 和表 4.2-4 的封闭系统下土样 6 次冻融循环回弹模量试验数据进一步整理，得到土样回弹模量随冻融循环次数关系曲线（图 4.2-3 与图 4.2-4），与开放系统类似，土样回弹模量随冻融循环次数的增加呈现先快后慢并逐步趋于稳定的变化趋势。

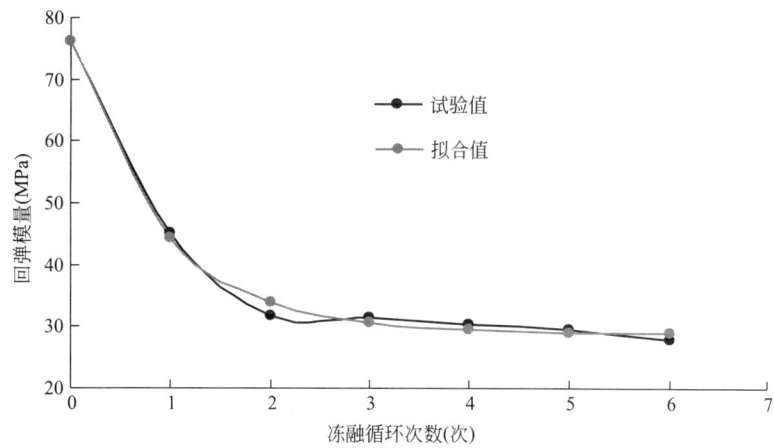

图 4.2-3　封闭系统下 $w=13.2\%$、$K=95\%$ 土样回弹模量随冻融循环次数变化

通过对试验结果进行非线性拟合分析，获得初始含水率 $w=13.2\%$ 和 $w=17.2\%$ 土样回弹模量随冻融循环次数函数关系表达式分别为式（4.2-3）和式（4.2-4）。相关系数分别为 0.9937 和 0.9856。

含水率为 13.2%：

$$E_N = 47.317e^{-\frac{N}{0.885}} + 28.905 \quad R^2 = 0.9937 \tag{4.2-3}$$

含水率为 17.2%：

$$E_N = 28.538e^{-\frac{N}{0.757}} + 19.682 \quad R^2 = 0.9856 \tag{4.2-4}$$

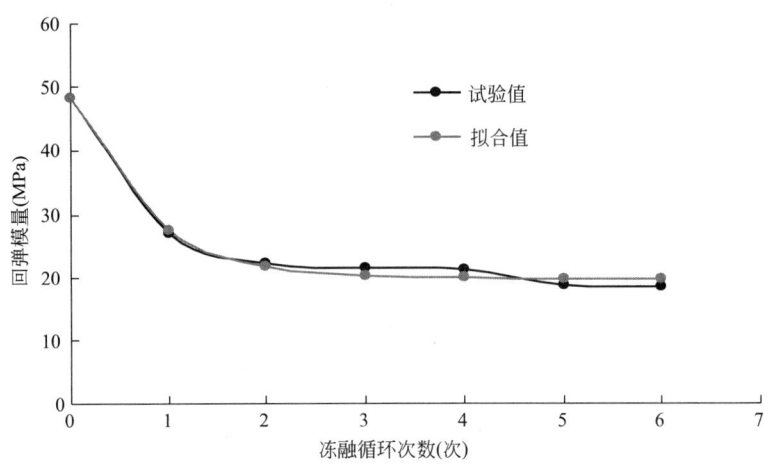

图 4.2-4　封闭系统下 $w=17.2\%$、$K=95\%$ 土样回弹模量随冻融循环次数变化

式中，E_N 为 N 次冻融循环后回弹模量（MPa）；N 为冻融循环次数，取 0，1，2，…，6。

4.2.2　路基土回弹模量冻融稳定次数的确定

从试验结果和拟合方程可以看出，随着冻融循环次数增加路基回弹模量逐渐减小，路基回弹模量与冻融循环次数间呈指数函数关系。对式（4.2-1）～式（4.2-4）的冻融循环次数 N 赋值 0，1，…，6，即得到拟合值，见表 4.2-7、表 4.2-8。

开放系统下 6 次冻融循环回弹模量拟合值及折减系数　　　　　表 4.2-7

循环次数 N		0	1	2	3	4	5	6
回弹模量拟合值（MPa）	$w=13.2\%$	75.9	42.2	29.6	25.0	23.2	22.6	22.3
	$w=17.2\%$	48.2	27.2	20.6	18.4	17.7	17.5	17.5
拟合值折减系数	$w=13.2\%$	—	0.55	0.39	0.33	0.31	0.30	0.29
	$w=17.2\%$	—	0.56	0.43	0.38	0.37	0.36	0.36

从拟合结果可以看出，开放系统下，第 1 次、第 2 次冻融循环路基回弹模量急剧减小，随着冻融次数增加折减系数逐渐减小。含水率为 13.2% 土样，经历第 1 次冻融后折减系数为 55.4%，第 5 次冻融后折减系数为 29.7%，第 6 次冻融后为 29.3% 较前一次减少了 0.4%；含水率为 17.2%，第 5 次冻融后折减系数为 36.3%，第 6 次冻融后为 36.1% 较前一次减少了 0.2%。由此可见，季冻区路基土经历五次冻融循环后，回弹模量基本上趋于一个稳定值，因此研究季冻区稳定冻融循环次数可以取 5 次冻融循环。

封闭系统下 6 次冻融循环回弹模量拟合值及折减系数　　　表 4.2-8

循环次数 N		0	1	2	3	4	5	6
回弹模量试验值（MPa）	$w=13.2\%$	76.1	45.1	31.8	31.4	30.3	29.6	27.9
	$w=17.2\%$	48.3	26.8	22.1	21.3	21.2	18.7	18.3
回弹模量折减系数	$w=13.2\%$	—	0.59	0.42	0.41	0.40	0.39	0.37
	$w=17.2\%$	—	0.56	0.46	0.44	0.44	0.39	0.38

同样在封闭系统下，第 1 次、第 2 次冻融循环路基回弹模量急剧减小，随着冻融次数增加折减系数逐渐减小。含水率为 13.2% 土样，经历第 1 次冻融后折减系数为 59.3%，第 5 次冻融后折减系数为 38.9%，第 6 次冻融后为 29.8% 较前一次减少了 2.2%；含水率为 17.2%，第 5 次冻融后折减系数为 38.7%，第 6 次冻融后为 37.9% 较前一次减少了 0.8%。由此可见，季冻区路基土经历五次封闭冻融循环后，回弹模量基本上趋于一个稳定值，因此封闭条件下季冻区稳定冻融循环次数也可以取 5 次冻融循环。

而对比分析封闭系统与开放系统（图 4.2-5、图 4.2-6），不难发现封闭系统下土样的稳定冻融回弹模量较开放系统土样的稳定冻融回弹模量大。初始含水率为最优含水率 $w=13.2\%$ 的土样，封闭系统下冻融后 $E_5^c=24.3$MPa，开放系统下冻融后 $E_5^o=14.9$MPa，封闭系统下的回弹模量比开放系统冻融后回弹模量大 38.7%；初始含水率为 $w_{opt}+4\%$ 的土样，封闭系统下冻融后 $E_5^c=10.2$MPa，开放系统下冻融后 $E_5^o=8.4$MPa，封闭系统下的回弹模量比开放系统冻融后回弹模量大 17.6%。试验表明当土样与外界充分水力联系时，通过冻结过程中从土样外部对土样内水分进行补给，同时水分结晶成为冰的时候对土体的结构损伤较封闭系统下内部水分的迁移对结构的损伤更为强烈。

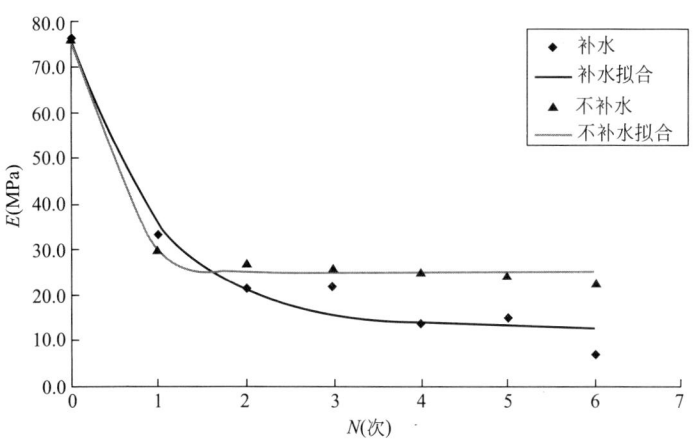

图 4.2-5　$w=13.2\%$ 土样回弹模量与冻融循环次数关系曲线

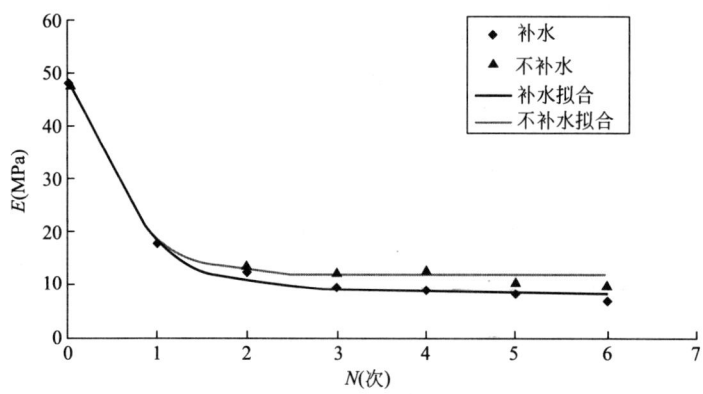

图 4.2-6　$w=17.2\%$ 土样回弹模量与冻融循环次数关系曲线

进一步分析不同的冻结温度条件下，路基土（压实度为 95%、初始含水率 13.2%）回弹模量随冻融作用次数变化关系曲线，如图 4.2-7、图 4.2-8 所示，不管是封闭系统还是开放系统，路基土回弹模量随冻融次数增加而减小，经历 5 次冻融后回弹模量随冻结温度降低而减小。也就是说在越寒冷的地区路基土回弹模量冻融稳定后越小。同时可以发现，经历第 1 次冻融循环冻结温度越低，回弹模量减小越快。经历第 1 次冻融循环−5℃冻结温度下的土样回弹模量衰减为初始值的 72%～79.8%，−10℃冻结温度下的土样回弹模量衰减为初始值的 39.2%～54.1%，−20℃冻结温度下的土样回弹模量衰减初始值的 33.5%～40.5%。基本上经历 5 次冻融后路基结构性能即趋于稳定。

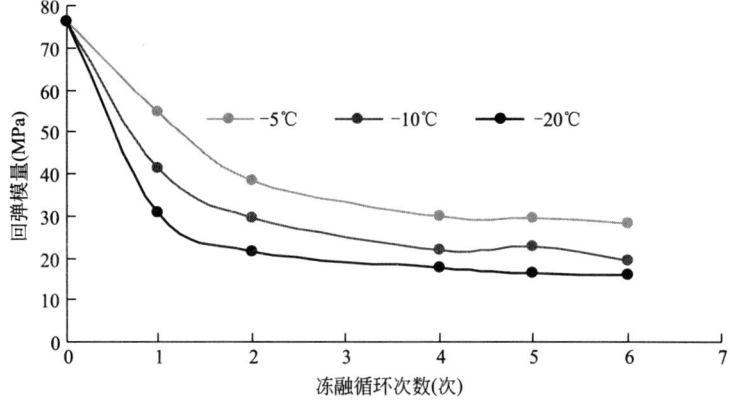

图 4.2-7　开放系统不同冻结温度下路基土回弹模量随冻融次数变化

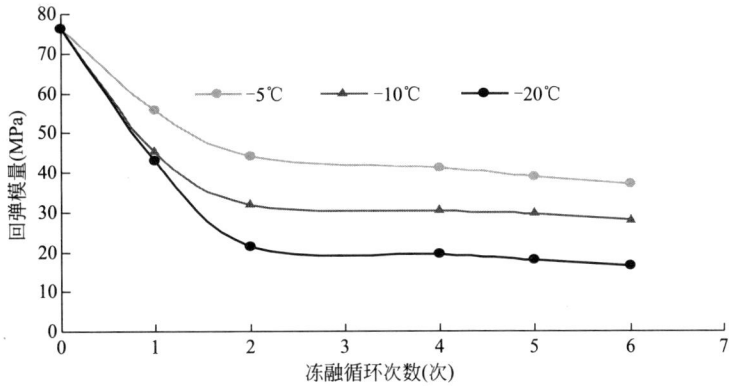

图 4.2-8　封闭系统不同冻结温度下路基土回弹模量随冻融次数变化

4.3　开放系统冻融稳定后粉质黏土回弹模量试验

根据 4.1.3 节试验方案，在开放系统环境下，以不同压实度（85%、90%、96%）、不同初始含水率（$w_{opt}-2\%$、$w_{opt}=13.2\%$ 到 $w_{opt}+4\%$ 范围内的五种不同初始含水率）试样为对象，研究季冻区路基回弹模量与路基土环境状态参数之间的关系，建立冻融循环作用下粉质黏土路基土回弹模量预估方程。

按照 3.1.2 节和 4.1.2 节试验方法，得到不同压实度、含水率状态下路基土冻融稳定后回弹模量试验结果见表 4.3-1。

不同压实度、含水率状态下路基土冻融稳定后回弹模量试验结果（开放系统）

表 4.3-1

编号	压实度 （%）	初始含水率 （%）	冻融温度 （℃）	初始回弹模量 （MPa）	稳定后回弹模量 （MPa）
O. 2-1	85	11.2	−10	87.8	22.3
O. 2-2	85	13.2	−10	59.8	18.8
O. 2-3	85	15.2	−10	49.6	17.6
O. 2-4	85	17.2	−10	40.2	15.6
O. 2-5	85	18.8	−10	31.3	13.8
O. 3-1	90	11.2	−10	89.6	23.1
O. 3-2	90	13.2	−10	70.4	21.4
O. 3-3	90	15.2	−10	52.2	18.1
O. 3-4	90	17.2	−10	44.5	16.3
O. 3-5	90	18.0	−10	38.5	16.1

续表

编号	压实度 (%)	初始含水率 (%)	冻融温度 (℃)	初始回弹模量 (MPa)	稳定后回弹模量 (MPa)
O. 4-1	96	11. 2	−10	106. 9	27. 3
O. 4-2	96	12. 2	−10	86. 7	23. 9
O. 4-3	96	13. 2	−10	80. 1	23. 5
O. 4-4	96	14. 2	−10	66. 9	21. 1
O. 4-5	96	15. 2	−10	61. 2	19. 8

不同冻结温度条件（−5℃、−10℃、−20℃），初始含水率为 13.2％、压实度为 85％、90％、96％的试样，不同冻结温度路基土冻融稳定后回弹模量试验结果见表 4.3-2。

不同冻结温度路基土冻融稳定后回弹模量试验结果（开放系统）　表 4.3-2

编号	冻融温度 (℃)	初始含水率 (%)	压实度 (%)	初始回弹模量 (MPa)	稳定后回弹模量 (MPa)
O. 5-1	−5	13. 2	85	59. 8	22. 8
O. 5-2	−5	13. 2	90	70. 4	26. 4
O. 5-3	−5	13. 2	96	80. 1	31. 1
O. 4-2	−10	13. 2	85	59. 8	18. 8
O. 3-2	−10	13. 2	90	70. 4	21. 4
O. 2-2	−10	13. 2	96	80. 1	23. 5
O. 5-4	−15	13. 2	85	59. 8	15. 2
O. 5-5	−15	13. 2	90	70. 4	18. 8
O. 5-6	−15	13. 2	96	80. 1	20. 4
O. 5-7	−20	13. 2	85	59. 8	11. 8
O. 5-8	−20	13. 2	90	70. 4	14. 2
O. 5-9	−20	13. 2	96	80. 1	16. 7

4.3.1　初始含水率对冻融稳定后回弹模量影响

对表 4.3-1 的开放系统下不同压实度、含水率状态下路基土冻融稳定后回弹模量试验数据进一步整理，得到不同压实度土样冻融前后回弹模量随水率变化的关系曲线以及拟合曲线（图 4.3-1～图 4.3-3），总体上，冻融循环稳定前后的回弹模量随初始含水率增加呈现减小趋势。

通过上述图表，我们不难看出相同压实度未经历冻融的粉质黏土土样回弹模

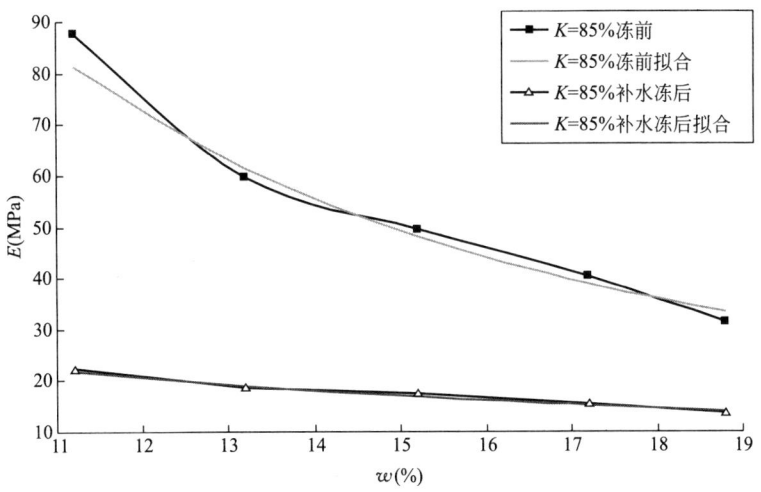

图 4.3-1 $K=85\%$冻结温度为$-10℃$冻融前后回弹模量随含水率关系曲线（开放系统）

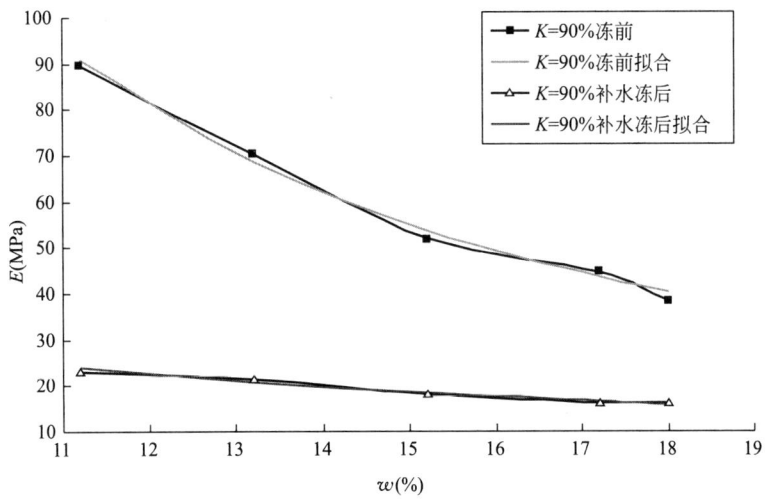

图 4.3-2 $K=90\%$冻结温度为$-10℃$冻融前后回弹模量随含水率关系曲线（开放系统）

量随含水率增加而减小。以压实度 $K=96\%$ 路床土试验结果为例，含水率从 11.2%（$w_{opt}-2\%$）增加至 15.2%（$w_{opt}+2\%$），路基回弹模量从 106.9MPa 减小至 61.2MPa，减小了 42.75%；压实度为 $K=90\%$ 的土样，含水率从 11.2%（$w_{opt}-2\%$）增加至 15.2%（$w_{opt}+2\%$），路基回弹模量从 89.6MPa 减小至 52.2MPa，减小了 41.74%，当含水率从 11.2%（$w_{opt}-2\%$）增加至 17.2%（$w_{opt}+4\%$）时，回弹模量从 89.6MPa 降至 44.5MPa，减小了 50.33%。

相同压实度的土样经历 5 次冻融循环后稳定的回弹模量随初始含水率增加而

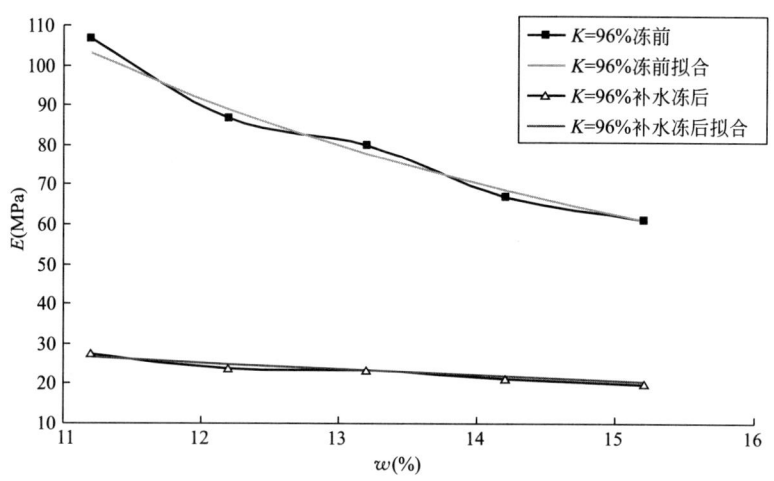

图 4.3-3　$K=96\%$ 冻结温度为 $-10℃$ 冻融前后回弹模量随含水率关系曲线（开放系统）

减小，其减小幅度较未冻融土样大。以压实度 $K=96\%$ 路床土冻融后试验结果为例，含水率从 11.2%（$w_{opt}-2\%$）增加至 15.2%（$w_{opt}+2\%$），路基回弹模量从 $27.3MPa$ 减小至 $19.8MPa$，减小了 27.47%；压实度为 $K=90\%$ 的土样，含水率从 11.2%（$w_{opt}-2\%$）增加至 15.2%（$w_{opt}+2\%$），路基回弹模量从 $23.1MPa$ 减小至 $18.1MPa$，减小了 21.65% 当含水率从 11.2%（$w_{opt}-2\%$）增加至 17.2%（$w_{opt}+4\%$）时，回弹模量从 $23.1MPa$ 降至 $16.3MPa$，减小了 29.44%。试验结果表明，在季节性冰冻区，路基填土在能够满足压实度的要求下，路基填料的压实含水率较最优含水率小 $1\%\sim2\%$ 为宜，这样有利于路基在运营过程中经历冻融作用下有较好的承载能力，回弹模量衰减较慢。

利用 origin 软件，对未冻融土样回弹模量及冻融五次回弹模量的试验数据进行了非线性拟合，拟合曲线见图 4.3-1～图 4.3-3。研究发现，在相同压实度情况下，未冻融土与 5 次冻融后土样的回弹模量与初始含水率均呈幂指数关系。我们定义 E_0^o 为开放系统下未经历冻融作用土样静态回弹模量，E_5^o 为开放系统下 5 次冻融后土样回弹模量，拟合关系数学表达式如下：

$K=85\%$ 时：

$$E_5^o=4.889w^{-0.873} \quad R^2=0.9761 \tag{4.3-1}$$

$K=90\%$ 时：

$$E_5^o=4.651w^{-0.873} \quad R^2=0.9656 \tag{4.3-2}$$

$K=96\%$ 时：

$$E_5^o=4.396w^{-0.873} \quad R^2=0.9498 \tag{4.3-3}$$

式中，E_5^o 为开放系统下 5 次冻融后土样回弹模量（MPa）；w 为土样初始含水率，取小数（如 0.132）；

4.3.2 压实度对冻融稳定后回弹模量影响

对表 4.3-1 的开放系统下不同压实度、含水率状态下路基土冻融稳定后回弹模量试验数据进一步整理，得到不同含水率土样冻融前后回弹模量随压实度变化的关系曲线以及拟合曲线（图 4.3-4～图 4.3-6），总体上，冻融循环稳定前后的回弹模量随初始压实度增加呈现上升趋势。

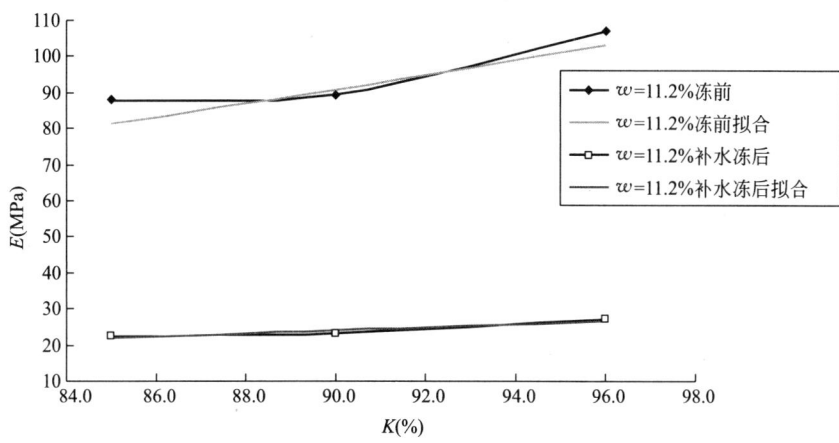

图 4.3-4　$w=11.2\%$冻结温度为$-10℃$冻融前后回弹模量随压实度关系曲线（开放系统）

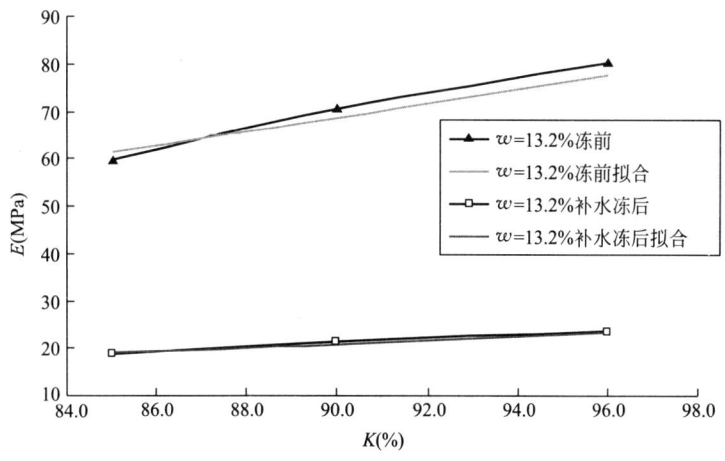

图 4.3-5　$w=13.2\%$冻结温度为$-10℃$冻融前后回弹模量随压实度关系曲线（开放系统）

试验结果表明，相同初始含水率未经历冻融的粉质黏土土样回弹模量随压实度增加而增加。以最优含水率 $w_{opt}=13.2\%$ 土样试验结果为例，压实度从 85% 增

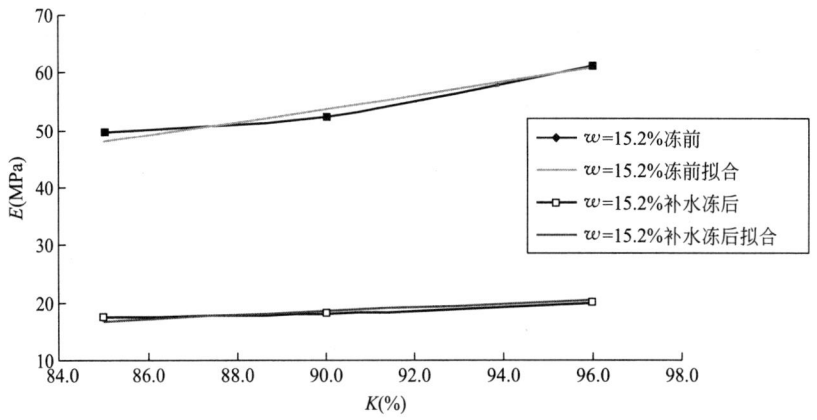

图 4.3-6　$w=15.2\%$冻结温度为$-10℃$冻融前后回弹模量随压实度关系曲线（开放系统）

加至 90%，路基回弹模量从 59.8MPa 增加至 70.4MPa，增加了 17.73%；压实度从 85% 增加至 96%，路基回弹模量从 59.8MPa 增加至 80.1MPa，增加了 33.95%；初始含水率为 15.2%（$w_{opt}+2\%$）的土样，压实度从 85% 增加至 90%，路基回弹模量从 49.6MPa 增加至 52.2MPa，增加了 5.24%；压实度从 85% 增加至 96%，路基回弹模量从 49.6MPa 增加至 61.2MPa，增加了 23.39%。

相同初始含水率的土样经历 5 次冻融循环后稳定的回弹模量随压实度增加而增加。压实度从以最优含水率 $w_{opt}=13.2\%$ 土样试验结果为例，压实度从 85% 增加至 90%，路基回弹模量从 18.8MPa 增加至 21.4MPa，增加了 13.83%；压实度从 85% 增加至 96%，路基回弹模量从 18.8MPa 增加至 23.5MPa，增加了 25%。初始含水率为 15.2%（$w_{opt}+2\%$）的土样，压实度从 85% 增加至 90%，路基回弹模量从 17.6MPa 增加至 18.1MPa，增加了 2.84%；压实度从 85% 增加至 96%，路基回弹模量从 17.6MPa 增加至 19.8MPa，增加了 12.5%。试验结果表明，为确保季节性冰冻区路基土经历反复冻融作用仍然有较好的承载能力，对路面有较好的支撑作用，应保证路基有较高的压实度。

利用 Origin 软件，对未冻融土样回弹模量及冻融五次回弹模量的试验数据进行了非线性拟合，拟合曲线见图 4.3-4～图 4.3-6。研究发现，在相同初始含水率情况下，未冻融土与 5 次冻融后土样的回弹模量与压实度均呈幂指数关系。我们定义 E_0^o 为开放系统下未经历冻融作用土样静态回弹模量，E_5^o 为开放系统下 5 次冻融后土样回弹模量，拟合关系数学表达式如下：

$w=11.2\%$时：

$$E_5^o=28.682K^{1.654}　R^2=0.9672 \qquad (4.3-4)$$

$w=13.2\%$时：

$$E_5^o=24.849K^{1.654}　R^2=0.9479 \qquad (4.3-5)$$

$w=15.2\%$时：

$$E_5^o=21.97K^{1.654} \quad R^2=0.9325 \qquad (4.3-6)$$

式中，E_5^o 为开放系统下 5 次冻融后土样回弹模量（MPa）；K 为土样压实度，取小数（如 0.96）；

4.3.3 冻结温度对冻融稳定后回弹模量影响

对表 4.3-2 的开放系统下不同冻结温度条件下路基土冻融五次回弹模量的试验数据进行了非线性拟合。分析发现，在相同初始含水率情况下，开放系统下 5 次冻融后土样的回弹模量与冻结温度的绝对值呈幂指数关系。我们定义 E_5^o 为开放系统下 5 次冻融后土样回弹模量，拟合关系数学表达式如下：

$K=96\%$时：

$$E_5^o=63.023\,|\,T\,|^{-0.431} \quad R^2=0.98 \qquad (4.3-7)$$

$K=90\%$时：

$$E_5^o=53.323\,|\,T\,|^{-0.414} \quad R^2=0.9206 \qquad (4.3-8)$$

$K=85\%$时：

$$E_5^o=49.739\,|\,T\,|^{-0.455} \quad R^2=0.93 \qquad (4.3-9)$$

式中，E_5^o 为开放系统下 5 次冻融后土样回弹模量（MPa）；T 为冻结温度（℃）；

4.4 封闭系统冻融稳定后粉质黏土回弹模量试验

根据 4.1.3 节试验方案，在封闭系统环境下，以不同压实度（85%、90%、96%）、不同初始含水率（$w_{opt}-2\%$、$w_{opt}=13.2\%$ 到 $w_{opt}+4\%$ 范围内的五种不同初始含水率）试样为对象，研究季冻区路基回弹模量与路基土环境状态参数之间的关系，以建立冻融循环作用下粉质黏土路基土回弹模量预估方程。

按照 3.1.2 节和 4.1.2 节试验方法，得到不同压实度、含水率状态下路基土冻融稳定后回弹模量试验结果见表 4.4-1。

不同压实度、含水率状态下路基土冻融稳定后回弹模量试验结果（封闭系统）

表 4.4-1

编号	压实度 （%）	初始含水率 （%）	冻融温度 （℃）	初始回弹模量 （MPa）	稳定后回弹模量 （MPa）
C.2-1	85	11.2	−10	87.8	34.6
C.2-2	85	13.2	−10	59.8	27.6
C.2-3	85	15.2	−10	49.6	19.6

续表

编号	压实度 （%）	初始含水率 （%）	冻融温度 （℃）	初始回弹模量 （MPa）	稳定后回弹模量 （MPa）
C. 2-4	85	17.2	−10	40.2	16.5
C. 2-5	85	18.8	−10	31.3	14.3
C. 3-1	90	11.2	−10	89.6	40.0
C. 3-2	90	13.2	−10	70.4	27.7
C. 3-3	90	15.2	−10	52.2	22.6
C. 3-4	90	17.2	−10	44.5	18.1
C. 3-5	90	18.0	−10	38.5	17.5
C. 4-1	96	11.2	−10	106.9	41.7
C. 4-2	96	12.2	−10	86.7	35.1
C. 4-3	96	13.2	−10	80.1	31.5
C. 4-4	96	14.2	−10	66.9	25.6
C. 4-5	96	15.2	−10	61.2	23.8

不同冻结温度条件（−5℃、−10℃、−20℃），初始含水率为13.2%、压实度为85%、90%、96%的试样，不同冻结温度路基土冻融稳定后回弹模量试验结果见表4.4-2。

不同冻结温度路基土冻融稳定后回弹模量试验结果（封闭系统）　表 4.4-2

编号	冻融温度 （℃）	初始含水率 （%）	压实度 （%）	初始回弹模量 （MPa）	稳定后回弹模量 （MPa）
C. 5-1	−5	13.2	85	59.8	28.6
C. 5-2	−5	13.2	90	70.4	30.9
C. 5-3	−5	13.2	96	80.1	40.7
C. 4-2	−10	13.2	85	59.8	27.6
C. 3-2	−10	13.2	90	70.4	27.7
C. 2-2	−10	13.2	96	80.1	31.5
C. 5-4	−15	13.2	85	59.8	25.2
C. 5-5	−15	13.2	90	70.4	26.9
C. 5-6	−15	13.2	96	80.1	29.3
C. 5-7	−20	13.2	85	59.8	13.4
C. 5-8	−20	13.2	90	70.4	16.3
C. 5-9	−20	13.2	96	80.1	18.3

4.4.1 初始含水率对冻融稳定后回弹模量影响

对表 4.4-1 的封闭系统下不同压实度、含水率状态下路基土冻融稳定后回弹模量试验数据进一步整理，得到不同压实度土样冻融前后回弹模量随含水率变化的关系曲线以及拟合曲线（图 4.4-1～图 4.4-3），总体上与开放系统相似，冻融循环稳定前后的回弹模量随初始含水率增加呈现减小趋势，但下降幅度略小。

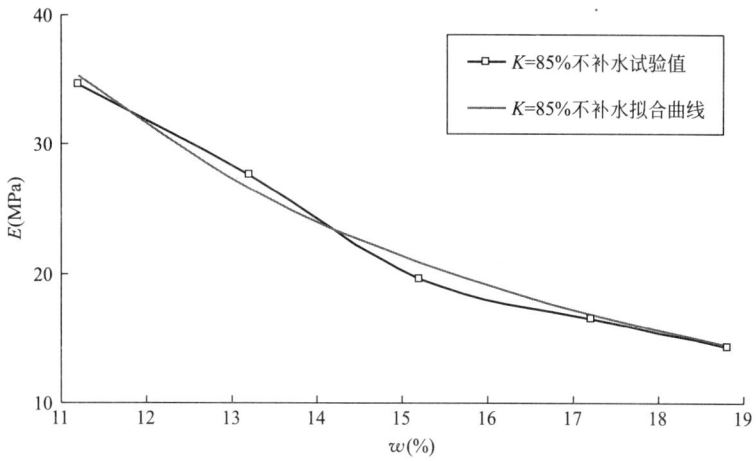

图 4.4-1　$K=85\%$ 冻融后回弹模量随含水率关系曲线（封闭系统）

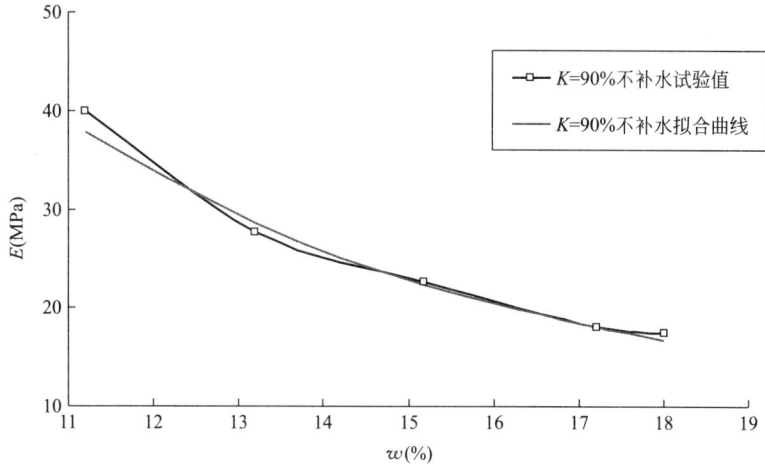

图 4.4-2　$K=90\%$ 冻融后回弹模量随含水率关系曲线（封闭系统）

通过上述图表，相同压实度的土样在封闭系统下经历 5 次冻融循环后稳定的回弹模量随初始含水率增加而减小。以压实度 $K=96\%$ 路床土冻融后试验结果为例，含水率从 11.2%（$w_{opt}-2\%$）增加至 15.2%（$w_{opt}+2\%$），路基回弹模量

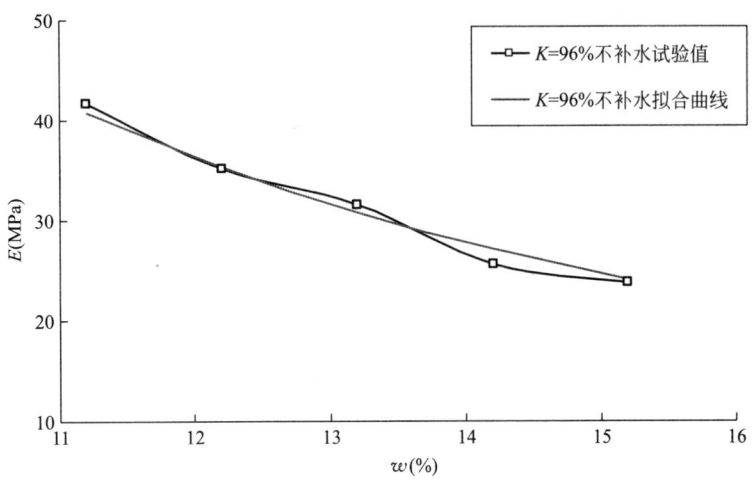

图 4.4-3　$K=96\%$ 冻融前后回弹模量随含水率关系曲线（封闭系统）

从 41.7MPa 减小至 23.8MPa，减小了 42.9%；压实度为 $K=90\%$ 的土样，含水率从 11.2%（$w_{opt}-2\%$）增加至 15.2%（$w_{opt}+2\%$），路基回弹模量从 40.0MPa 减小至 22.6MPa，减小了 43.5%，当含水率从 11.2%（$w_{opt}-2\%$）增加至 17.2%（$w_{opt}+4\%$）时，回弹模量从 40.0MPa 降至 18.1MPa，减小了 54.75%。试验结果表明，在季节性冰冻区路基尽管地下水位低或者使用较强的工程措施进行隔水，但填土在能够满足压实度的要求下，路基填料的压实含水率较最优含水率小 1%～2%，更有利于路基在运营过程中经历冻融作用下有较好的承载能力，回弹模量衰减较慢。

对未冻融土样回弹模量及冻融五次回弹模量的试验数据进行了非线性拟合，拟合曲线见图 4.4-1～图 4.4-3。研究发现，在相同压实度情况下，未冻融土和 5 次冻融后土样的回弹模量与初始含水率均呈幂指数关系。我们定义 E_5^c 为封闭系统下 5 次冻融后土样回弹模量，拟合关系数学表达式如下：

$K=85\%$ 时：

$$E_5^c = 0.822w^{-1.717} \quad R^2 = 0.9281 \tag{4.4-1}$$

$K=90\%$ 时：

$$E_5^c = 0.880w^{-1.717} \quad R^2 = 0.9868 \tag{4.4-2}$$

$K=96\%$ 时：

$$E_5^c = 0.951w^{-1.717} \quad R^2 = 0.9342 \tag{4.4-3}$$

式中，E_5^c 为封闭系统下 5 次冻融后土样回弹模量（MPa）；w 为土样初始含水率，取小数（如 0.132）。

4.4.2　压实度对冻融稳定后回弹模量影响

对表 4.4-1 的封闭系统下不同压实度、含水率状态下路基土冻融稳定后回弹模量试验数据进一步整理，得到不同含水率土样冻融前后回弹模量随压实度变化的关系曲线以及拟合曲线（图 4.4-4～图 4.4-6），总体上与开放系统相似，冻融循环稳定前后的回弹模量随初始压实度增加呈现上升趋势，且增加幅度略大。

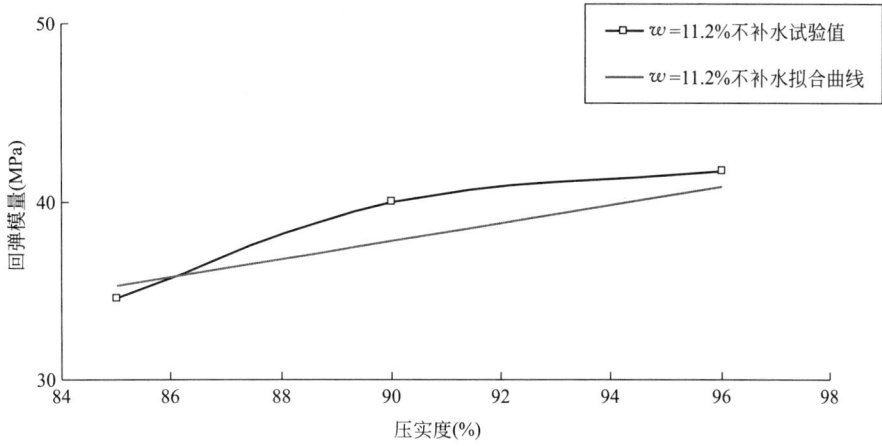

图 4.4-4 $w=11.2\%$ 冻融后回弹模量随压实度关系曲线（封闭系统）

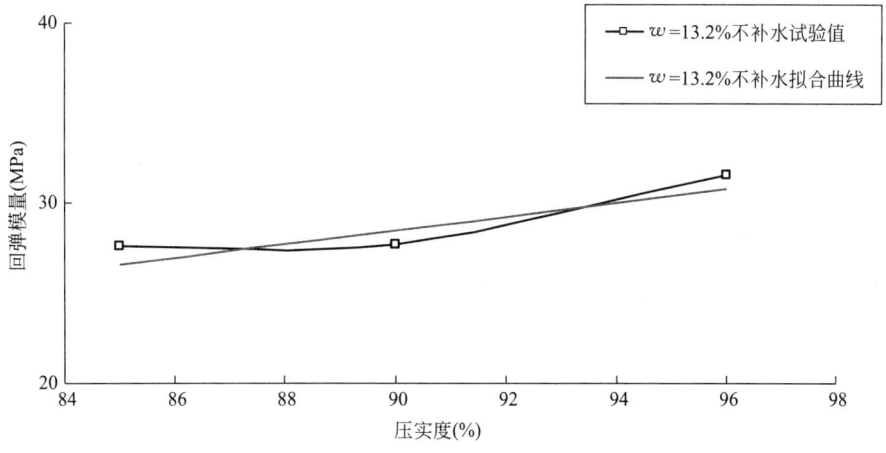

图 4.4-5 $w=13.2\%$ 冻融后回弹模量随压实度关系曲线（封闭系统）

试验结果表明：相同初始含水率的土样在封闭系统下经历 5 次冻融循环后稳定的回弹模量随压实度增加而增加。以最优含水率 $w_{opt}=13.2\%$ 的土样试验结果为例，压实度从 85% 增加至 90%，路基回弹模量从 27.6MPa 增加至 27.7MPa；压实度从 85% 增加至 96%，土基回弹模量从 27.6MPa 增加至 31.5MPa，增加了 14.13%。初始含水率为 15.2%（$w_{opt}+2\%$）的土样，压实度从 85% 增加至 90%，路基回弹模量从 19.6MPa 增加至 22.6MPa，增加了 15.31%；压实度从

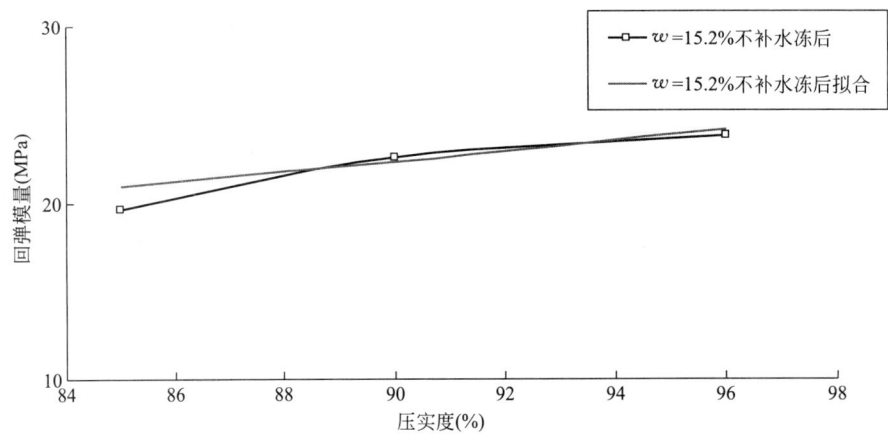

图 4.4-6　$w=15.2\%$冻融后回弹模量随压实度关系曲线（封闭系统）

85%增加至 96%，路基回弹模量从 19.6MPa 增加至 23.8MPa，增加了 21.43%。

对封闭系统下冻融五次回弹模量的试验数据进行了非线性拟合，拟合曲线见图 4.4-4～图 4.4-6。分析发现，在相同初始含水率情况下，封闭系统下 5 次冻融后土样的回弹模量与压实度也呈幂指数关系。我们定义 E_5^c 为封闭系统下 5 次冻融后土样回弹模量，拟合关系数学表达式如下：

$w=11.2\%$时：

$$E_5^c=42.861K^{1.2} \quad R^2=0.9078 \tag{4.4-4}$$

$w=13.2\%$时：

$$E_5^c=32.325K^{1.2} \quad R^2=0.9601 \tag{4.4-5}$$

$w=15.2\%$时：

$$E_5^c=25.371K^{1.2} \quad R^2=0.9190 \tag{4.4-6}$$

式中，E_5^c 为封闭系统下 5 次冻融后土样回弹模量（MPa）；K 为土样压实度，取小数（如 0.96）。

4.4.3　冻结温度对冻融稳定后回弹模量影响

对表 4.4-2 的封闭系统下不同冻结温度条件下路基土冻融五次回弹模量的试验数据进行了非线性拟合。分析发现，在相同初始含水率情况下，封闭系统下 5 次冻融后土样的回弹模量与冻结温度的绝对值呈幂指数关系。我们定义 E_5^c 为封闭系统下 5 次冻融后土样回弹模量，拟合关系数学表达式如下：

$K=96\%$时：

$$E_5^c=74.581\,|\,T\,|^{-0.37} \quad R^2=0.9529 \tag{4.4-7}$$

式中，E_5^c 为封闭系统下 5 次冻融后土样回弹模量（MPa）；T 为冻结温度（℃）。

4.5 开放与封闭系统条件下粉质黏土回弹特性对比分析

4.5.1 开放系统与封闭系统冻融前后回弹模量对比

对压实度为 95％、初始含水率分别为 $w=13.2\%$ 和 $w=17.2\%$ 的粉质黏土土样，分别进行开放系统和封闭系统下回弹模量试验，回弹模量随冻融循环次数关系曲线如图 4.2-5 与图 4.2-6 所示。

综合分析含水率为 $w=13.2\%$ 和含水率 $w=17.2\%$ 封闭系统与开放系统 N 次冻融循环回弹模量，不难发现封闭系统下土样的稳定冻融回弹模量较开放系统土样的稳定冻融回弹模量大。初始含水率为最优含水率 $w=13.2\%$ 的土样，封闭系统下冻融后 $E_5^c=24.3\text{MPa}$，开放系统下冻融后 $E_5^o=14.9\text{MPa}$，封闭系统下的回弹模量比开放系统冻融后回弹模量大 38.7％；初始含水率为 $w_{opt}+4\%$ 的土样，封闭系统下冻融后 $E_5^c=10.2\text{MPa}$，开放系统下冻融后 $E_5^o=8.4\text{MPa}$，封闭系统下的回弹模量比开放系统冻融后回弹模量大 17.6％。试验表明当土样与外界充分水力联系时，通过冻结过程中从土样外部对土样内水分进行补给，同时水分结晶成为冰的时候，对土体的结构损伤较封闭系统下内部水分的迁移对结构的损伤更为强烈。

进一步对不同初始含水率和不同压实度土样，不同冻融条件（开放系统和封闭系统）下回弹模量进行对比，图 4.5-1～图 4.5-3 分别是压实度 $K=85\%$、$K=90\%$、$K=95\%$ 土样未经历冻融，开放系统、封闭系统下稳定冻融循环后回弹模量随含水率的变化关系曲线。

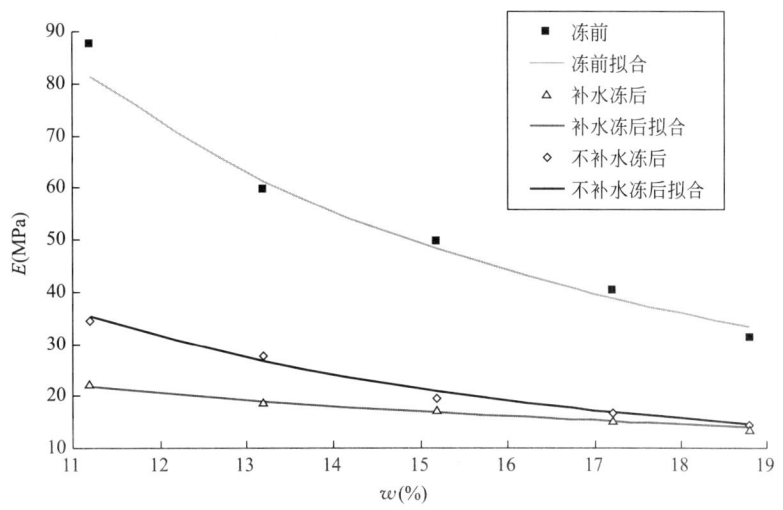

图 4.5-1　$K=85\%$ 土样回弹模量冻融前后变化规律对比

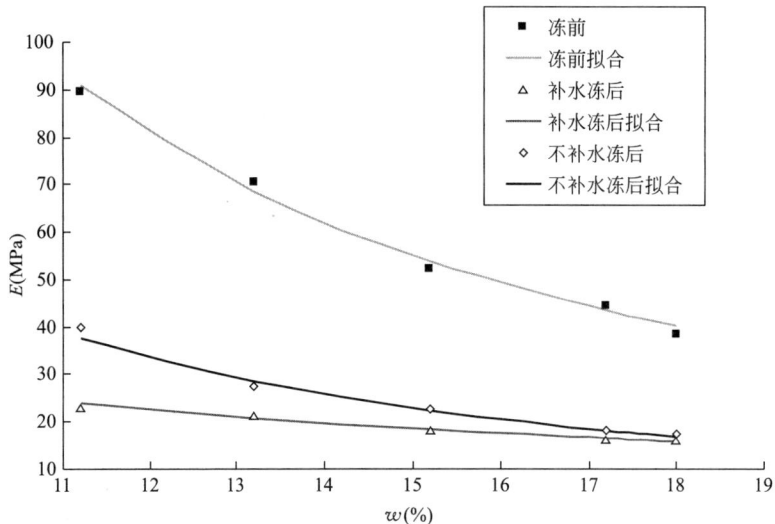

图 4.5-2　$K=90\%$ 土样回弹模量冻融前后变化规律对比

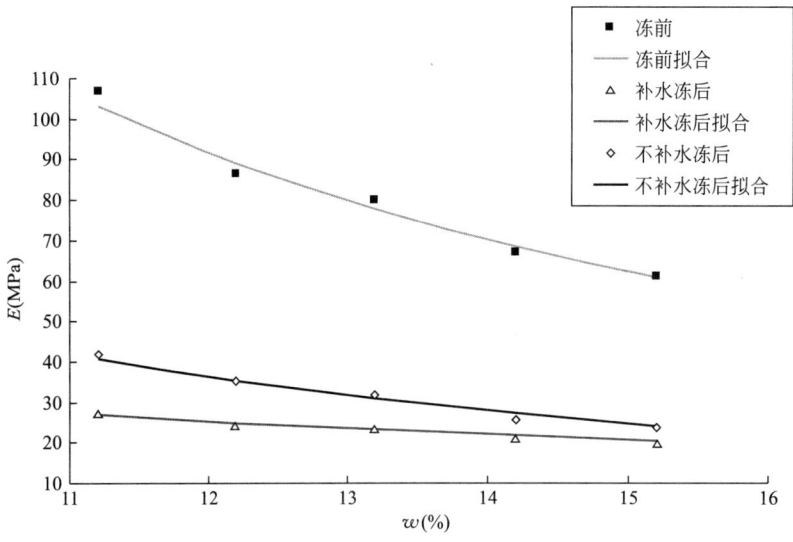

图 4.5-3　$K=96\%$ 土样回弹模量冻融前后变化规律对比

研究表明：

1）相同压实度、初始含水率情况下，开放系统冻融后土样的回弹模量要比封闭系统冻融后回弹模量要小。

2）相同压实度的土样随着初始含水率增加，开放系统与封闭系统冻融后土样的回弹模量曲线逐渐靠拢，当含水率超过 18％后两者相差不大，一般在 0.5～1.4MPa 之间。

3）相同初始状态的土样，开放系统下回弹模量折减系数比封闭系统下回弹模量折减系数要小，也就是说开放系统下路基土的回弹模量衰减的更多。

4.5.2 开放系统与封闭系统冻融前后剖面含水率对比

土样进行开放和封闭系统下冻融循环前后，均对土样从上至下每隔 2cm 进行取样，放在烘箱中用烘干法测试土样总剖面各个层位的含水率。取初始含水率为 w_{opt}，即最优含水率 13.2%，压实度分别为 $K=85\%$，90% 和 96% 土样，图 4.5-4～图 4.5-6 分别是不同压实度下、开放系统冻融后以及封闭系统冻融后剖面含水率分布图。

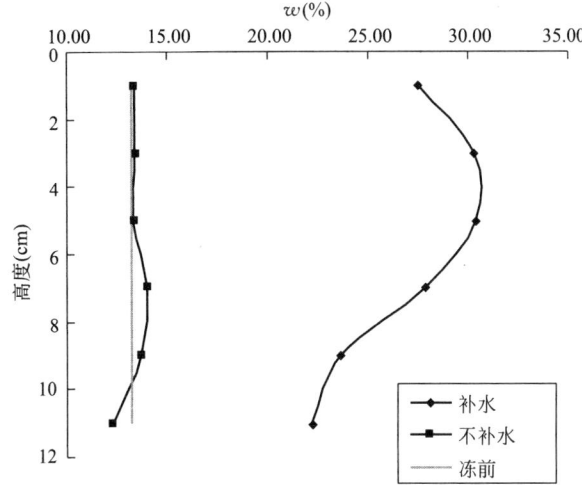

图 4.5-4 $K=85\%$、$w=13.2\%$ 土样剖面含水率冻融前后对比

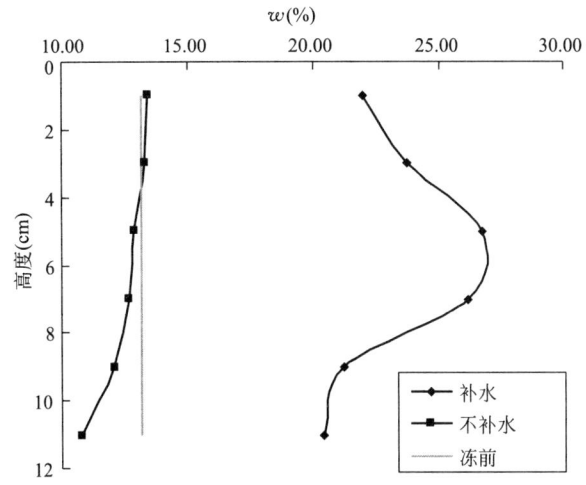

图 4.5-5 $K=90\%$、$w=13.2\%$ 土样剖面含水率冻融前后对比

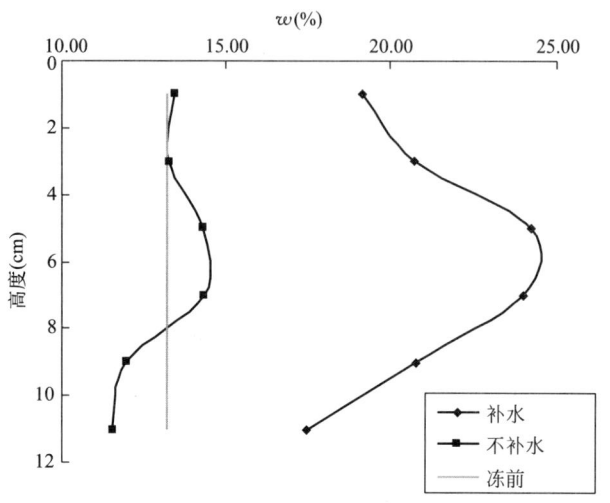

图 4.5-6　$K=96\%$、$w=13.2\%$ 土样剖面含水率冻融前后对比

　　试验结果表明，无论是开放系统还是封闭系统，冻融后的含水率进行了重新分布，基本上都表现出了土样底端含水率较顶部和中部含水率小，曲线呈中部凸起状分布，说明在冻融后土体最大冻深处含水率最大。但是，封闭系统和开放系统冻融后含水率剖面分布情况也呈现出较大的不同：封闭系统不存在土样与外界的水分交换，只是内部水分的重新分布，其总平均含水率保持不变，只是底部的水分向中上部进行迁移，冻融后使得土样底部含水率小于冻融前含水率；开放系统在冻结过程中与外界有水分联系，冻结过程不断对土样进行水分补给，使得冻融后土样无论何处含水率都较初始含水率有较大的增长，曲线中部凸起更为明显，这是由于外界水源充足使得冻结过程中有较多的水分在冻结锋面处集聚，融化后最大冻深处的水分还没有来得及及时消散所致。

4.6　冻融稳定后路基土回弹模量预估模型构建与验证

　　由于岩土材料的特殊性，材料性质离散性较大，同时试验设备与人员造成无法避免的系统误差。运用数理统计的方法对试验数据进行系统的统计和回归分析，在有限的试验样本中消除这些因素的影响。由 4.3～4.4 节的研究结果表明：回弹模量 E 与压实度 K 呈幂指数关系，与含水率 w、T 也呈幂指数关系，可表达为：

$$E=f（w）=aw^{b} \tag{4.6-1}$$

$$E=f（K）=cK^{d} \tag{4.6-2}$$

$$E=f（T）=e\mid T\mid^{f} \tag{4.6-3}$$

　　因此，假设回弹模量 E 与压实度 K，含水率 w 以及冻结温度 T 三个变量的函数关系为公式（4.6-4）：

$$E = f(K, w) = Aw^{\alpha}K^{\beta} \mid T \mid^{\gamma} \tag{4.6-4}$$

对上式进行两边求对数，即得：

$$\ln E = \ln A + \alpha \ln w + \beta \ln K \tag{4.6-5}$$

从式（4.6-5）可以看出 $\ln E$ 与 $\ln w$、$\ln K$ 呈线性关系。

为了定量的描述季冻区路基经历冻融后，路基回弹模量的折减情况，本节定义无量纲量 η 为季冻区路基回弹模量折减系数，表达式为：

$$\eta = E_5 / E_0 \tag{4.6-6}$$

式中，η 为季冻区路基回弹模量折减系数（无量纲）；E_0 为冻前回弹模量（MPa）；E_5 为 5 次冻后回弹模量（MPa）。

4.6.1 开放系统冻融稳定后粉质黏土回弹模量预估模型

根据回弹模量 E 与压实度 K，含水率 w 以及冻结温度 T 三个变量的函数关系式（4.6-5），对于开放系统，可利用表 4.3-1 中试验成果进行多元线性回归，回归的结果为：

$$E_5^{\circ} = 10.884K^{1.654}w^{-0.873} \mid T \mid^{-0.423} \tag{4.6-7}$$

式中，E_5° 为开放系统 5 次冻后回弹模量（MPa）；K 为土样压实度，取小数（如 0.96）；w 为土样初始含水率，取小数（如 0.132）；T 为土样冻结温度（℃）。

将式（3.3-5）、式（4.6-7）带入式（4.6-6）即得开放系统下季冻区路基回弹模量折减系数为：

$$\eta^{\circ} = 4.214K^{-0.286}w^{0.847} \mid T \mid^{-0.423} \tag{4.6-8}$$

由式（4.6-8）可以看出折减系数 η° 对压实度 K 是单调减函数，对初始含水率 w 是单调增函数，对冻结温度的绝对值呈单调减函数。换句话讲，开放系统下季冻区路基回弹模量折减系数随土样压实度增加而减小，随初始含水率增加而减小，随着冻结温度的降低折减系数减小。根据我国目前公路路基压实度技术要求，计算出了含水率为 $w_{opt} - 2\%$ 到 $w_{opt} + 4\%$ 的不同冻结温度、不同压实度条件下的路基回弹模量折减系数，见表 4.6-1~表 4.6-4。

开放系统下不同压实度粉质黏土回弹模量折减系数表（-5℃）　　表 4.6-1

压实度	初始含水率			
	11.2%（$w_{opt}-2\%$）	13.2%（w_{opt}）	15.2%（$w_{opt}+2\%$）	17.2%（$w_{opt}+4\%$）
90%	0.34	0.40	0.45	0.50
93%	0.34	0.39	0.44	0.49
94%	0.34	0.39	0.44	0.49
96%	0.34	0.39	0.44	0.49

开放系统下不同压实度粉质黏土回弹模量折减系数表（−10℃）　表 4.6-2

压实度	初始含水率			
	11.2%（w_{opt}−2%）	13.2%（w_{opt}）	15.2%（w_{opt}+2%）	17.2%（w_{opt}+4%）
90%	0.26	0.30	0.33	0.37
93%	0.25	0.29	0.33	0.37
94%	0.25	0.29	0.33	0.36
96%	0.25	0.29	0.33	0.36

开放系统下不同压实度粉质黏土回弹模量折减系数表（−15℃）　表 4.6-3

压实度	初始含水率			
	11.2%（w_{opt}−2%）	13.2%（w_{opt}）	15.2%（w_{opt}+2%）	17.2%（w_{opt}+4%）
90%	0.22	0.25	0.28	0.31
93%	0.21	0.25	0.28	0.31
94%	0.21	0.25	0.28	0.31
96%	0.21	0.24	0.28	0.31

开放系统下不同压实度粉质黏土回弹模量折减系数表（−20℃）　表 4.6-4

压实度	初始含水率			
	11.2%（w_{opt}−2%）	13.2%（w_{opt}）	15.2%（w_{opt}+2%）	17.2%（w_{opt}+4%）
90%	0.19	0.22	0.25	0.28
93%	0.19	0.22	0.25	0.27
94%	0.19	0.22	0.24	0.27
96%	0.19	0.22	0.24	0.27

从表 4.6-1～表 4.6-4 折减系数计算结果以及数理分析表明在开放系统下季冻区路基折减系数主要取决于压实度、冻结温度和初始含水率。东北季冻区粉质黏土开放系统下−5℃时的土样折减系数为 0.33～0.50，−10℃时的土样折减系数为 0.25～0.37，−15℃时的土样折减系数为 0.21～0.31，−20℃时的土样折减系数为 0.18～0.27。

4.6.2　封闭系统冻融稳定后粉质黏土回弹模量预估模型

根据回弹模量 E 与压实度 K，含水率 w 以及冻结温度 T 三个变量的函数关系公式（4.6-5），对于封闭系统，利用表 4.4-1 中试验成果进行多元线性回归，回归的结果为：

$$E_5^c = 2.504K^{1.241}w^{-1.712}\mid T\mid^{-0.407} \tag{4.6-9}$$

式中：E_5^c——封闭系统下 5 次冻后回弹模量（MPa）；

K——土样压实度，取小数（如 0.96）；

w——土样初始含水率，取小数（如 0.132）；

T——土样冻结（℃）。

将式（3.3-5）、式（4.6-9）代入式（4.6-6），即得封闭系统下季冻区路基回弹模量折减系数为：

$$\eta^c = 0.969 K^{-0.699} w^{0.008} |T|^{-0.407} \tag{4.6-10}$$

由式（4.6-10）可以看出折减系数 η^c 对压实度 K 是单调减函数，对初始含水率 w 的依赖性较小，对冻结温度的绝对值呈单调减函数。换句话讲，封闭系统下季冻区路基回弹模量折减系数随土样压实度增加而减小，初始含水率对路基折减系数影响不大。根据我国目前公路路基压实度技术要求，计算出了含水率为 $w_{opt}-2\%$ 到 $w_{opt}+4\%$ 的路基回弹模量折减系数，见表 4.6-5～表 4.6-8。

封闭系统下不同压实度粉质黏土回弹模量折减系数表（－5℃）　表 4.6-5

压实度	初始含水率			
	11.2%（$w_{opt}-2\%$）	13.2%（w_{opt}）	15.2%（$w_{opt}+2\%$）	17.2%（$w_{opt}+4\%$）
90%	0.53	0.53	0.53	0.53
93%	0.52	0.52	0.52	0.52
94%	0.52	0.52	0.52	0.52
96%	0.51	0.51	0.51	0.51

封闭系统下不同压实度粉质黏土回弹模量折减系数表（－10℃）　表 4.6-6

压实度	初始含水率			
	11.2%（$w_{opt}-2\%$）	13.2%（w_{opt}）	15.2%（$w_{opt}+2\%$）	17.2%（$w_{opt}+4\%$）
90%	0.40	0.40	0.40	0.40
93%	0.39	0.39	0.39	0.39
94%	0.39	0.39	0.39	0.39
96%	0.38	0.38	0.38	0.39

封闭系统下不同压实度粉质黏土回弹模量折减系数表（－15℃）　表 4.6-7

压实度	初始含水率			
	11.2%（$w_{opt}-2\%$）	13.2%（w_{opt}）	15.2%（$w_{opt}+2\%$）	17.2%（$w_{opt}+4\%$）
90%	0.34	0.34	0.34	0.34
93%	0.33	0.33	0.33	0.33
94%	0.33	0.33	0.33	0.33
96%	0.33	0.33	0.33	0.33

封闭系统下不同压实度路基回弹模量折减系数表（－20℃）　　表 4.6-8

压实度	初始含水率			
	11.2%（w_{opt}－2%）	13.2%（w_{opt}）	15.2%（w_{opt}＋2%）	17.2%（w_{opt}＋4%）
90%	0.30	0.30	0.30	0.30
93%	0.30	0.30	0.30	0.30
94%	0.29	0.29	0.29	0.29
96%	0.29	0.29	0.29	0.29

从表 4.6-5～表 4.6-8 折减系数计算结果以及数理分析表明在封闭系统下季冻区路基折减系数主要取决于压实度和冻结温度，初始含水率对其影响不大。东北季冻区粉质黏土封闭系统下－5℃时的土样折减系数为 0.50～0.53，－10℃时的土样折减系数为 0.38～0.40，－15℃时的土样折减系数为 0.32～0.34，－20℃时的土样折减系数为 0.28～0.30。

4.6.3　预估模型的验证

为验证模型，按照 3.2 节的试验方法和 4.1 节试验方案，分别在开放系统和封闭系统下，测试了几组典型压实度、含水率状态及冻结温度条件下路基土冻融稳定后回弹模量，相关试验结果见表 4.6-9 和表 4.6-10。

开放系统路基土冻融稳定后回弹模量预估模型验证数据　　表 4.6-9

试样编号	压实度（%）	初始含水率（%）	冻融温度（℃）	回弹模量测试值（MPa）	回弹模量预测值（MPa）	相对误差率（%）
O.6-1	86	12.3	－5	26.48	26.75	1.0
O.6-2	87	14.1	－5	22.99	24.20	5.3
O.6-3	89	15.6	－10	17.16	17.16	0.0
O.6-4	91	17.8	－10	16.18	15.86	－2.0
O.6-5	93	16.5	－15	13.77	14.80	7.5
O.6-6	95	15.0	－15	17.33	16.66	－3.8

封闭系统路基土冻融稳定后回弹模量预估模型验证数据　　表 4.6-10

试样编号	压实度（%）	初始含水率（%）	冻融温度（℃）	回弹模量测试值（MPa）	回弹模量预测值（MPa）	相对误差率（%）
C.6-1	86	12.3	－5	40.16	38.99	－2.9
C.6-2	87	14.1	－5	32.87	31.31	－4.8
C.6-3	89	15.6	－10	22.06	20.43	－7.4
C.6-4	91	17.8	－10	15.41	16.75	8.7

续表

试样编号	压实度 （%）	初始含水率 （%）	冻融温度 （℃）	回弹模量测试值 （MPa）	回弹模量预测值 （MPa）	相对误差率 （%）
C.6-5	93	16.5	−15	17.61	16.62	−5.7
C.6-6	95	15.0	−15	21.69	20.08	−7.4

根据预测模型（式 4.6-7 和式 4.6-9），利用表 4.6-9 和 4.6-10 中验证试样的压实度、含水率、冻结温度等参数，计算出相应的回弹模量预估值（见表 4.6-9 和表 4.6-10），分别整理出开放系统和封闭系统中路基土冻融稳定后回弹模量实测值和模型预估值对比图，见图 4.6-1 和图 4.6-2。

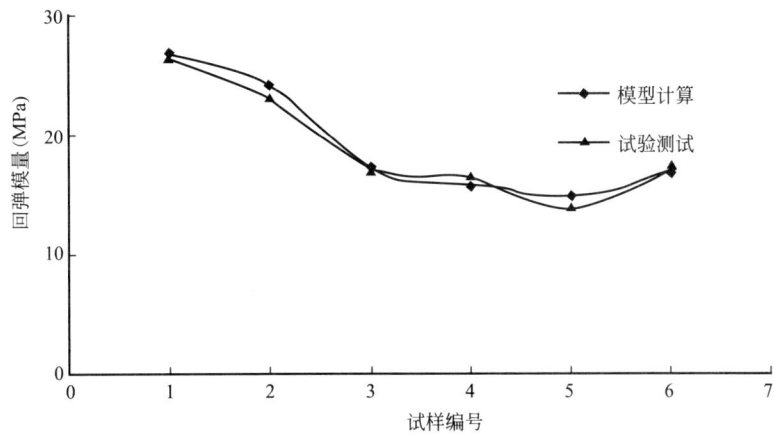

图 4.6-1　开放系统路基土冻融稳定后回弹模量预估模型验证对比

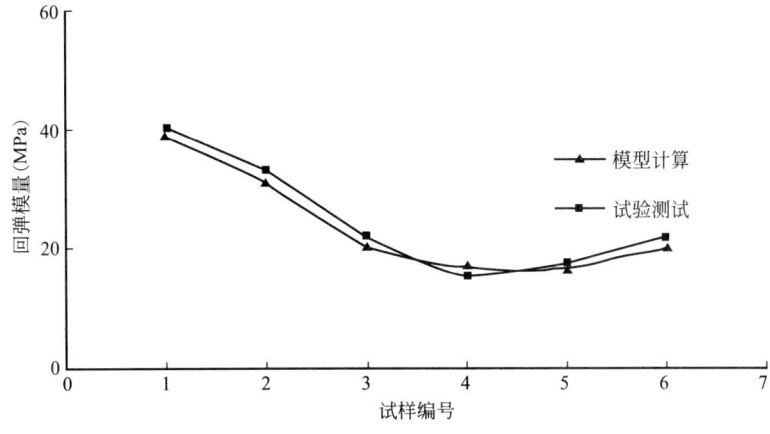

图 4.6-2　封闭系统路基土冻融稳定后回弹模量预估模型对比

对比路基土冻融稳定后回弹模量实测值和预估值（图 4.6-1 和图 4.6-2），总体上两者十分接近，分别统计各组验证数据的相对误差值（见表 4.6-9 和表 4.6-10），得到开放系统路基土冻融稳定后回弹模量预估模型的误差为 $-3.8\%\sim$ 7.5%，封闭系统路基土冻融稳定后回弹模量预估模型的误差为 $-7.4\%\sim8.7\%$，可见，预估模型具有较好的预测精度，稳定可靠。

4.7　本章小结

本章针对冻融后（考虑冻融作用）粉质黏土填料，通过冻融循环模拟和回弹模量试验，研究了不同冻结温度、水补给环境及不同含水率、压实度状态下粉质黏土填料的回弹特性及衰减规律，建立了粉质黏土填料冻融后稳定回弹模量的预估模型，取得了以下主要结论：

（1）在对比分析国内外冻融循环试验方法与设备基础上，研发了多功能公路土基冻融循环试验装置，该装置可在路基土试样冻结过程中实现补给水分、六组土样平行试验，并可与《公路土工试验规程》中的击实试验、承载比（CBR）试验、回弹模量试验完全对接。

（2）不同冻融循环次数的回弹模量试验发现，冻融后回弹模量与冻融循环次数呈幂指数关系，表达式可以归纳为 $E_N=ae^{-N/b}+c$，并给出了不同水分补给状态下不同初始含水率土样的 a、b、c 拟合值。不管是开放条件还是封闭条件下，季冻区路基土经历 5 个冻融循环后，回弹模量基本上趋于一个稳定值。

（3）通过不同填料状态、不同冻结温度下季节性冰冻区路基土回弹模量试验得出，冻融稳定后的回弹模量受压实度和初始含水率的影响显著。压实度越大、初始含水率越小，回弹模量越高；反之，回弹模量低。相同压实度、初始含水率情况下，开放系统冻融后土样的回弹模量比封闭系统冻融后回弹模量小，从试验角度证明了季冻区路基防水的重要性。

（4）冻融循环后路基土回弹模量与压实度、初始含水率、冻结温度绝对值呈三参数幂函数关系，可采用 $E_5=AK^\alpha w^\beta|T|^\gamma$ 进行描述，并分别针对开放系统和封闭系统，给出了 A、α、β、γ 的回归值。

开放系统下：

$$E_5^o=10.884K^{1.654}w^{-0.873}|T|^{-0.423} \tag{4.7-1}$$

封闭系统下：

$$E_5^c=2.504K^{1.241}w^{-1.712}|T|^{-0.407} \tag{4.7-2}$$

式中：E_5^o——开放系统 5 次冻后回弹模量（MPa）；

E_5^c——封闭系统 5 次冻后回弹模量（MPa）；

K——土样压实度（%）；

w——土样初始含水率（%）；

T——试样冻结温度（℃）。

（5）定义了季冻区路基土回弹模量折减系数 $\eta = E_5/E_0$，即冻融后稳定状态的回弹模量与冻融前回弹模量的比值，给出了预测模型和典型压实度、含水率条件下的粉质黏土回弹模量折减系数（表4.6-1～表4.6-8），可为季冻区公路设计提供参考。

第 5 章　基于 SEM 的季冻区路基土性能劣化机制分析

土的工程性状在很大程度上受其微观系统控制，从工程角度来讲，土微观结构研究主要有两个目的：一是定性地说明土体工程特性的渊源，从而解释土体特殊行为（比如冻胀等）；二是根据微观结构研究资料的数学处理，通过定量化分析建立微观结构状态参数与其对应的宏观行为参数之间的关系，并进一步得到相应的微观结构模型，得到微观结构与宏观特性之间的定量关系，从而深入了解这种宏观行为的微观机理。为深入研究冻融过程对路基土回弹模量的影响机理，对冻融过程中土微观结构变化情况的研究是十分必要的。

本章在前几章室内试验获得的粉质黏土回弹模量变化规律基础上，进一步从填料微观结构层面研究季冻区路基土性能劣化机制，通过冻融循环试验和 SEM（Scanning Electron Microscope 扫描电子显微镜）试验，定量分析不同冻融次数后路基土颗粒微观特性、孔隙微观特性，阐释季冻区路基土路用性能劣化机制。

5.1　土体微观结构研究方法

5.1.1　微观结构研究方法概述

土的微观结构是土颗粒及孔隙的形态及其排列方式的描述。其实对于土颗粒和孔隙来讲，无论是形态还是排列方式均很难将其准确表达。同时，在不同的环境条件下，包括路基形成过程中的压实，季冻区道路使用后经历的冻融循环过程等，都会使土的微观结构及宏观行为产生很大的改变。土微观结构状态与其微观结构要素之间的关系十分复杂，并非一般的线性关系可将其表达，微观结构的要素实际上只具有定性意义，要对微观结构状态量化，首先要对土微观结构要素进行量化，一般称土的微观结构要素称为微观结构参数。各微观结构参数之间并非完全独立，而是互相交叉影响，共同决定着结构的整个微观结构状态，土微观结构状态可用图 5.1-1 表示。

土微观结构的研究方法从深度上一般可分为定性和定量研究。在过去的几十年中，由于测试技术的落后，测试水平的低下，研究多以定性为主，近些年来，随着科学技术的不断发展，测试仪器及技术水平有了很大的提升，可以在很多微观参数上实现定量研究，总结土微观结构的研究方法及解决的问题见图 5.1-2。

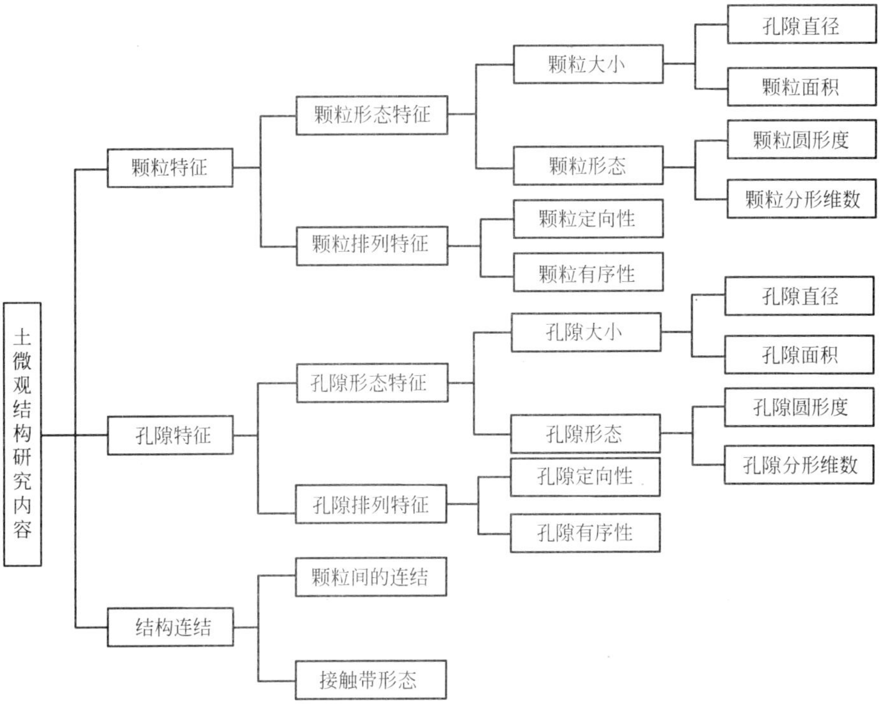

图 5.1-1 土微观结构形态研究内容（王静）

以往的光学显微镜、CT 等测试技术，由于其分辨率较低，不能满足现今对研究土体图像的要求，目前能够得到的高分辨率图像测试技术主要是扫描电子显微镜。鉴于现有扫描电子显微镜的特点，本章采用扫描电子显微镜图像分析法研究冻融循环过程中粉质黏土填料的微观结构。

5.1.2 土体扫描电镜（SEM）试验方法

本研究采用美国 FEI 公司的著名产品 XL30 ESEM-FEG 场发射环境扫描电子显微镜，对粉质黏土填料试样进行冻前、冻中以及冻后微观结构特征研究，探讨路基土在不同冻结温度下发生冻融过程中微观结构的变化及颗粒和孔隙之间相对位移和错动情况，分析冻融过程中路基土性能劣化机理。有关扫描电镜的相关内容参考王静的研究方法介绍如下：

（1）扫描电镜成像原理

扫描电镜成像过程与电视相似，但与透射电镜成像原理完全不同，它不需要成像透镜，其图像是按一定时间、空间顺序逐点形成，并在镜体外显像管上显示。由电子发射的能量最高可达 30keV 的电子束，经聚光镜和物镜缩小，聚

91

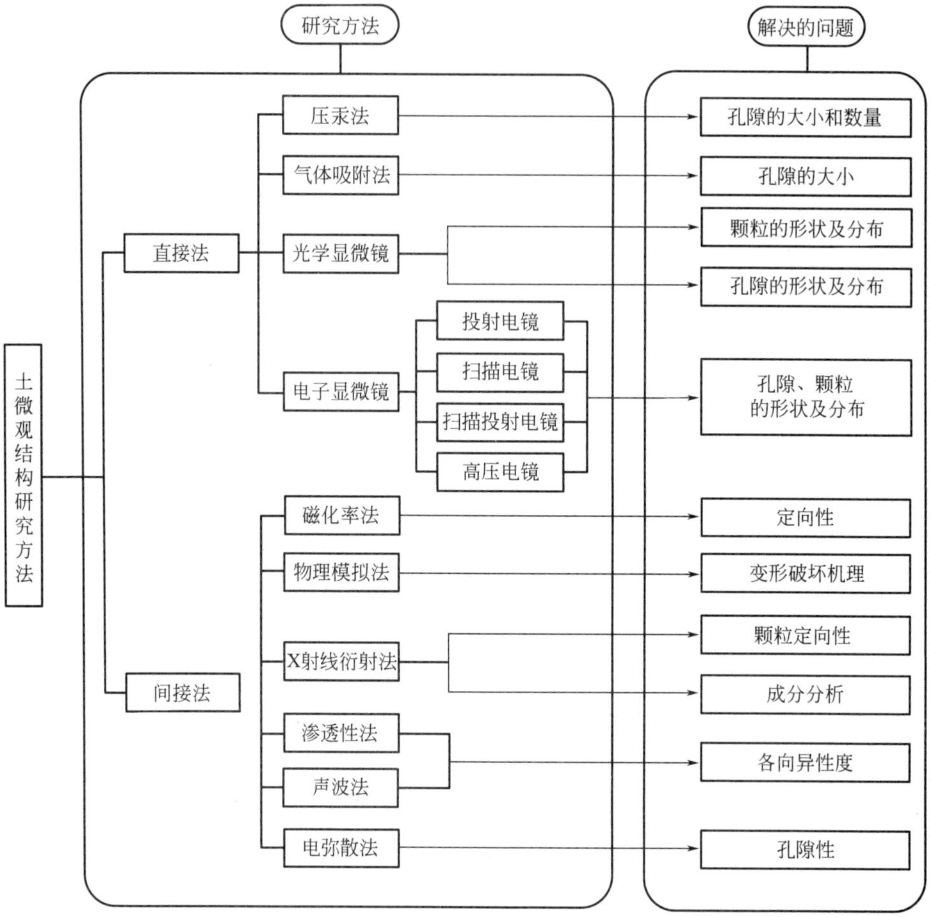

研究方法　　　　　　　　　　　　　解决的问题

压汞法　　　　　　　　　　孔隙的大小和数量

气体吸附法　　　　　　　　孔隙的大小

直接法　　光学显微镜　　　　　　　颗粒的形状及分布

　　　　　　　　　　　　　　　　　孔隙的形状及分布

　　　　　投射电镜

土微观结构研究方法　　　电子显微镜　扫描电镜　　　孔隙、颗粒的形状及分布

　　　　　扫描投射电镜

　　　　　高压电镜

磁化率法　　　　　　　　　定向性

物理模拟法　　　　　　　　变形破坏机理

间接法　　X射线衍射法　　　　　　颗粒定向性

　　　　　　　　　　　　　　　　　成分分析

渗透性法　　　　　　　　　各向异性度

声波法

电弥散法　　　　　　　　　孔隙性

图 5.1-2　微观结构研究方法汇总（王静）

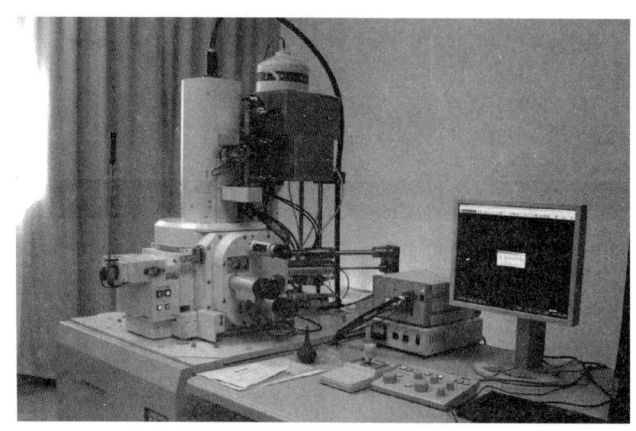

图 5.1-3　SEM 试验系统

焦在样品表面，形成一个具有一定能量、强度斑点直径的电子束，由于入射电子与样品之间的相互作用，将从样品中激发出二次电子，二次电子经加速极加速射到闪烁体上，转变成光信号，经过光导管到达光电倍增管，使光信号转变成电信号，又经视频放大器放大，并将其输出送至显像管栅极，调制显像管亮度和对比度，便在荧光屏上呈现出一幅亮暗程度不同的、反映样品表面形貌的二次电子像。

（2）信息提取

微观结构定量分析技术是以扫描电子显微镜为主要的测试手段，以结构单元体及孔隙为研究对象，利用图像处理系统，对土样 SEM 照片结构单元体和孔隙的形态、定向性等特征进行量化分析。首先在将要扫描的土样中选定一个拍摄点，拍摄点的选择以能真实反映土样结构特征为主。其次，依次拍摄下土样放大300、500、1000、2000 倍数的图片，本次研究主要采用 2000 倍的图片来进行定量分析。在选取分析图片时，一般选择单元体或孔隙分布比较清晰均匀，生物孔及其他藻类等异物较少的图片，以减小误差。在较高放大倍数下，观察的范围有限，进行微观照相时，太大的单元体或孔隙一般排除在外，而主要对直径小于$50\mu m$ 的单元体或孔隙进行统计。将选定的图像输入计算机，再通过一系列的图像分析处理，采用 IPP 图像处理软件对土样 SEM 断面图像进行分析，测得所需单元体或孔隙参数。

信息定量提取过程：读入图像文件→选定处理区域→图像编辑→灰度变换→分割→图像二值化→边缘提取→补点及去除孤点→参数自动测量→统计分析→处理数据。

（3）参数的选择

已有研究表明，利用 SEM 照片提取土样的结构信息是获取土结构参数的有效办法。本次研究测算参数主要包括结构单元体或孔隙的大小、形态及排列特征。本章选择表征颗粒或孔隙大小形态特征的参数有 3 个，分别是：平均直径、丰度、圆形度。这些参数的计算需要从 SEM 照片中测算出结构单元体或孔隙的直径、等效面积、长短轴、长短比、方位角、圆形度、等效周长、总面积、总周长、平均面积、平均周长等；选择描述排列特征的参数有 1 个，即定向频率，该参数的计算需要从 SEM 图片中测算出颗粒或孔隙长轴与 x 轴的定向角。

在使用 SEM 法获取冻融后粉质黏土填料的微观颗粒及孔隙特征之前，需对土样进行冻融循环预处理（参照第 4.1.2 节冻融循环模拟方法），并对样品进行电子扫描前处理，具体操作步骤如下：

1）先将土样进行冻融循环试验，待达到预定的冻融条件下，慢慢取下土样，用直径约为 0.5mm 的细钢丝锯，轻轻将土样分别按照水平面和垂直面切取，然后用直径为 1cm 的小圆柱体容器轻轻按入土样内，为了保证统计的合理性，在切取土样时，我们从整个试样的靠近中间部位和稍外边缘取样。

2）将切取好的土样按两排每排四个，放入环镜电子扫描电镜的样品室里。

3）打开冷却循环水系统，并开启仪器电源，放入样品后，开始抽真空。首先由油旋转机械泵预抽一段时间，再借助扩散泵，将真空度进一步提高。

4）当真空指示灯为绿灯时，选择合适的加速电压，仪器达到预备状态。调整适度的反差和亮度，通过粗调和微调聚焦清楚。然后调整消除像散，先"欠焦"或"过焦"，调节使之旋转至垂直或水平方向，再调整直至像散消失，得到清晰的图像。我们对同一试样分别进行了放大 300 倍、500 倍、1000 倍及 2000 倍的观察。

5）利用图像采集软件进行图像采集。

6）在进行能谱分析时，无须再调焦消像散，只需调节样品台得到合适的区域，并通过调节得到合适的计数率，然后在相应的能谱采集计算软件中进行成分的分析。

5.1.3　微观（SEM 成果）分析图片

前一章冻融作用下粉质黏土回弹特性试验分析表明，冻融过程中路基土性能不断变化，尤其是不同冻融循环次数条件下路基土回弹特性劣化明显，同时在开放系统和封闭系统中路基土回弹模量呈现相似的变化规律，因此本次微观分析，以封闭系统中的粉质黏土填料试样为代表，重点考察不同冻融循环次数条件下的路基土性能变化规律。

试样经过冻融循环前处理后，利用扫描电子显微镜（SEM）提取不同次数冻融循环后的图片，各次冻融循环过程后的图片，见图 5.1-4～图 5.1-7（300 倍、500 倍、1000 倍、2000 倍），后续微观定量分析选取放大系数 2000 倍、1000 倍的图片进行分析。

 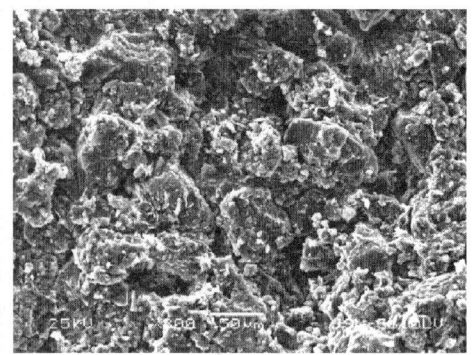

(a) 冻融0次　　　　　　　　　　　　　(b) 冻融1次

图 5.1-4　土样 0～6 次冻融循环后的 300 倍微观结构特征（一）

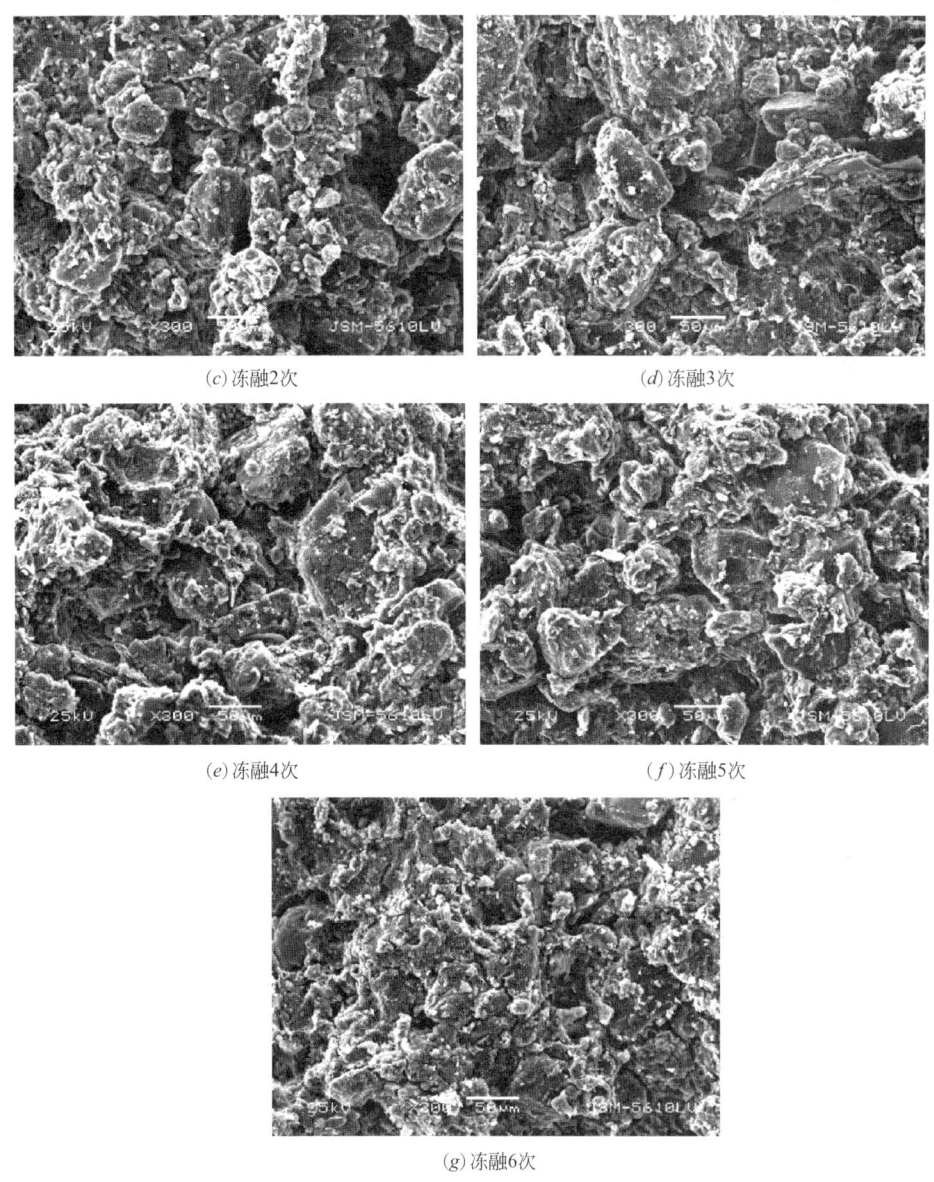

(c)冻融2次   (d)冻融3次

(e)冻融4次   (f)冻融5次

(g)冻融6次

图 5.1-4　土样 0～6 次冻融循环后的 300 倍微观结构特征（二）

5.1.4　图像分析软件 IPP 及研究参数选取

Image-Pro Plus（IPP）是美国 Media Cybernetics 公司开发的一款功能强大且完善的图像分析软件，包含了异常丰富的图像增强和测量工具，并允许用户自行编写针对特定应用的宏和插件，是世界最顶级的图像分析软件包。适用于

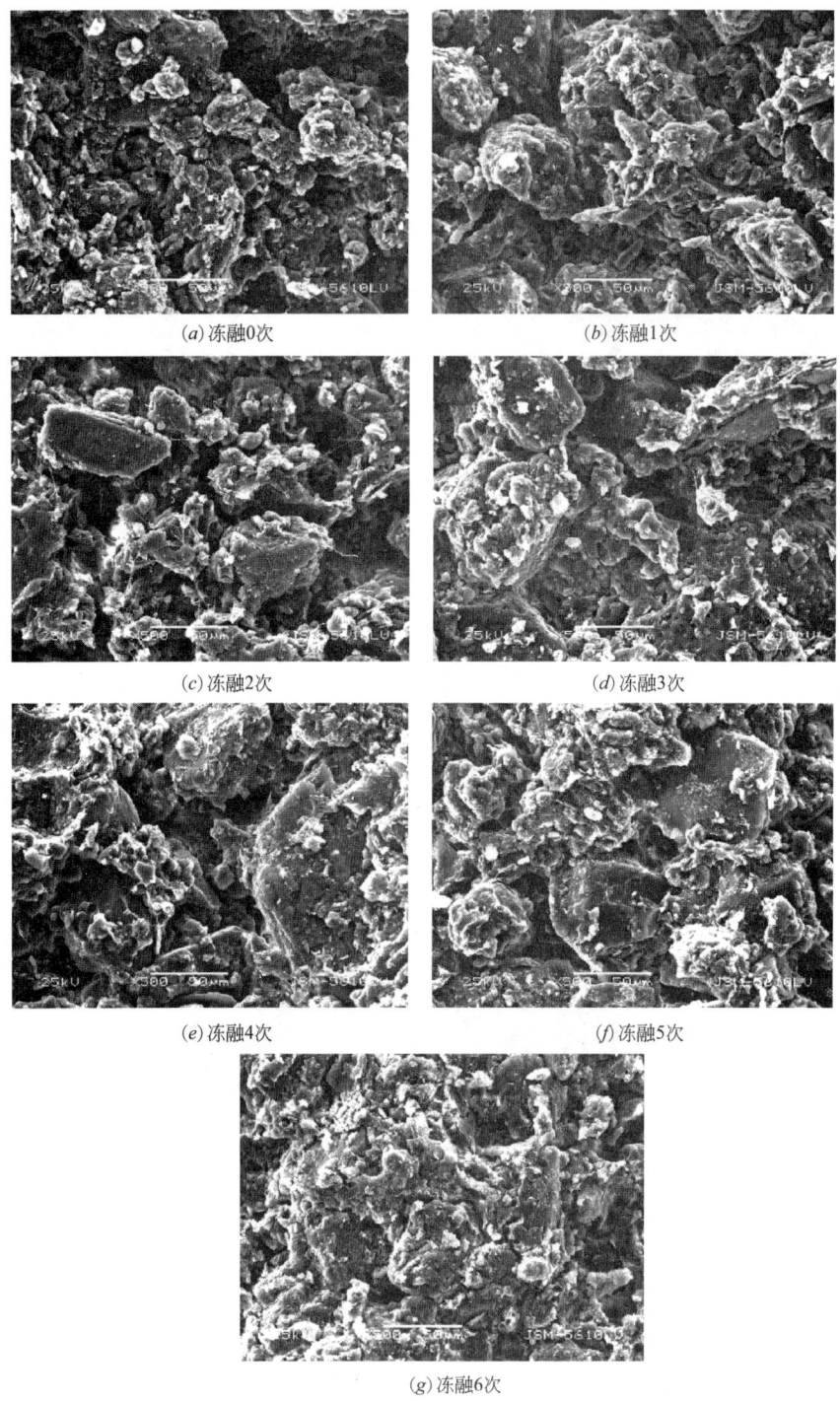

(a) 冻融0次

(b) 冻融1次

(c) 冻融2次

(d) 冻融3次

(e) 冻融4次

(f) 冻融5次

(g) 冻融6次

图 5.1-5　土样 0～6 次冻融循环后的 500 倍微观结构特征

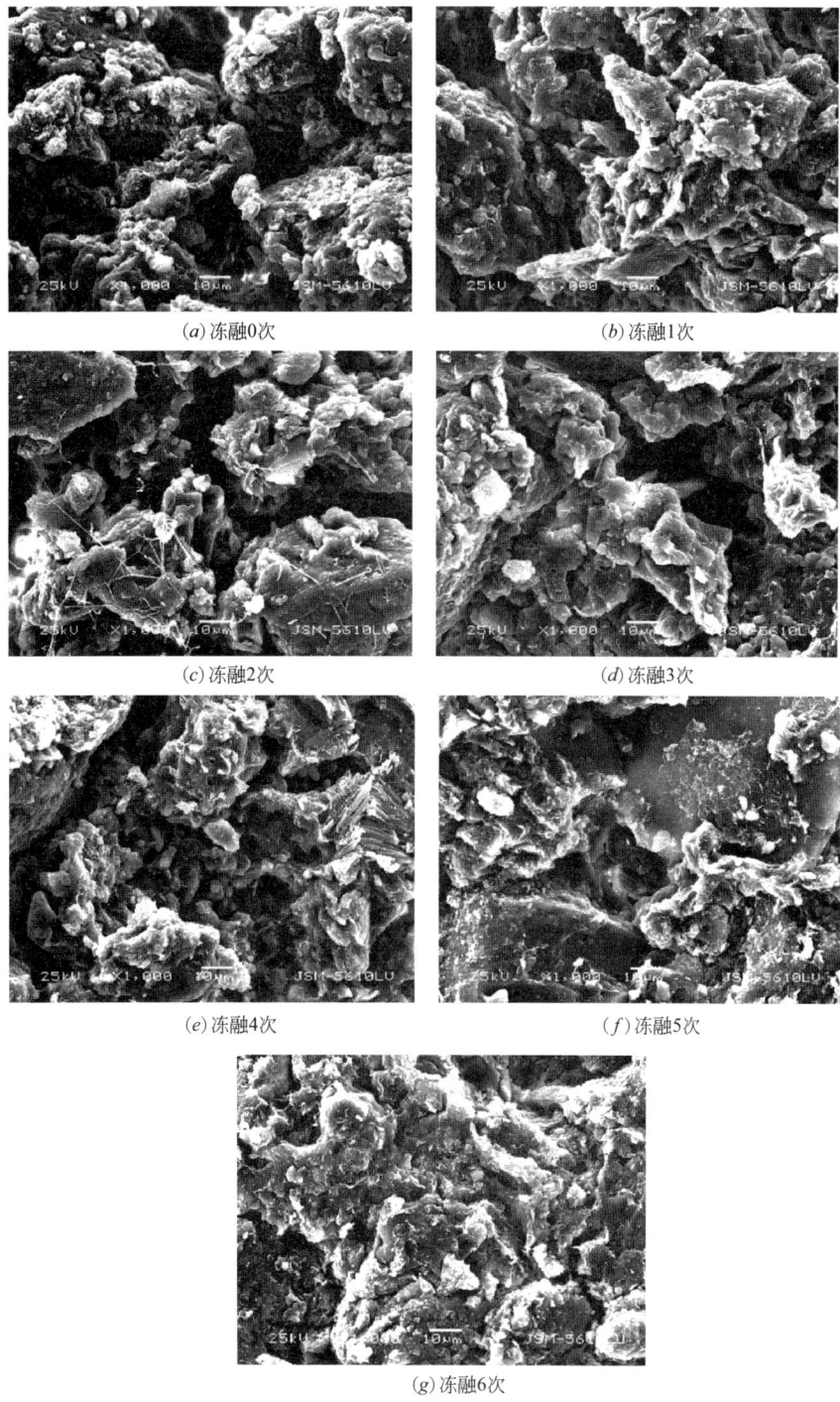

图 5.1-6　土样 0～6 次冻融循环后的 1000 倍微观结构特征

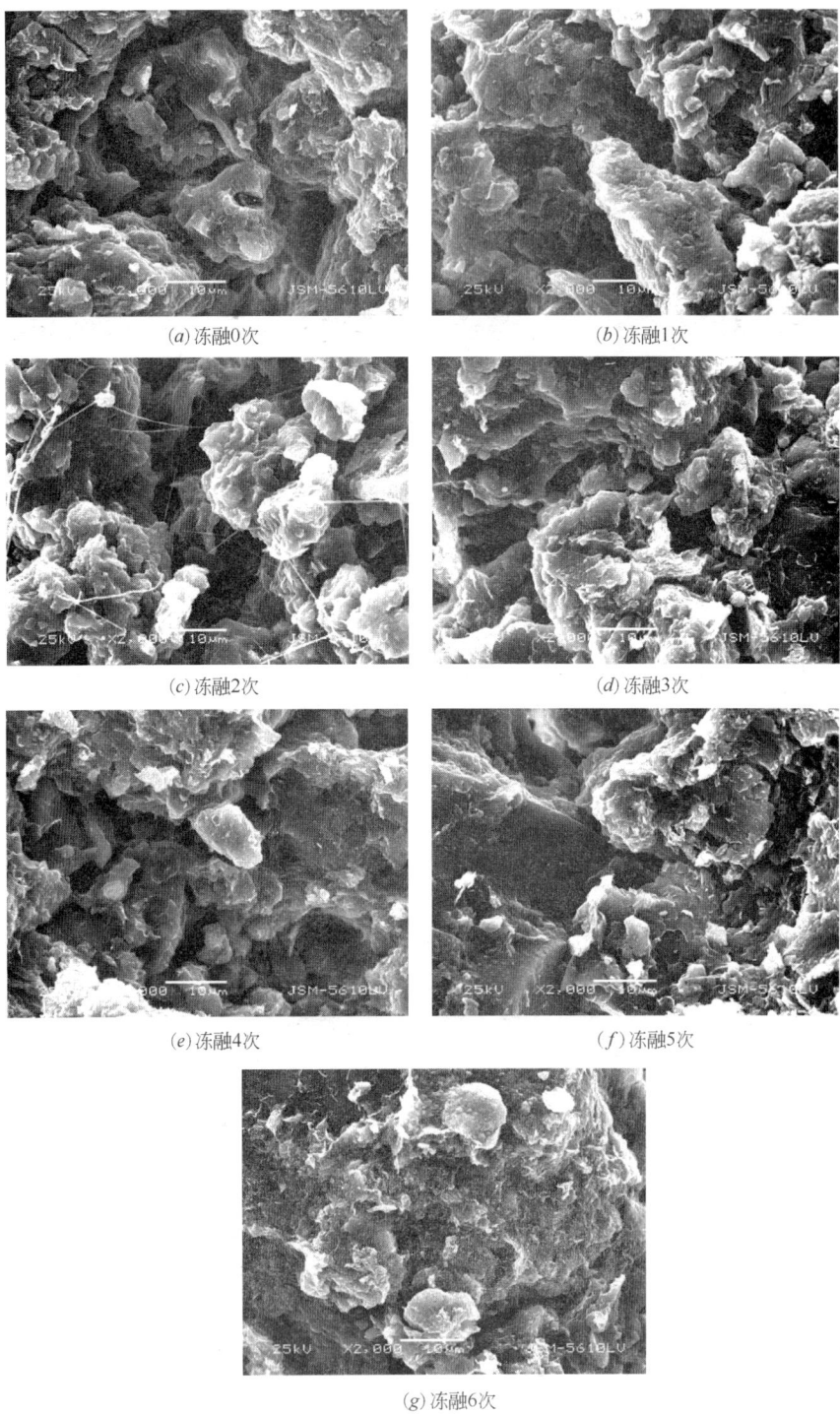

(a) 冻融0次

(b) 冻融1次

(c) 冻融2次

(d) 冻融3次

(e) 冻融4次

(f) 冻融5次

(g) 冻融6次

图 5.1-7　土样 0～6 次冻融循环后的 2000 倍微观结构特征

医学、生物学，工业等专业领域。IPP 支持所有标准的图像文件格式，如 TIFF、JPEG、BMP、TGA 等，支持 8、12、16 位灰度级 32 位浮点图像文件。支持 8 位（调色板）和 24、36、48 位彩色图像文件。使用强大的颜色及对比度滤镜增强图像，包括快速傅里叶变换（FFT）、背景校正、形态及其他空间和几何操作。可自动或手动跟踪和计算对象，测量对象属性，如：面积、角度、周长、直径、圆度及长宽比等。

采用 IPP 处理本章前述 SEM 采集的土微观结构图片，首先，应进行空间刻度校准，IPP 可使用任意测量单位进行空间刻度校准。IPP 的测量提供自动和手动两种测量方式。若对颗粒进行测量，选择 Automatic Bright Object，测量亮物体，视孔隙为背景；若要对孔隙进行测量，则选择 Automatic Dark Object，测量暗物体，视颗粒为背景。

IPP 提供了 56 种测量对象的选项，用户可根据个人研究方向所需选择一个或多个感兴趣的测量选项。本章选择了以下选项作为整幅图片颗粒和孔隙的基础研究参数。

1）Angle（角度）：指与对象等效的椭圆（也就是说，一个有着相同面积、相同一阶矩和二阶矩的椭圆）的长轴与竖轴间的夹角，0°≤角度≤180°。除非在校准命令中设置了偏移量，否则垂直角度为 0°。

2）Area（区域）：指各对象的面积。

3）Diameter（max）直径（最大）：指连接轮廓上两点并穿过形心的最长直线的长度。

4）Diameter（mean）直径（平均）：指测量对象的直径（连接轮廓上两点并穿过形心）平均长度（每隔两度测量一次）。

5）Diameter（min）直径（最小）：指连接轮廓上两点并穿过形心的最短直线的长度。

  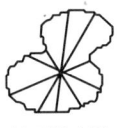 

（a）角度　　　　　（b）最大直径　　　　　（c）平均直径　　　　　（d）最小直径

图 5.1-8　IPP 相关参数选取方法示意

6）Fractal Dimension（分形维数）：指对象轮廓的分形维数。

7）Roundness（圆度）：指每个对象的圆度。

本章根据土微观结构的定义，通过对 IPP 中所得参数进行统计处理，选择了 4 个描述结构颗粒或孔隙大小、形态及排列特征的参数。各参数的意义及确定方法如下：

1) 平均直径（Average diameter）

工程地质学中，颗粒及孔隙的大小，都以其直径表示。SEM 图像定量分析中，直接测量的不是颗粒或孔隙的"直径"，而是形状各异，大小不等的各颗粒或孔隙的面积，然后取面积等于某颗粒或孔隙面积的圆的直径作为该颗粒或孔隙的平均直径，计算公式如下：

$$D = \sqrt{\frac{4S}{\pi}} \tag{5.1-1}$$

由 IPP 软件得出所分析图片中所含颗粒或孔隙的平均直径，按照 $<2\mu m$、$2\sim5\mu m$、$5\sim10\mu m$、$10\sim20\mu m$、$>20\mu m$ 分成五个区域，分别统计在每个区域颗粒或孔隙的平均直径的百分含量，以期明确冻融循环过程对颗粒大小的影响，颗粒及孔隙是否发生碎裂，重组等现象。

2) 定向性（Directionality）

颗粒及孔隙的定向性，在 $0\sim360°$ 范围内是镜像对称的，故只需统计 $0\sim180°$ 范围内的即可。IPP 中给出了所有颗粒及孔隙的角度，可以对其进行统计分析，在 $0\sim180°$ 范围内，以 $10°$ 为单位做分区，共 18 个方位区，可统计出颗粒及孔隙在各个方位区的定向强度。

3) 圆形度（Roundness）

圆形度是指所研究对象接近于圆形的程度，数值越接近于 1，表明颗粒越接近于圆形。由如下公式来定义：

$$Roundness = \frac{perimeter^2}{4 \cdot \pi \cdot area} \tag{5.1-2}$$

式中，$Roundness$ 为圆形度；$perimeter$ 为研究对象的周长；$area$ 为研究对象的面积。

4) 丰度（Abundance）

丰度是指颗粒或孔隙的短轴和长轴之比

$$C = \frac{r}{R} \tag{5.1-3}$$

式中，R 为椭圆形的长轴长度；r 为椭圆形的短轴长度。丰度表示颗粒或孔隙在二维平面中的几何形状。丰度值在 ［0，1］ 之间，C 值越小，表明颗粒或孔隙越趋向于长条形，C 值越大表明颗粒或孔隙渐趋等轴。

5.2　不同冻融次数后路基土颗粒微观特性分析

在一个完整冻融循环过程中，冻时，土中的水结成冰，体积产生膨胀，尤其冰在局部的分凝，会对土的结构产生扰动，比如，局部颗粒的相对移动、拉伸，或产生压密等；融时，土中的冰融化为水，体积减小，会引起土骨架的局部塌落，颗粒重新分散、整合。随着冻融循环过程的反复进行，路基土颗粒的大小、形态及排列特征不断发生变化。

本节采用微观定量分析方法，选取 5.1.3 节中放大系数 2000 倍、1000 倍的图片为代表，通过 IPP 处理不同冻融循环次数后的路基土 SEM 图片，获取 Bright Object（亮物质）的直径、方位角、圆形度、丰度等参数并进行统计处理，定量分析冻融循环次数对路基土颗粒特征的影响规律。

5.2.1 颗粒直径变化规律

冻融循环过程中，颗粒直径分布将不断变化，冻融次数对土颗粒平均直径的影响结果见图 5.2-1、表 5.2-1。

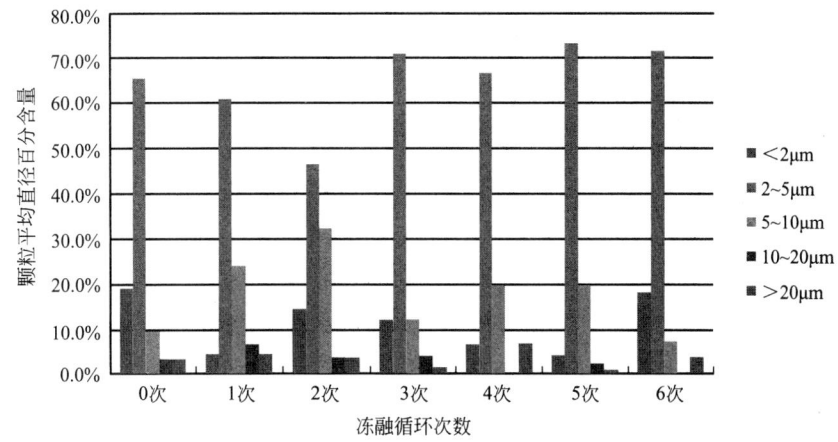

图 5.2-1　不同冻融循环次数后的颗粒平均直径分布

不同冻融循环次数后的颗粒平均直径百分含量分布　　　　表 5.2-1

冻融循环次数	$<2\mu m$	$2\sim5\mu m$	$5\sim10\mu m$	$10\sim20\mu m$	$>20\mu m$
0 次	18.8%	65.6%	9.4%	3.1%	3.1%
1 次	4.3%	60.9%	23.9%	6.5%	4.3%
2 次	14.3%	46.4%	32.1%	3.6%	3.6%
3 次	11.8%	71.1%	11.8%	3.9%	1.3%
4 次	6.7%	66.7%	20.0%	0.0%	6.7%
5 次	4.0%	73.3%	19.8%	2.0%	1.0%
6 次	17.9%	71.4%	7.1%	0.0%	3.6%

不同冻融循环次数后的颗粒平均直径百分含量分布中可以看出：平均直径＞

10μm 的颗粒含量较少，<5μm 平均直径的颗粒百分含量基本呈上升趋势，而 5～10μm、10～20μm 及>20μm 百分含量之和基本呈下降趋势。说明冻融循环使路基土的黏粒增加，粉粒减少。

5.2.2　颗粒定向性变化规律

冻融循环过程中，冻融次数对土颗粒定向性的影响结果见图 5.2-2。

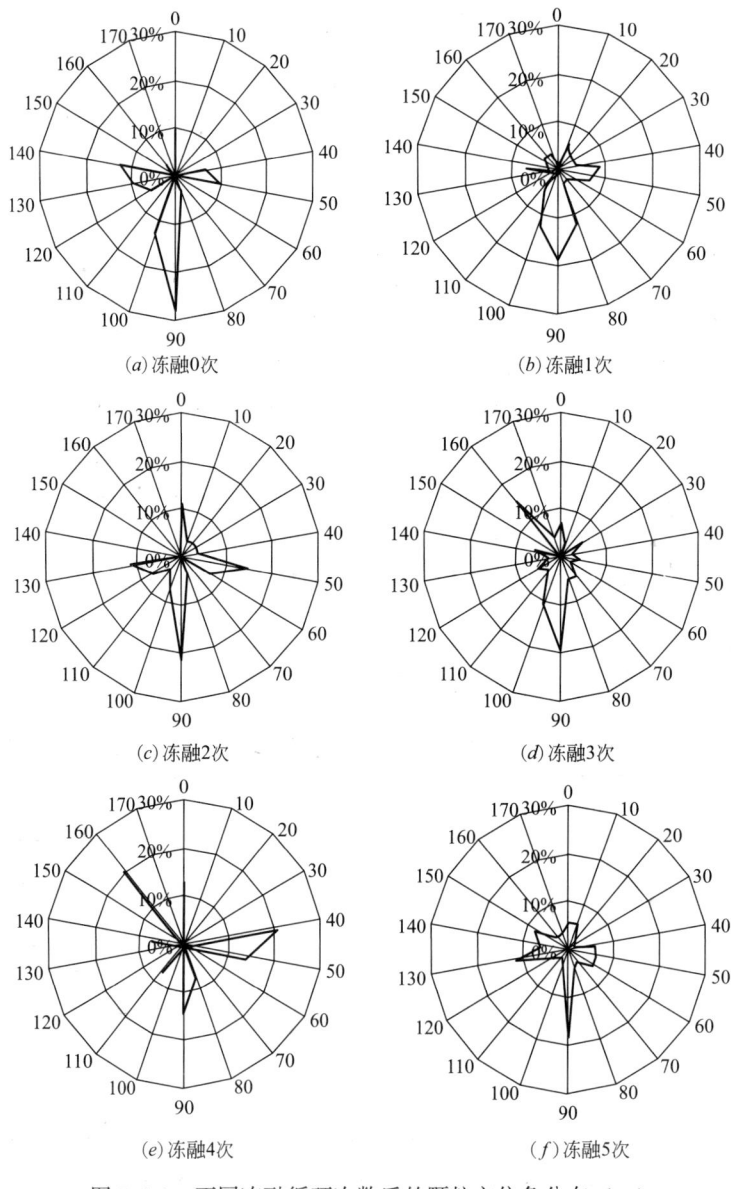

图 5.2-2　不同冻融循环次数后的颗粒方位角分布（一）

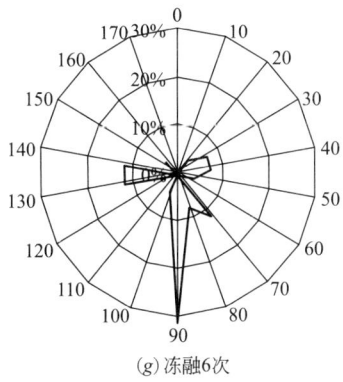

(g) 冻融6次

图 5.2-2 不同冻融循环次数后的颗粒方位角分布（二）

不同冻融循环次数后的颗粒方位角分布中可以看出：冻融作用前，由于试样的微颗粒比较多，土样的方向角主要集中在 $90°$ 左右；随着冻融循环过程的持续，总体上路基土颗粒的方位角逐渐向各个方向均匀分布，表明冻融循环过程使土颗粒排列向均匀化发展。

5.2.3 颗粒平均圆度变化规律

冻融循环过程中，冻融次数对土颗粒平均圆形度产生的影响结果见表 5.2-2、图 5.2-3。

不同冻融循环次数后的颗粒平均圆形度变化　　表 5.2-2

SEM 放大系数	冻融循环次数						
	0 次	1 次	2 次	3 次	4 次	5 次	6 次
1000 倍	5.42	6.94	3.50	5.99	5.91	5.75	11.19
2000 倍	3.99	4.41	5.41	4.35	4.29	5.64	8.94

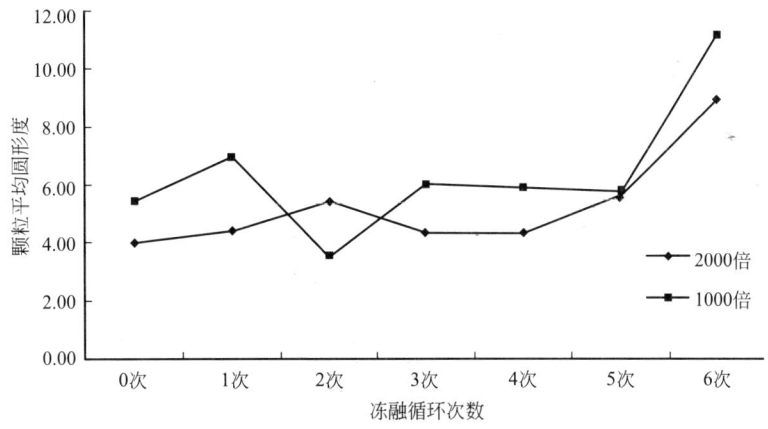

图 5.2-3 不同冻融循环次数后的颗粒平均圆形度变化

由图可以看出，随着冻融循环次数的增加，路基土的圆形度都呈上升趋势，冻融循环使颗粒不规则边界塌落，颗粒逐渐被磨圆。由于土中水结成冰，冰晶体形成过程中会在土内产生楔形力，在土体内部产生应力累积，当应力累积量超过颗粒间的粘结力时，颗粒原本的联结被破坏，颗粒不规则边界将塌落，边缘逐渐趋于平滑近似圆形，并重新排列。

5.2.4　颗粒丰度变化规律

冻融循环过程中，冻融次数对土颗粒丰度产生的影响结果见表 5.2-3 和图 5.2-4。

不同冻融循环次数后的颗粒丰度百分含量分布　　　　　　表 5.2-3

冻融循环次数	颗粒丰度								
	0~0.1	0.1~0.2	0.2~0.3	0.3~0.4	0.4~0.5	0.5~0.6	0.6~0.7	0.7~0.8	0.8~0.9	0.9~1.0
0 次	0%	3.1%	18.8%	18.8%	15.6%	37.5%	0.0%	3.1%	0.0%	3.1%
1 次	0%	6.5%	13.0%	15.2%	17.4%	21.7%	10.9%	2.2%	10.9%	2.2%
2 次	0%	7.1%	3.6%	17.9%	25.0%	28.6%	10.7%	7.1%	0.0%	0.0%
3 次	0%	3.9%	14.5%	15.8%	18.4%	28.9%	7.9%	2.6%	1.3%	6.6%
4 次	0%	0.0%	6.7%	6.7%	13.3%	26.7%	13.3%	26.7%	0.0%	6.7%
5 次	0%	1.0%	10.9%	20.8%	13.9%	26.7%	11.9%	5.0%	6.9%	3.0%
6 次	0%	0.0%	3.6%	25.0%	10.7%	35.7%	7.1%	10.7%	3.6%	3.6%

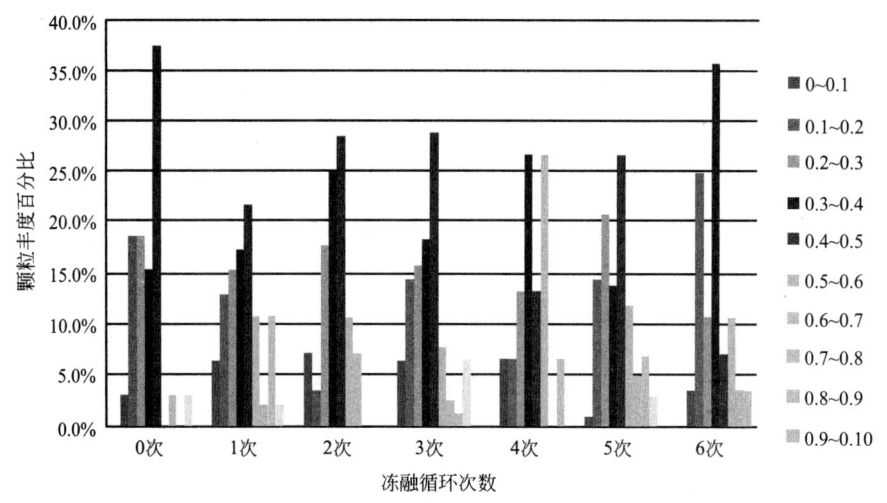

图 5.2-4　不同冻融循环次数后的颗粒丰度分布

由冻融过程中路基土的颗粒丰度变化图可以看出，在冻融之前，丰度在0.2～0.6的颗粒含量最高，颗粒多数趋近于扁圆形。随着冻融循环次数的增加，丰度较小（0～0.4）的颗粒含量有所降低，丰度较大（0.6～1.0）的颗粒含量有所增加。表明路基土颗粒渐趋等轴，与冻融循环过程中颗粒的圆形度变化规律一致，颗粒在冻融循环过程中逐渐磨圆。

5.3 不同冻融次数后路基土孔隙微观特性分析

本节参照上一节微观定量分析方法，选取 5.1.3 节中放大系数 2000 倍、1000 倍的图片为代表，通过 IPP 处理不同冻融循环次数后的路基土 SEM 图片，获取 Dark Object（暗物质）的直径、方位角、圆形度、丰度等参数并进行统计处理，定量分析冻融循环次数对路基土孔隙特征的影响规律。

5.3.1 孔隙直径变化规律

冻融循环过程中，冻融次数对路基土孔隙直径变化结果见图 5.3-1、表5.3-1。

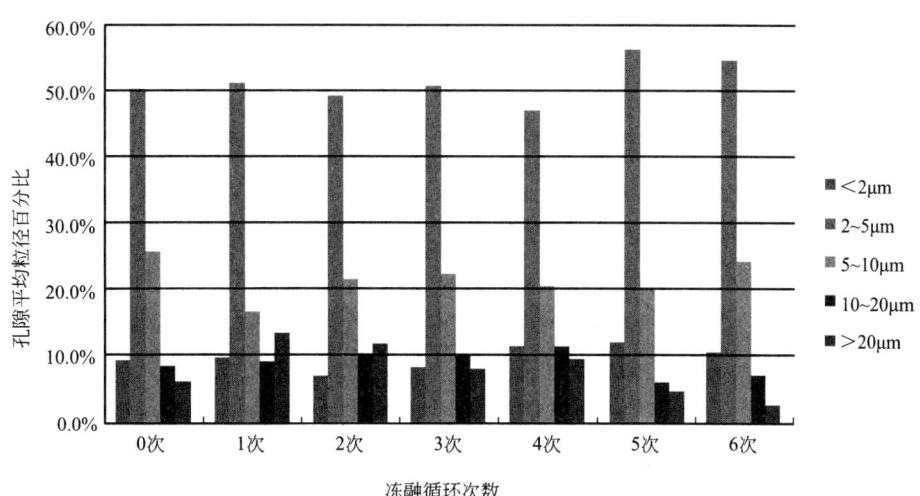

图 5.3-1 不同冻融循环次数后的孔隙平均直径分布

不同冻融循环次数后的孔隙平均直径百分含量分布 表 5.3-1

冻融循环次数	$<2\mu m$	$2\sim5\mu m$	$5\sim10\mu m$	$10\sim20\mu m$	$>20\mu m$
0 次	9.3%	50.2%	25.8%	8.4%	6.2%

续表

冻融循环次数	<2μm	2~5μm	5~10μm	10~20μm	>20μm
1 次	9.7%	51.1%	16.7%	9.1%	13.4%
2 次	7.3%	49.2%	21.8%	9.8%	11.9%
3 次	8.3%	50.8%	22.5%	10.2%	8.3%
4 次	11.4%	47.0%	20.5%	11.4%	9.6%
5 次	12.3%	56.5%	20.1%	6.2%	5.0%
6 次	10.7%	54.7%	24.4%	7.4%	2.9%

由不同冻融循环次数后路基土的孔隙平均直径百分含量分布中可以看出：平均直径>10μm 的孔隙百分含量呈下降趋势，而孔隙直径<2μm、2~5μm 及 5~10μm 百分含量之和呈上升趋势。说明冻融循环使孔隙贯通重组的趋势增加。

5.3.2　孔隙定向性变化规律

冻融循环过程中，冻融次数对路基土孔隙定向性变化结果见下图。

不同冻融循环次数后的孔隙方位角分布中可以看出：冻融作用前，孔隙的方向角也同样以 90°左右为主，但比颗粒的初始方位角分布更为均匀；随着冻融循环过程的持续，孔隙方位角的整体变化趋势虽然不像颗粒方向角变化规律性较强，但是也存在向各个方向均匀发展的趋势，表明冻融循环过程使土孔隙的分布向着均匀化、各向同性状态发展。

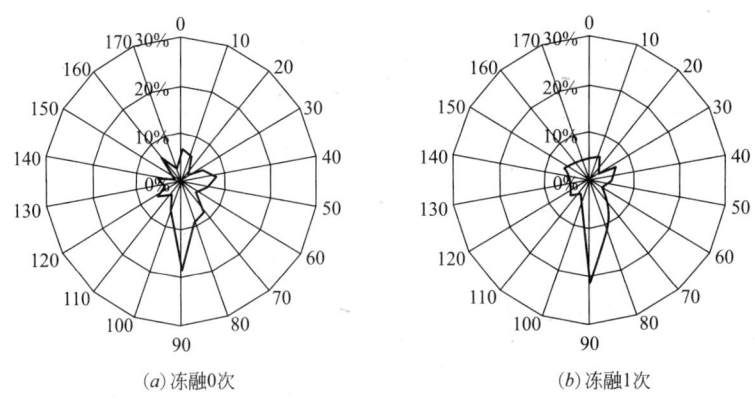

(a) 冻融0次　　　　　　　　　　(b) 冻融1次

图 5.3-2　不同冻融循环次数后的孔隙方位角分布（一）

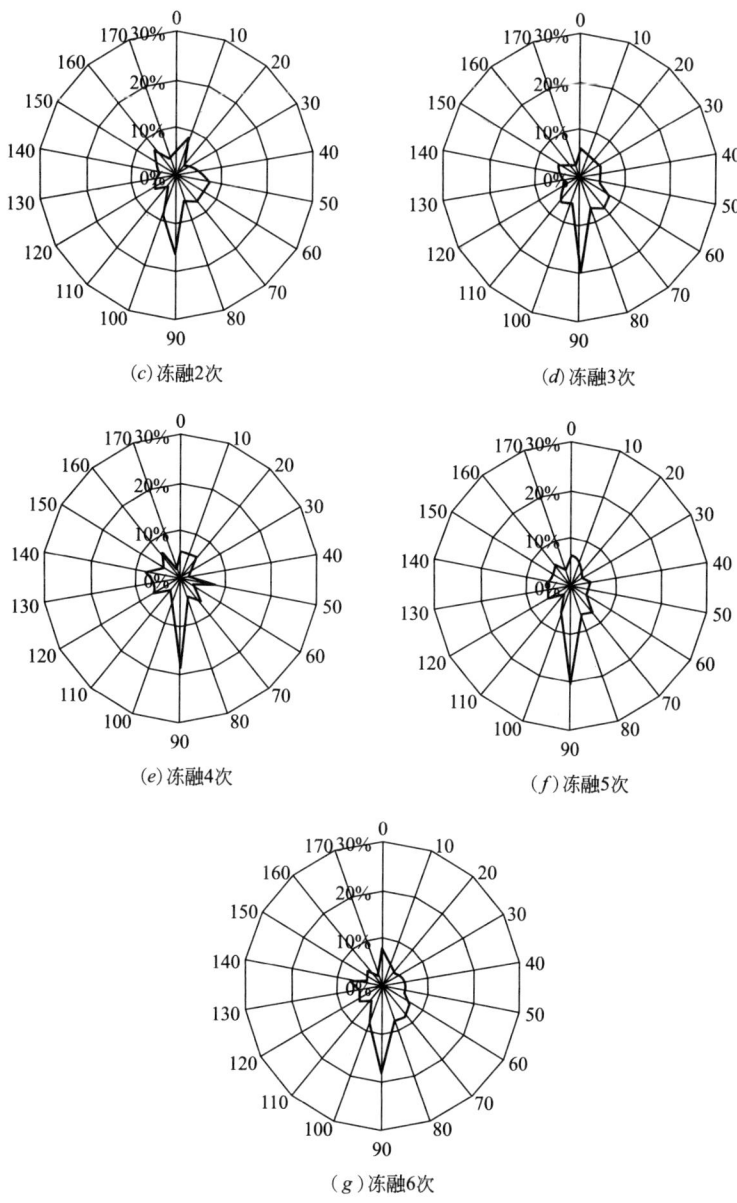

图 5.3-2　不同冻融循环次数后的孔隙方位角分布（二）

5.3.3　孔隙平均圆度变化规律

冻融循环过程中，冻融次数对路基土孔隙圆形度变化结果见表 5.3-2、图 5.3-3。

不同冻融循环次数后的孔隙平均圆形度变化　　　　表 5.3-2

SEM 放大系数	冻融循环次数						
	0 次	1 次	2 次	3 次	4 次	5 次	6 次
1000 倍	2.43	2.63	2.98	2.58	2.67	2.79	2.97
2000 倍	2.78	3.20	3.07	3.35	2.63	3.12	3.21

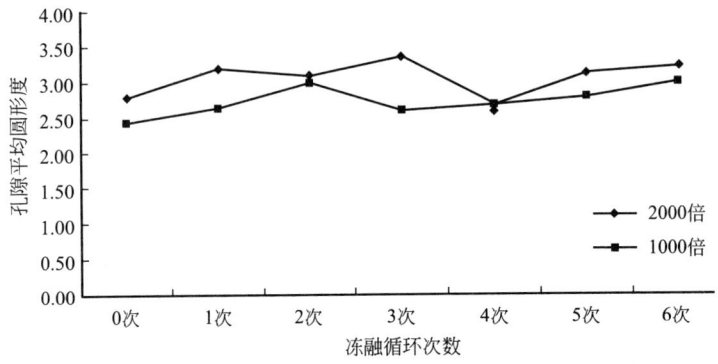

图 5.3-3　不同冻融循环次数后的孔隙平均圆形度变化

　　由冻融循环过程中路基土的孔隙平均圆形度变化趋势图可以看出，总体上孔隙的平均圆形度变化趋势基本与颗粒平均圆形度一致，随着冻融循环次数的增加，路基土的孔隙平均圆形度整体变化不大，呈现小幅波动，并略微上升的趋势。可见，冻融循环使土的孔隙贯通，在丰度上增加，圆形度也增加。

5.3.4　孔隙丰度变化规律

　　冻融循环过程中，冻融次数对路基土孔隙丰度变化结果见表 5.3-3 和图 5.3-4。

不同冻融循环次数后的孔隙丰度百分含量分布　　　　表 5.3-3

冻融循环次数	颗粒丰度									
	0～0.1	0.1～0.2	0.2～0.3	0.3～0.4	0.4～0.5	0.5～0.6	0.6～0.7	0.7～0.8	0.8～0.9	0.9～1.0
0 次	0%	2.2%	8.4%	20.4%	21.3%	24.9%	11.1%	7.1%	1.8%	2.7%
1 次	0%	0.5%	12.9%	14.5%	15.6%	31.7%	8.6%	8.6%	4.3%	3.2%
2 次	0%	2.1%	9.8%	15.5%	17.6%	25.9%	15.5%	8.8%	1.6%	3.1%
3 次	0%	2.4%	13.4%	16.8%	15.2%	27.0%	12.3%	4.5%	3.7%	4.5%
4 次	0%	1.8%	10.2%	24.1%	18.1%	28.3%	12.0%	1.2%	1.8%	2.4%
5 次	0%	1.8%	8.9%	17.6%	18.1%	30.2%	11.7%	4.8%	4.3%	2.7%
6 次	0%	0.8%	13.5%	19.7%	19.5%	25.4%	10.9%	5.1%	2.9%	2.3%

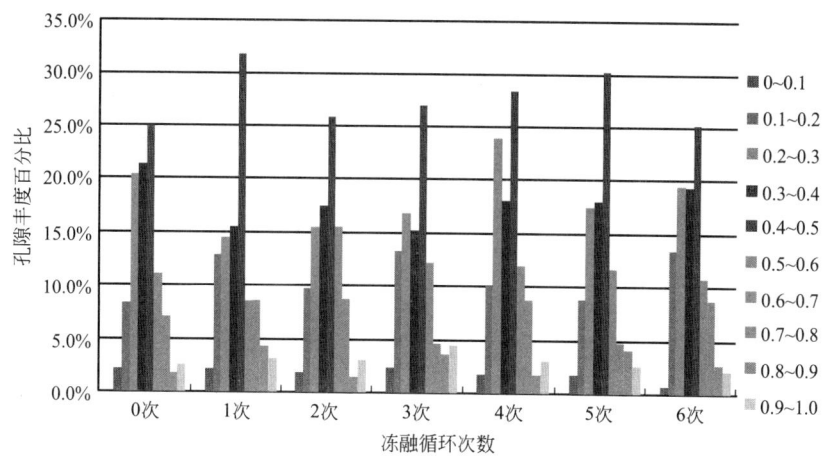

图 5.3-4   不同冻融循环次数后的孔隙丰度分布

由冻融循环过程中路基土的颗粒丰度变化图可以看出，丰度在 0.2～0.6 的孔隙含量最高，孔隙多数趋近于扁圆形。随着冻融循环次数的增加，丰度较小（0～0.4）的孔隙含量有所降低，丰度较大（0.6～1.0）的孔隙含量有所增加。冻融循环使孔隙贯通重组，不仅在尺寸上增加，丰度上也在增长。

以上土颗粒微观特性和孔隙微观特性分析表明，冻融过程中，土体微观结构参数逐渐发生变化。关于冻融过程中微观结构的变化，大量的研究表明，主要原因是由于土中水在冻结过程中结成冰，冰晶体形成过程中会在土内产生楔形力，在土体内部产生应力累积，当应力累积量超过颗粒间的粘结力时，颗粒原本的联结被破坏，颗粒不规则边界将塌落，边缘逐渐趋于平滑近似圆形，并重新排列，冻融循环使土的孔隙贯通重组的趋势增加。

土体微观结构的变化，使土颗粒间的摩擦力和咬合力下降，进而在宏观上将表现为土刚度和强度的下降，这就从微观机理上对前述粉质黏土回弹模量随冻融循环次数变化规律进行了验证，也是季冻区粉质黏土路用性能劣化的机理。

5.4 本章小结

本章通过扫描电子显微镜（SEM）提取粉质黏土试样封闭系统中经历 0～6 次冻融循环后的微观结构图，利用 IPP 软件对土样颗粒及孔隙进行微观定量分析，得出了不同冻融循环次数条件下粉质黏土填料颗粒和孔隙的平均直径、方向角、平均圆形度和丰度等微观参数及变化规律，结合前几章室内试验获取的回弹模量变化规律，从填料微观结构层面阐明了季冻区路基土路用性能劣化机制，得出以下主要结论：

（1）随着冻融循环次数的增加，粉质黏土平均直径＞20μm 的颗粒含量较少，＜5μm 平均直径的颗粒百分含量基本呈上升趋势，而 5～10μm、10～20μm 及＞20μm 百分含量之和基本呈下降趋势，冻融循环使路基土的黏粒增加，粉粒减少；土颗粒排列向均匀化发展；圆形度都呈上升趋势；丰度较小（0～0.4）的颗粒含量有所降低，丰度较大（0.6～1.0）的颗粒含量有所增加。

（2）随着冻融循环次数的增加，粉质黏土平均直径＞10μm 的孔隙百分含量呈下降趋势，而孔隙直径＜2μm、2～5μm 及 5～10μm 百分含量之和呈上升趋势，冻融循环使孔隙贯通重组的趋势增加；土孔隙排列向均匀化发展；圆形度都呈上升趋势；丰度较小（0～0.4）的孔隙含量有所降低，丰度较大（0.6～1.0）的孔隙含量有所增加。

（3）冻融作用下粉质黏土路用性能的劣化机制为：冻融循环作用→土体微观结构参数不断变化→土颗粒间的摩擦力和咬合力下降→在宏观上表现为土刚度和强度下降。

第6章 真实气候条件下季冻区路基结构性能劣化机制

前几章从填料层面阐述了冻融作用对路基土回弹特性的影响规律和机制，在真实自然条件中，受不同气候及水文环境影响，季冻区路基结构性能的变化过程更为复杂。回弹模量场表征路基结构空间内任一点的路基土填料回弹模量值，它不同于路基整体强度指标，直接反映路基结构强度的空间分布特征，可用于揭示路基结构性能的劣化过程。

本章开始从路基结构层面，以路基温度场、湿度场、回弹模量场为指标，探讨季冻区路基结构性能变化特征。首先考虑路基土湿热耦合效应，采用真实气候数据参数，模拟分析路基内部温度场、湿度场分布变化特征。同时利用第3、4章已建立的季冻区路基土回弹模量预测模型，分析不同气候环境、地下水条件下季冻区路基内部回弹模量场分布及变化规律，研究真实气候条件下季冻区路基结构性能劣化机制。

6.1 季冻区路基土湿热耦合分析模型

6.1.1 水分运动方程

按照质量守恒定律，多孔介质水分运动连续方程可以表示为：

$$\frac{\partial S}{\partial t} = -\nabla q_{\mathrm{m}} \tag{6.1-1}$$

式中，S 为单位体积土体中孔隙水的质量；q_{m} 为水流质量通量。土体中空隙被液态水、水汽和冰三相水分充填，三者所占体积分别为 θ_l、θ_v 和 θ_i，则：

$$\theta_l + \theta_v + \theta_i = n \tag{6.1-2}$$

式中，n 为介质的孔隙率。单位体积内孔隙水质量可以表示为：

$$S = \rho_l \theta_l + \rho_v \theta_v + \rho_i \theta_i \tag{6.1-3}$$

式中，ρ_l、ρ_v、ρ_i 分别为液态水密度、水汽密度和冰密度。

对于土体里任意一个微元体，孔隙水水分总质量通量可表示为：

$$q_{\mathrm{m}} = q_l + q_v = -\left[\frac{\partial(\rho_l q_x)}{\partial x} + \frac{\partial(\rho_l q_y)}{\partial y} + \frac{\partial(\rho_l q_z)}{\partial z} \right]$$

$$-\left[\frac{\partial(q_{vx})}{\partial x}+\frac{\partial(q_{vy})}{\partial y}+\frac{\partial(q_{vz})}{\partial z}\right] \tag{6.1-4}$$

式中，q_l、q_v 分别表示液态水流质量通量、水汽质量通量，q_x、q_y、q_z 分别为该微元体 x、y、z 三个方向上的液态水水流通量，q_{vx}、q_{vy}、q_{vz} 分别为微元体 x、y、z 三个方向上的水汽质量通量。将式（6.1-3）和式（6.1-4）代入式（6.1-1）得：

$$\frac{\partial(\rho_l\theta_l+\rho_v\theta_v+\rho_i\theta_i)}{\partial t}=-\left[\frac{\partial(\rho_l q_x)}{\partial x}+\frac{\partial(\rho_l q_y)}{\partial y}+\frac{\partial(\rho_l q_z)}{\partial z}\right]$$
$$-\left[\frac{\partial(q_{vx})}{\partial x}+\frac{\partial(q_{vy})}{\partial y}+\frac{\partial(q_{vz})}{\partial z}\right] \tag{6.1-5}$$

假定不考虑冻胀和压缩，也就是内单元体体积不变，因此微元体内的水汽质量变化可以忽略不计，同时当认为水和冰不可压缩（即水和冰的密度不变）时，方程（6.1-5）可变为：

$$\rho_l\frac{\partial(\theta_l)}{\partial t}+\rho_i\frac{\partial(\theta_i)}{\partial t}=-\rho_l\left(\frac{\partial(q_x)}{\partial x}+\frac{\partial(q_y)}{\partial y}+\frac{\partial(q_z)}{\partial z}\right)$$
$$-\left(\frac{\partial q_{vx}}{\partial x}+\frac{\partial q_{vy}}{\partial y}+\frac{\partial q_{vz}}{\partial z}\right) \tag{6.1-6}$$

非饱和土中液态水运动遵守达西定律，具体如下：

$$q_l=-k(\theta_l)\nabla\psi=-D(\theta_l)\nabla\theta_l \tag{6.1-7}$$

式中，q_l 为液态水流通量；$k(\theta_l)$ 为非饱和土渗透系数，是液态水含量或饱和度的函数；ψ 为土水势，包括重力势、基质势、温度势等；$D(\theta_l)$ 为非饱和土导水系数，是液态水含量 θ_l 的函数；

对于水汽运动规律，可应用汽体的 Fick 定律：

$$q_v=-D_v\nabla\rho_v \tag{6.1-8}$$

式中，q_v 为水汽质量通量；D_v 为水汽扩散率；ρ_v 为水汽密度。将式（6.1-7）和式（6.1-8）代入式（6.1-6）得：

$$\frac{\partial\theta_l}{\partial t}+\frac{\rho_i}{\rho_l}\frac{\partial\theta_i}{\partial t}=\frac{\partial}{\partial x}\left[D(\theta_l)\frac{\partial\theta_l}{\partial x}\right]+\frac{\partial}{\partial y}\left[D(\theta_l)\frac{\partial\theta_l}{\partial y}\right]+$$
$$\frac{\partial}{\partial z}\left[D(\theta_l)\frac{\partial\theta_l}{\partial z}\right]+\frac{\partial K(\theta_l)}{\partial z}+\frac{1}{\rho_l}\left[\frac{\partial}{\partial x}\left(D_{vx}\frac{\partial\rho_{vx}}{\partial x}\right)+\right.$$
$$\left.\frac{\partial}{\partial y}\left(D_{vy}\frac{\partial\rho_{vy}}{\partial y}\right)+\frac{\partial}{\partial z}\left(D_{vz}\frac{\partial\rho_{vz}}{\partial z}\right)\right] \tag{6.1-9}$$

对于垂直的二维问题，方程（6.1-9）简化为：

$$\frac{\partial\theta_l}{\partial t}+\frac{\rho_i}{\rho_l}\frac{\partial\theta_i}{\partial t}=\frac{\partial}{\partial x}\left[D(\theta_l)\frac{\partial\theta_l}{\partial x}\right]+\frac{\partial}{\partial z}\left[D(\theta_l)\frac{\partial\theta_l}{\partial z}\right]+\frac{\partial K(\theta_l)}{\partial z}+$$

$$\frac{1}{\rho_l}\left[\frac{\partial}{\partial x}\left(D_{vx}\frac{\partial \rho_{vx}}{\partial x}\right)+\frac{\partial}{\partial z}\left(D_{vz}\frac{\partial \rho_{vz}}{\partial z}\right)\right] \tag{6.1-10}$$

6.1.2 热传导方程

与水分运动连续方程类似，热量传输连续方程可表示为：

$$\frac{\partial Q}{\partial t}=-\nabla q_h \tag{6.1-11}$$

式中，Q 为单位体积土体中的热量；q_h 为热通量。其中热通量为：

$$q_h=\lambda \nabla T+c_l\rho_l \nabla(q_l T)+L_v \nabla q_v \tag{6.1-12}$$

式中，右边第一项为沿各坐标轴的热传导，第二项为流入和流出液体所含的热量差（对流热），第三项为蒸发潜热。T 为温度，λ 为土体的导热系数，c_l 为液态水的比热，ρ_l 为液态水密度，L_v 为水的汽化潜热。而单元体内的热量变化为：

$$Q=C_s\Delta T-L_f\rho_i\Delta\theta_i+L_v\Delta\rho_v \tag{6.1-13}$$

式中，C_s 为土体体积热容量；ρ_i 为冰密度；L_v 为水的汽化潜热；L_f 为水的融化潜热。

$$\begin{aligned}
C_s\frac{\partial T}{\partial t}+L_v\frac{\partial \rho_v}{\partial t}-L_f\rho_i\frac{\partial \theta_i}{\partial t}=&\left[\frac{\partial}{\partial x}\left(\lambda_x\frac{\partial T}{\partial x}\right)+\frac{\partial}{\partial y}\left(\lambda_y\frac{\partial T}{\partial y}\right)+\right.\\
&\frac{\partial}{\partial z}\left.\left(\lambda_z\frac{\partial T}{\partial z}\right)\right]+c_l\rho_l\left[\frac{\partial}{\partial x}\left(Tk_x\frac{\partial h}{\partial x}\right)+\right.\\
&\frac{\partial}{\partial y}\left(Tk_y\frac{\partial h}{\partial y}\right)+\frac{\partial}{\partial z}\left(Tk_z\frac{\partial h}{\partial z}\right)+\\
&\left.\frac{\partial (Tk_z)}{\partial z}\right]-L_v\left(\frac{\partial q_{vx}}{\partial x}+\frac{\partial q_{vy}}{\partial y}+\frac{\partial q_{vz}}{\partial z}\right)
\end{aligned}$$

$$\tag{6.1-14}$$

式中，k 为土体非饱和渗透系数，为液态水含量的函数，h 为空隙负压力，表示基质势。假定土体具有各向同性，则上式可简化为：

$$\begin{aligned}
C_s\frac{\partial T}{\partial t}+L_v\frac{\partial \rho_v}{\partial t}-L_f\rho_i\frac{\partial \theta_i}{\partial t}=&\lambda\left[\frac{\partial}{\partial x}\left(\frac{\partial T}{\partial x}\right)+\frac{\partial}{\partial y}\left(\frac{\partial T}{\partial y}\right)+\frac{\partial}{\partial z}\left(\frac{\partial T}{\partial z}\right)\right]+\\
&c_l\rho_l\left[\frac{\partial}{\partial x}\left(Tk\frac{\partial h}{\partial x}\right)+\frac{\partial}{\partial y}\left(Tk\frac{\partial h}{\partial y}\right)+\right.\\
&\frac{\partial}{\partial z}\left(Tk\frac{\partial h}{\partial z}\right)+\left.\frac{\partial (Tk)}{\partial z}\right]-L_v\left(\frac{\partial q_{vx}}{\partial x}+\right.\\
&\left.\frac{\partial q_{vy}}{\partial y}+\frac{\partial q_{vz}}{\partial z}\right)
\end{aligned}$$

$$\tag{6.1-15}$$

对于垂直的二维问题，方程（6.1-15）简化为：

$$C_s \frac{\partial T}{\partial t} + L_v \frac{\partial \rho_v}{\partial t} - L_f \rho_i \frac{\partial \theta_i}{\partial t} = \lambda \left[\frac{\partial}{\partial x} \left(\frac{\partial T}{\partial x} \right) + \frac{\partial}{\partial z} \left(\frac{\partial T}{\partial z} \right) \right] + c_l \rho_l$$

$$\left[\frac{\partial}{\partial x} \left(Tk \frac{\partial h}{\partial x} \right) + \frac{\partial}{\partial z} \left(Tk \frac{\partial h}{\partial z} \right) + \right.$$

$$\left. \frac{\partial (Tk)}{\partial z} \right] - L_v \left(\frac{\partial q_{vx}}{\partial x} + \frac{\partial q_{vz}}{\partial z} \right) \quad (6.1\text{-}16)$$

6.1.3　水热耦合方程

考虑到温度的影响（温度梯度为引发水分迁移的根本原动力），根据 Philip 和 DeVries 的方程（1957），非饱和土的达西定律可表示为：

$$q_x = -D(\theta_l)_x \frac{\partial \theta_l}{\partial x} - D_{Tx} \frac{\partial T}{\partial x}$$

$$q_y = -D(\theta_l)_y \frac{\partial \theta_l}{\partial y} - D_{Ty} \frac{\partial T}{\partial y} \quad (6.1\text{-}17)$$

$$q_z = -D(\theta_l)_z \frac{\partial \theta_l}{\partial z} - K(\theta_l) - D_{Tz} \frac{\partial T}{\partial z}$$

式中，θ_l 为未冻液态水含量；D_{Tx}、D_{Ty}、D_{Tz} 分别为温度梯度引起的 x、y、z 三个方向上的未冻水扩散系数。代入式（6.1-5）可得：

$$\rho_l \frac{\partial (\theta_l)}{\partial t} + \rho_i \frac{\partial (\theta_i)}{\partial t} = -\rho_l \left(\frac{\partial (q_x)}{\partial x} + \frac{\partial (q_y)}{\partial y} + \frac{\partial (q_z)}{\partial z} \right) - \left(\frac{\partial q_{vx}}{\partial x} + \frac{\partial q_{vy}}{\partial y} + \right.$$

$$\left. \frac{\partial q_{vz}}{\partial z} \right) \rightarrow \frac{\partial \theta_l}{\partial t} + \frac{\rho_i}{\rho_l} \frac{\partial \theta_i}{\partial t} = \frac{\partial}{\partial x} \left[D(\theta_l)_x \frac{\partial \theta_l}{\partial x} + \right.$$

$$\left. D_{Tx} \frac{\partial T}{\partial x} \right] + \frac{\partial}{\partial y} \left[D(\theta_l)_y \frac{\partial \theta_l}{\partial y} + D_{Ty} \frac{\partial T}{\partial y} \right] +$$

$$\frac{\partial}{\partial z} \left[D(\theta_l)_z \frac{\partial \theta_l}{\partial z} + K(\theta_l) + D_{Tz} \frac{\partial T}{\partial z} \right] +$$

$$\frac{1}{\rho_l} \left[\frac{\partial}{\partial x} \left(D_{vx} \frac{\partial \rho_{vx}}{\partial x} \right) + \frac{\partial}{\partial y} \left(D_{vy} \frac{\partial \rho_{vy}}{\partial y} \right) + \right.$$

$$\left. \frac{\partial}{\partial z} \left(D_{vz} \frac{\partial \rho_{vz}}{\partial z} \right) \right] \quad (6.1\text{-}18)$$

对于垂直二维问题，方程（6.1-18）可化简为：

$$\frac{\partial \theta_l}{\partial t} + \frac{\rho_i}{\rho_l} \frac{\partial \theta_i}{\partial t} = \frac{\partial}{\partial x} \left[D(\theta_l)_x \frac{\partial \theta_l}{\partial x} + D_{Tx} \frac{\partial T}{\partial x} \right] + \frac{\partial}{\partial z} \left[D(\theta_l)_z \frac{\partial \theta_l}{\partial z} + \right.$$

$$\left. K(\theta_l) + D_{Tz} \frac{\partial T}{\partial z} \right] + \frac{1}{\rho_l} \left[\frac{\partial}{\partial x} \left(D_{vx} \frac{\partial \rho_{vx}}{\partial x} \right) + \frac{\partial}{\partial z} \left(D_{vz} \frac{\partial \rho_{vz}}{\partial z} \right) \right]$$

$$(6.1\text{-}19)$$

如果温度变化不大（不引起相变），可以忽略由温度梯度引起的水分迁移和冰的相变。如果温度变化大，必须联立水分迁移和温度传递方程联解。对于各向同性土，二维垂直冻土中：

$$\frac{\partial \theta_l}{\partial t}+\frac{\rho_i}{\rho_l}\frac{\partial \theta_i}{\partial t}=\frac{\partial}{\partial x}\left[D\left(\theta_l\right)_x\frac{\partial \theta_l}{\partial x}+D_{Tx}\frac{\partial T}{\partial x}\right]+\frac{\partial}{\partial z}\left[D\left(\theta_l\right)_z\frac{\partial \theta_l}{\partial z}+\right.$$

$$\left.K\left(\theta_l\right)+D_{Tz}\frac{\partial T}{\partial z}\right]+\frac{1}{\rho_l}\left[\frac{\partial\left(q_{lx}T\right)}{\partial x}+\frac{\partial\left(q_{lz}T\right)}{\partial z}\right]\text{（水分迁}$$

移、水热耦合方程）

$$C_s\frac{\partial T}{\partial t}+L_v\frac{\partial \rho_v}{\partial t}-L_f\rho_i\frac{\partial \theta_i}{\partial t}=\lambda\left[\frac{\partial}{\partial x}\left(\frac{\partial T}{\partial x}\right)+\right.$$

$$\left.\frac{\partial}{\partial z}\left(\frac{\partial T}{\partial z}\right)\right]+c_l\rho_l\left[\frac{\partial\left(q_{lx}T\right)}{\partial x}+\frac{\partial\left(q_{lz}T\right)}{\partial z}\right]-$$

$$L_v\left[\frac{\partial q_{vx}}{\partial x}+\frac{\partial q_{vz}}{\partial z}\right]\text{（热传导方程）} \qquad (6.1\text{-}20)$$

实践证明，由水汽的迁移和蒸发所引起的未冻水含量变化和热量的转移是很小的。所以我们在保证误差非常小的前提下，为了简化计算，可忽略水汽的影响和由温度梯度引起的水分迁移以及未冻水对流引起的热量传导，式（6.1-20）可简化为：

$$\frac{\partial \theta_l}{\partial t}+\frac{\rho_i}{\rho_l}\frac{\partial \theta_i}{\partial t}=\frac{\partial}{\partial x}\left[D\left(\theta_l\right)_x\frac{\partial \theta_l}{\partial x}\right]+\frac{\partial}{\partial z}\left[D\left(\theta_l\right)_z\frac{\partial \theta_l}{\partial z}+K\left(\theta_l\right)\right]\text{（水分迁}$$

移、水热耦合方程）

$$C_s\frac{\partial T}{\partial t}-L_f\rho_i\frac{\partial \theta_i}{\partial t}=\frac{\partial}{\partial x}\left(\lambda\frac{\partial T}{\partial x}\right)+\frac{\partial}{\partial z}\left(\lambda\frac{\partial T}{\partial z}\right)\text{（热传导方程）} \qquad (6.1\text{-}21)$$

方程组（6.1-21）中包括两个方程三个未知函数 θ_i、T、θ_l，所以必须引入第三个方程才能求解，考虑到未冻水含量和温度的动态变化规律，因此需加入一个根据试验得到的未冻水和温度的函数 $\theta_l=\theta_l\left(T\right)$，就可以求解。

6.2　路基土冻融过程湿热响应分析模型与参数

6.2.1　模型概化

以季冻区某段三级公路为原型建立分析模型，公路全幅宽 7.5m，两侧土路肩宽 0.5m，路堤高 2m，其中路面层厚 0.5m，路堤高 1.5m，路堤边坡坡率为 1∶1.5，路堤底面宽 13.5m。为了减少边界效应对路基温湿度分布的影响，将计算区在水平方向双向扩展 3.25m，竖直方向向下扩展 8.0m。

模型采用非饱和湿热耦合方法，考虑边坡蒸发、降水入渗及热传导作用，数学模型见上一节，模拟过程利用非饱和湿热耦合有限元分析软件 GEO-STUDIO 实现。

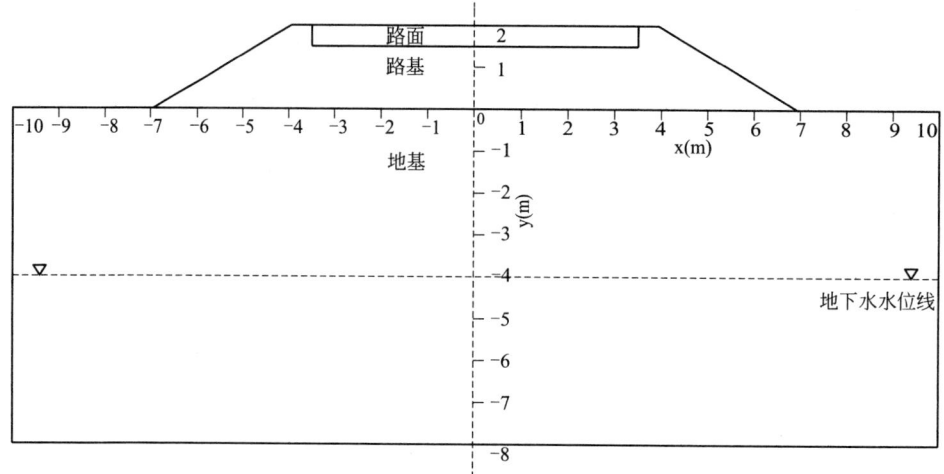

图 6.2-1 模型概化

模型以原地面线为基线，地下水埋深为 $-4m$，路面顶为隔水边界，路堤边坡及原地面为大气降水入渗边界，地基底面和侧面为定水头边界；热传导模型中，底部为恒温边界、地基和公路结构顶部与大气接触带为环境温度边界、地基两侧为隔温边界。

6.2.2 材料参数

计算模型按结构部位不同分路面、路基、地基三类材料，其中地基为粉土、路基为粉质黏土、路面简化为沥青碎石。湿热耦合分析涉及非饱和土持水特性、渗透特性等水力学参数，以及体积热容、导热系数等热力学参数，具体参数如图 6.2-2～图 6.2-5。

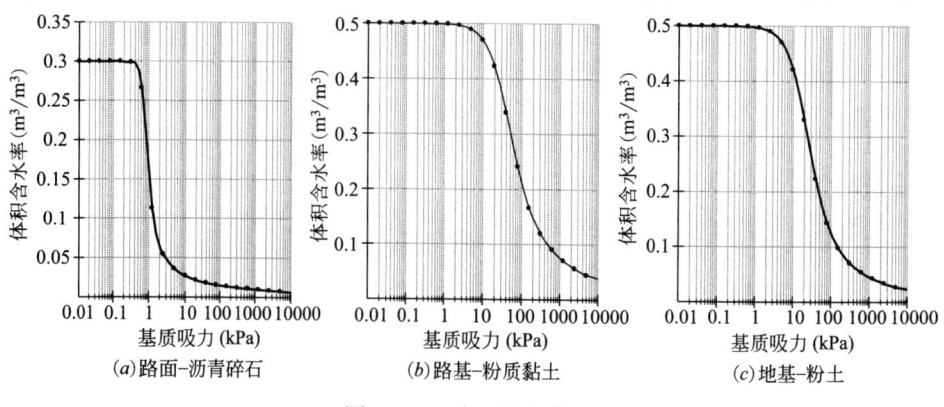

图 6.2-2 水土特征曲线

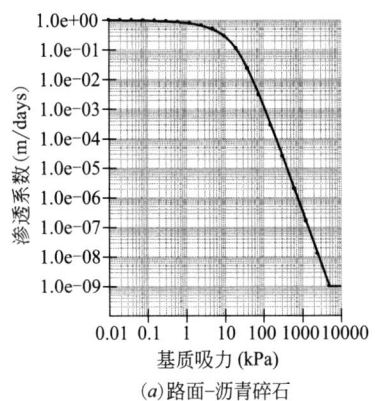

(a)路面-沥青碎石

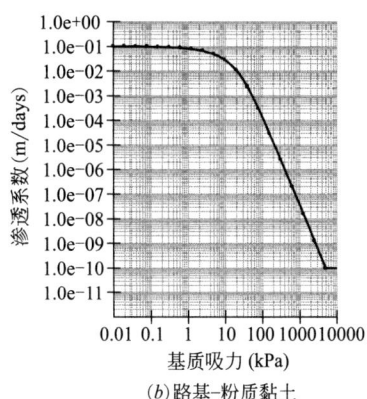

(b)路基-粉质黏土

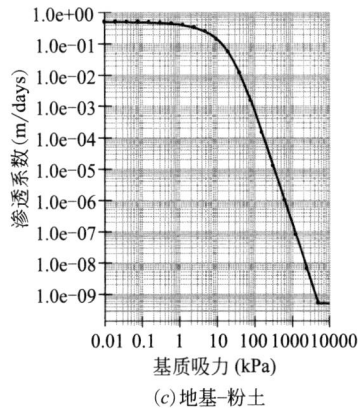

(c)地基-粉土

图 6.2-3 非饱和渗透系数

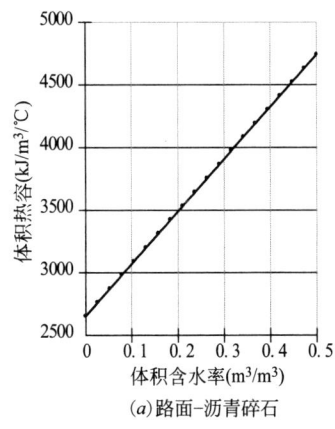

(a)路面-沥青碎石

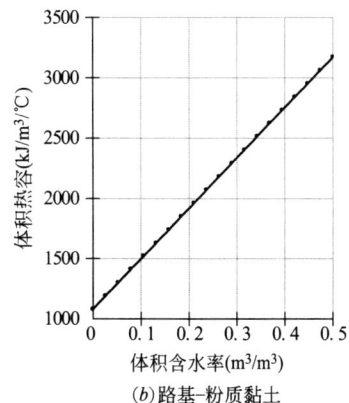

(b)路基-粉质黏土

图 6.2-4 非饱和体积热容 (一)

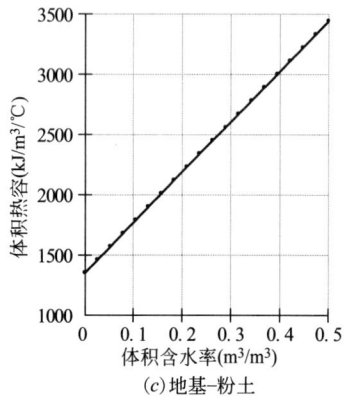

(c)地基-粉土

图 6.2-4　非饱和体积热容（二）

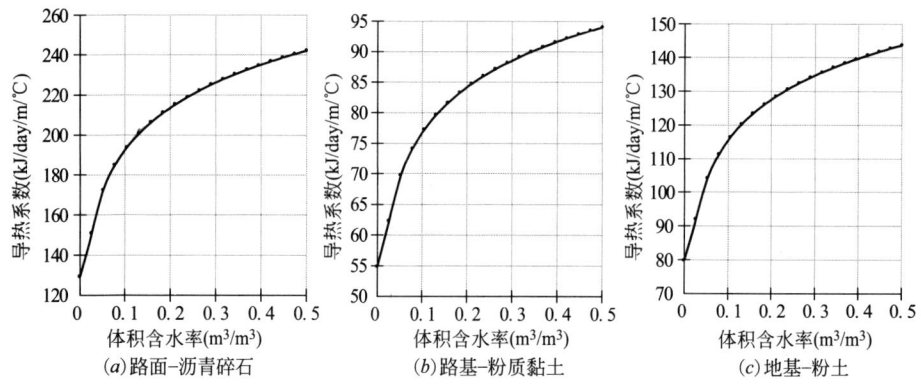

(a)路面-沥青碎石　　　　(b)路基-粉质黏土　　　　(c)地基-粉土

图 6.2-5　非饱和导热系数

6.2.3　气象参数

模型的上边界为气候边界，气候边界基于真实的气象参数，基本气象因素包括：日最高温度、日最低温度、日最高相对湿度、日最低相对湿度、日平均风速、日降水量、日潜在蒸发量等。本次模拟选择拉萨、长春两个典型季冻区，2010～2015 年主要气象参数见图 6.2-6～图 6.2-9。

长春市地处松辽平原腹地，海拔在 250～350m 之间，属湿润区向亚干旱区的过渡地带。气候的大陆性强，气温的年差较大，最高温度 39.5℃，最低温度−39.8℃，年平均气温 6.0℃，日照时间 2688 小时。年平均降水量 522～615mm，夏季降水量占全年降水量的 60%以上；最热月（7 月）平均气温 23℃。

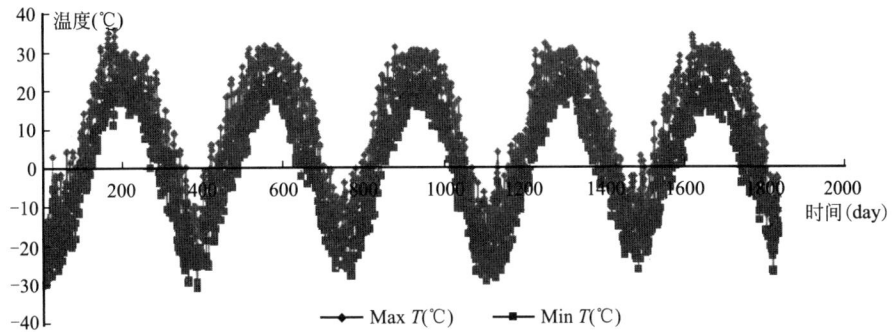

图 6.2-6 长春地区 2010~2015 年日最高/低气温分布

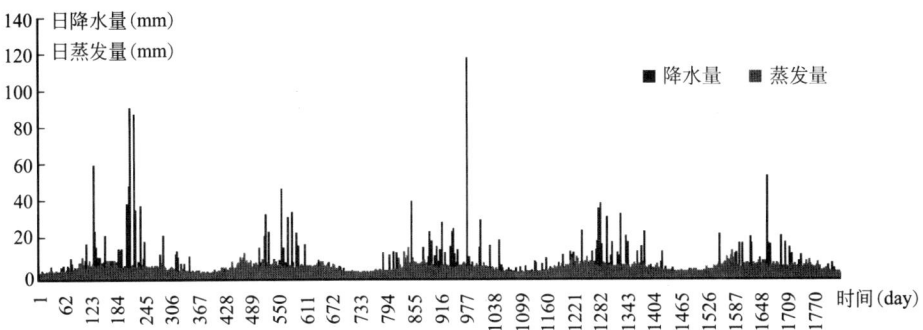

图 6.2-7 长春地区 2010~2015 年日降水/蒸发量分布

拉萨位于青藏高原的中部,海拔 3650m,属高原温带半干旱季风气候区,年多晴朗天气,降雨稀少,冬无严寒,夏无酷暑,最高气温 29.6℃,最低气温−16.5℃,年平均气温 7.8℃。年降水量为 200~510mm,集中在 6~9 月份,多夜雨。年日照时数 3000 小时,太阳辐射强,空气稀薄,气温偏低,昼夜温差较大,冬春寒冷干燥且多风。

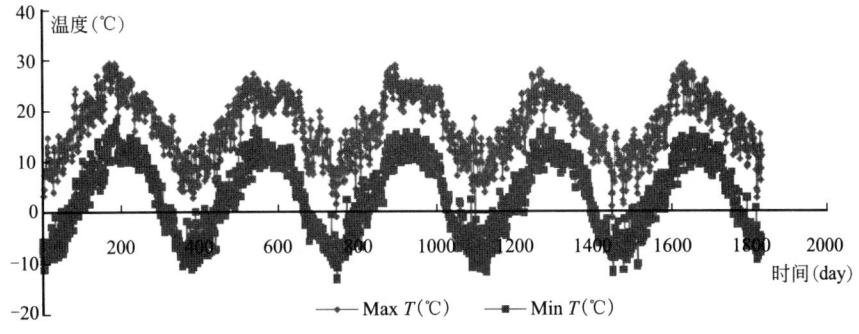

图 6.2-8 拉萨地区 2010~2015 年日最高/低气温分布

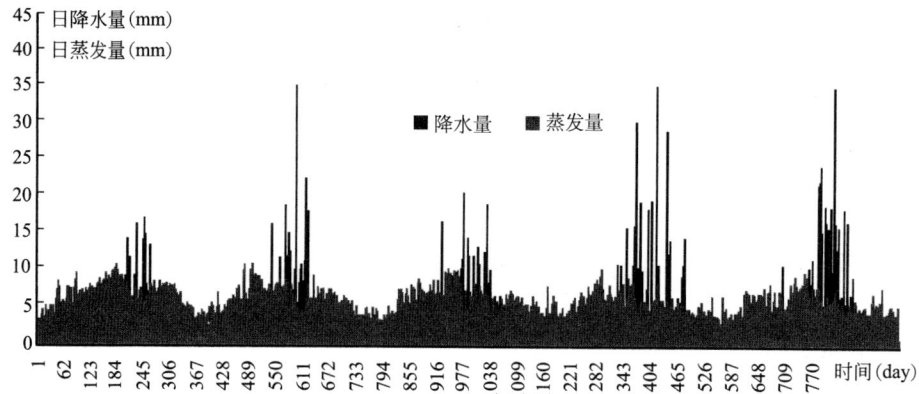

图 6.2-9　拉萨地区 2010～2015 年日降水/蒸发量分布

6.3　气候作用下典型季冻区路基内部温湿度响应特征

本章基于第一节非饱和土湿热耦合理论，利用第二节气候、水理、热理等相关参数，以典型季冻区长春为例，考虑真实气候条件影响，模拟 2010 年 4 月 10 日～2015 年 4 月 9 日期间路基内部温度场、湿度场分布变化特征，取 1day 为时间步长，5 年共 1826 个时步。

6.3.1　路基内温度场分布与演化特征

以研究区地表平均温度 6.0℃为初始温度，模拟在连续五年气候对路基的响应下，路堤结构内部温度分布与演化特征。图 6.3-1 显示一个冻融过程中（2012 年 6 月 23 日至 2013 年 8 月 23 日）低路堤温度场分布变化，云图中数值为温度（单位℃），坐标轴单位为 m。

随着气候的冬夏交替，路基内部的温度场随之出现周期性冻融变化（图 6.3-1）。$t=905$day（2012 年 6 月 23 日）处于夏季，地表平均温度 21.6℃，高于年平均温度，大气向路堤传热，路基内部温度表层高深部低；$t=1037$day

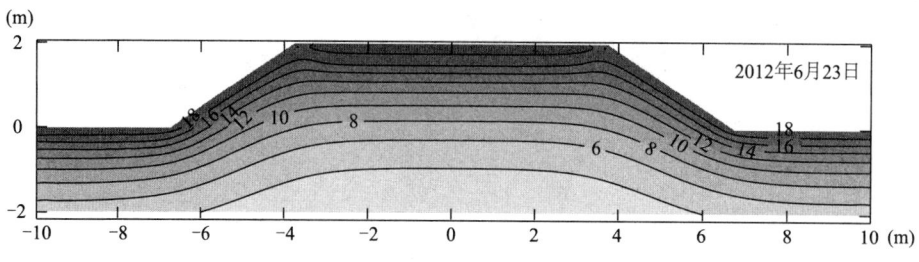

图 6.3-1　季冻区（长春）低路堤冻融过程温度场分布变化（一）

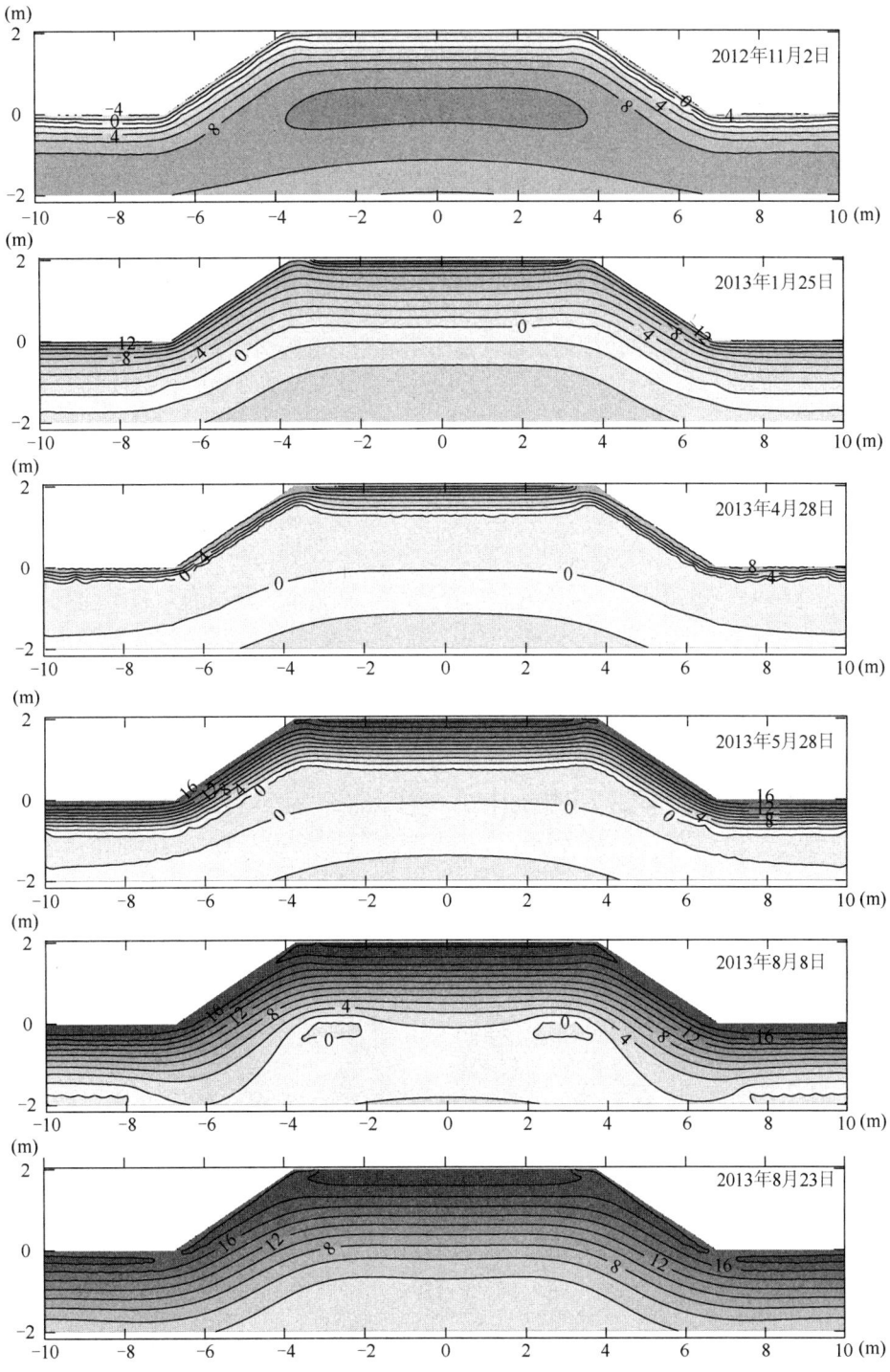

图 6.3-1 季冻区（长春）低路堤冻融过程温度场分布变化（二）

（2012 年 11 月 2 日）进入冬季，地表平均温度－3.3℃，低于路基内部温度，路堤向大气散热，由于刚刚经历夏季的吸热，此时路基范围内的温度高于年平均温度，路基内部温度分布呈现中间高上下低，路基内部出现一个高温区；随之入冬时间的推进，路基内部的高温区逐渐消失；$t=1121$day（2013 年 1 月 25 日），路基内部温度表层低、深部高，零温线最深，约为路基内部 1.8m 深度；$t=1214$day（2013 年 4 月 28 日）已入春季，地表平均温度 15.9℃，高于路基内部温度，大气向路堤传热，由于刚刚经历冬季的散热，此时路基范围内的温度低于年平均温度，路基内部温度分布呈现中间低上下高，路基内部出现一个负温区（约为 1.5m 高）；随着地表温度的持续走高，路基内部的负温区逐渐下移且范围变小，$t=1244$day（2013 年 5 月 28 日）时负温区变为 0.5m；$t=1316$day（2013 年 8 月 8 日）负温区基本消失；$t=1331$day（2013 年 8 月 23 日）处于夏季，地表平均温度 20.6℃，高于年平均温度，大气向路堤传热，路基内部温度由表至深呈现直线递减。

进一步考察大气作用过程中路基内部不同深度处温度分布变化情况，选取路基中线处（$x=0$m）$y=2.0$m（路面顶）、1.5m（路床顶）、1.3m（上路床）、1.0m（下路床）、0.7m（路堤顶）、0.4m（路堤）、0m（路堤底）共 7 个典型深度作时间序列图（图 6.3-2）。整体上来看，不同深度处温度随着大气温度呈现周期的升降变化，其中路基上部的温度变化受气温周期性影响尤为显著，埋深越深路基内部温度分布受大气负温的影响越小，埋深 2.0m（$y=0$m）以下，低温半周期内数值被拉平，负温的幅度和持续时间均很小。表 6.3-1 展示了低路堤 2012～2015 年路基内部负温参数统计值，可以看出，路基表层（$y=2.0$m）5 年平均负温为－10.58℃，持续 44.6d，基本与大气的负温条件相近；而随着路基深度的变大，平均负温绝对值及持续时间均越来越小，路基底部（$y=0$m）5 年平均负温为－0.14℃，持续 8.8d，大气负温的影响基本很小。

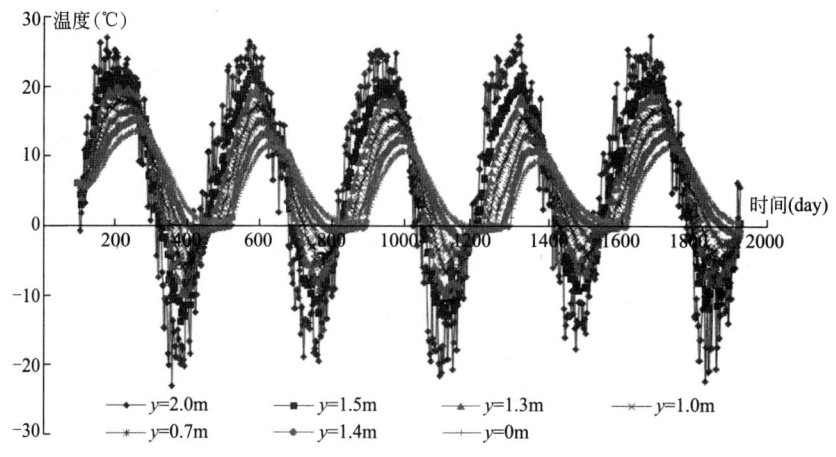

图 6.3-2　低路堤竖直方向不同深度（y 轴）温度场随时间变化

低路堤 2012～2015 年路基内部负温参数统计表　　表 6.3-1

统计参数	不同路基深度							
	大气	$y=2.0m$	$y=1.5m$	$y=1.3m$	$y=1.0m$	$y=0.7m$	$y=0.4m$	$y=0m$
路基负温年平均值（℃）	−11.05	−10.58	−6.29	−4.74	−2.98	−1.54	−0.51	−0.14
负温持续时间年平均值（d）	44.6	44.6	44	42.2	42.2	39.8	35.8	8.8

从同一深度来看，对于路基同一高度（$y=1.0m$）$x=0m$、1.0m、2.0m、3.0m（路基内部）、3.5m、4.0m（路肩）、4.5m、4.8m（边坡）共 8 个不同部位，不同水平位置处的路基温度分布整体也随着地表气温发生周期性变化，从图 6.3-3 路基在 $y=1.0m$ 处不同 x 值处的温度变化曲线看出，不同于图 6.3-2 不同考察点处的温度分布存在明显滞后效应，路基同一高度不同水平位置（x 轴）温度分布基本上步调一致，可见路基中温度的分布大致与路基表面的高程平行，随着气温周期性变化。对比路基中心（$x=0m$）与路基边坡部位（$x=4.5m$、4.8m）的温度变化特征，发现中心部位的温度较边坡部位的温度在绝对数值上要小 5～10℃，主要原因是边坡处的埋深小，而在埋深一致的路基范围内，几个观察点（$x=1.0m$、2.0m、3.0m、4.0m）之间的温度变化差异很小。

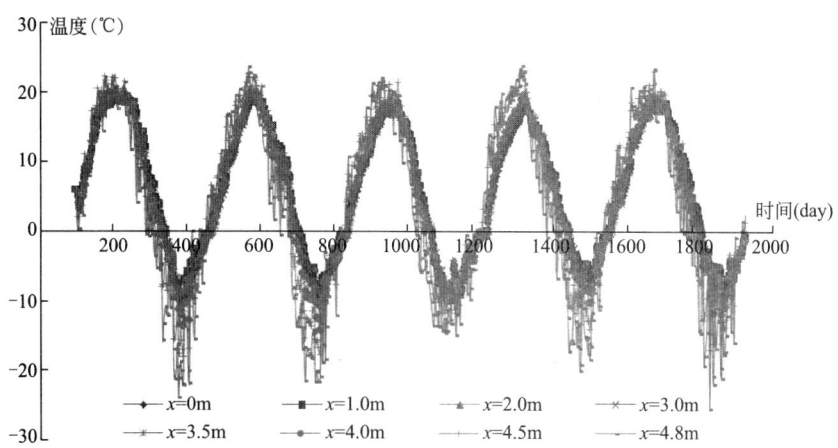

图 6.3-3　低路堤水平方向不同位置（x 轴）温度场随时间变化

6.3.2 路基内湿度场分布与演化特征

路堤中湿度分布状况主要受底部地下水毛细上升、上部气候作用下降水入渗、蒸发、蒸腾影响，本部分模拟基于湿热耦合效应，探讨地下水和气候条件两因素对路堤湿度场的影响规律，设定地下水埋深为－4m，冻前平衡湿度场为填料的最佳含水率，假定路基路面在 2010 年 4 月 10 日（$t = 100$day）结束，填筑之后路基下部地下水毛细上升和路基上部降水蒸发同时作用，逐渐改变路基内部的湿度场分布。图 6.3-4 显示了路基内湿度场从施工最佳含水率变化到环境平衡含水率的瞬态过程，云图中数值为含水率（单位：cm^3/cm^3），坐标轴单位为 m。

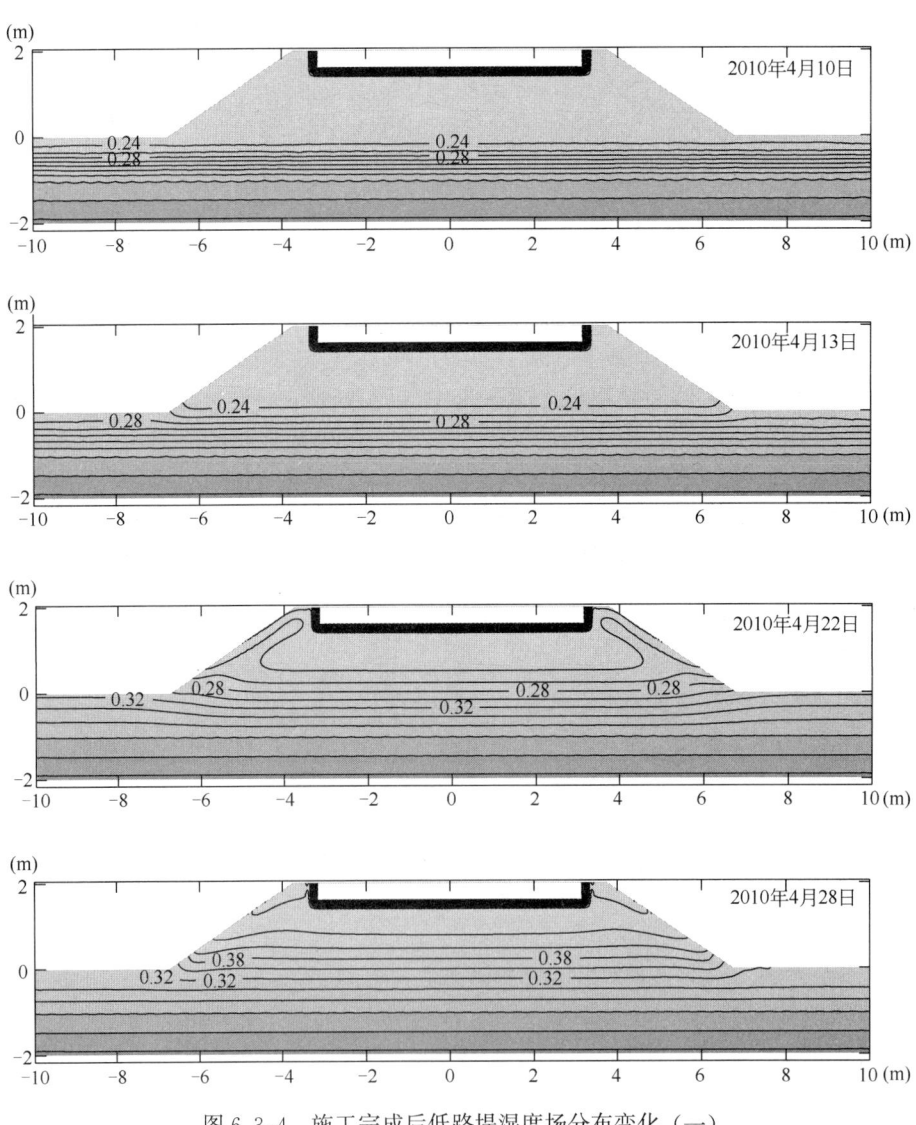

图 6.3-4　施工完成后低路堤湿度场分布变化（一）

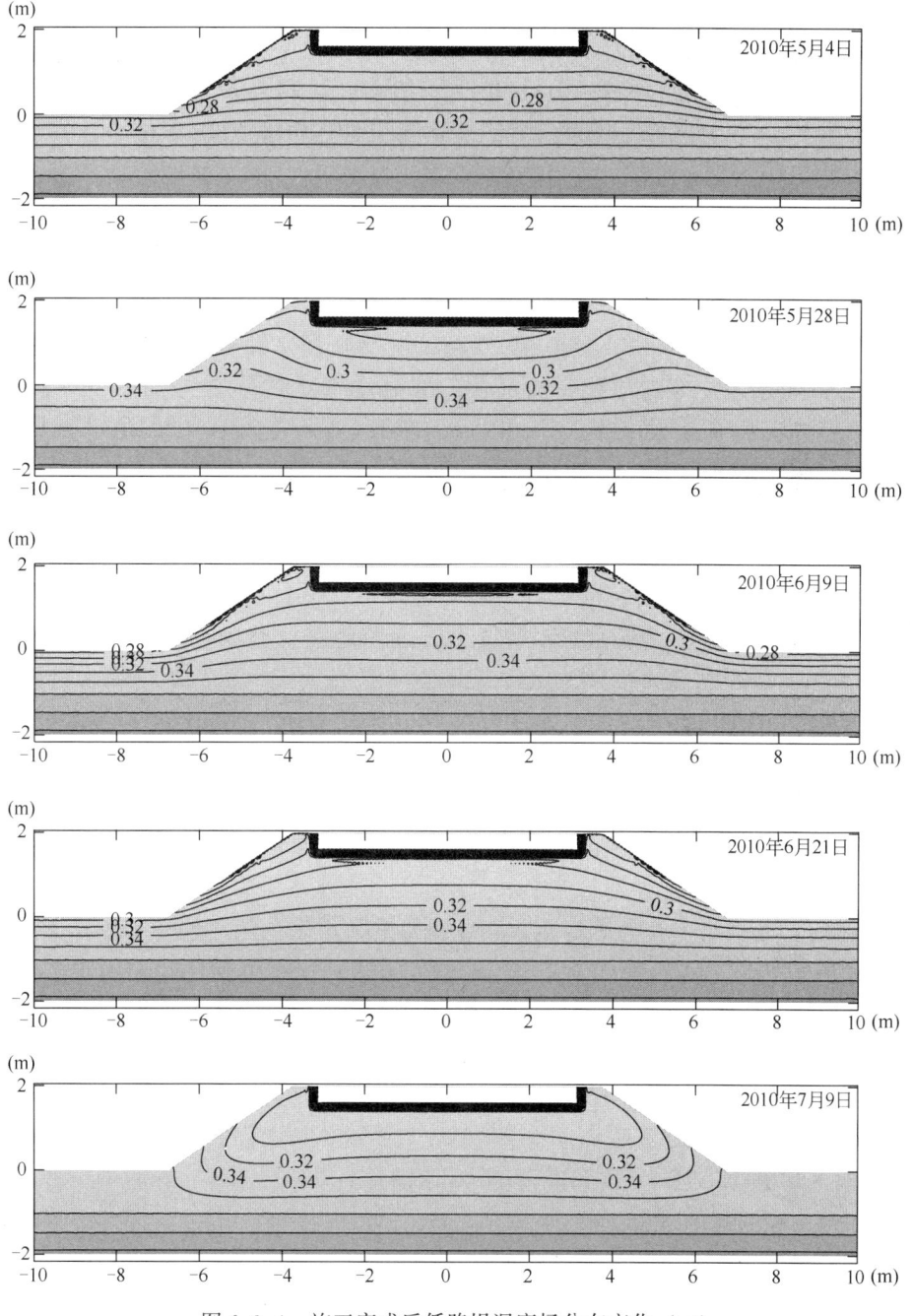

图 6.3-4 施工完成后低路堤湿度场分布变化（二）

选取瞬态模拟典型时间节点 2010 年 4 月 10 日～2010 年 7 月 9 日期间 9 个时间来分析湿度场分布规律（图 6.3-4）。$t=100\mathrm{day}$（2010 年 4 月 10

125

日），天气晴好，路堤内部含水率为施工含水率 24%，地基中的含水率从下向上递减；$t=103$day（2010 年 4 月 13 日），小雨（日降雨 3.1mm），路堤底部含水率受毛细水上升影响开始变大，边坡部位的含水率因降水较小，基本没有变化；$t=112$day（2010 年 4 月 22 日），天气从经历一场中雨后变为晴天，路堤边坡 0.5m 深度范围的含水率出现增加，底部毛细水持续上升到 0.5m 左右；$t=118$day（2010 年 4 月 28 日），天气从经历持续一周的晴天后变为小雨，路堤边坡 0.3m 深度范围的含水率受持续的蒸发影响出现减少，底部毛细水持续上升到 1.0m 左右，路堤底部的含水率达到 32% cm^3/cm^3；$t=124$day（2010 年 5 月 4 日），天气持续一周晴好，路堤边坡 0.5m 深度范围的含水率受持续的蒸发影响而降低，底部毛细水持续上升到 1.5m 左右，路床范围内的含水率达到 26% cm^3/cm^3 左右；$t=148$day（2010 年 5 月 28 日），天气持续三天中雨后晴好，路堤边坡 1.0m 深度范围的含水率受持续的降水入渗影响而上升，底部毛细水持续上升，路床范围内的含水率达到 27% cm^3/cm^3 左右；$t=160$day（2010 年 6 月 9 日），$t=172$day（2010 年 6 月 21 日），天气基本以晴好为主，路堤边坡 0.5～1.0m 深度范围的含水率受蒸发影响而下降，底部毛细水持续上升逐渐趋缓，路床范围内的含水率达到 28% cm^3/cm^3 左右；$t=190$day（2010 年 7 月 9 日），底部毛细水持续上升逐渐停止，路床范围内的含水率达到 28% cm^3/cm^3 左右，路堤边坡 0.5～1.0m 深度范围的含水率受降水和蒸发影响而波动。

对比分析 2010 年 4 月 10 日至 7 月 9 日期间路堤内部的湿度场分布，发现：在有路面层罩住的路基范围内，路基湿度分布主要受地下水毛细上升作用影响，填料性质和地下水埋深控制着毛细水上升高度和含水率分布，本算例在路基施工后 2～3 月内毛细水上升趋于稳定，路基内部的含水率也随之趋于平衡；而边坡的含水率分布受气候降水、蒸发作用影响明显，对于本模型的粉质黏土填料来说，0.5～1.0m 深度范围的土路肩和路基边坡内部含水率受气候条件的影响较为敏感。

进一步考察大气作用过程中路基内部不同深度处湿度分布变化情况，选取路基中线处（$x=0$m）$y=2.0$m（路面顶）、1.5m（路床顶）、1.3m（上路床）、1.0m（下路床）、0.7m（路堤顶）、0.4m（路堤）、0m（路堤底）共七个典型深度作时间序列图（图 6.3-5）。整体上来看，不同深度处含水率受大气降水与蒸发的影响很弱，在经过施工期之后的 2～3 个月过渡之后，各观察点在 5 年内含水率变化很小，主要原因在于路面层的渗透系数很小，基本隔断了路基垂直上方入渗边界的影响，因而罩面层以下的路基含水率主要受控于地下水毛细上升作用，从上至下呈现逐渐增加的分布特征，路基高度越大，毛细水影响范围越小，路基含水率变化越小。

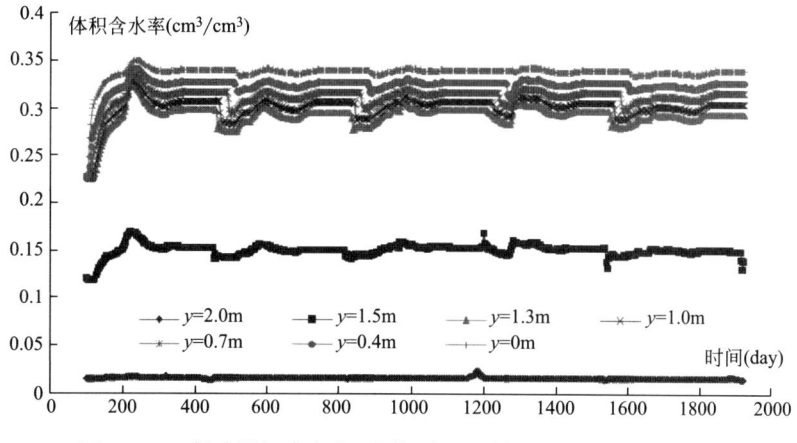

图 6.3-5 低路堤竖直方向不同深度（y 轴）湿度场随时间变化

对于路基同一高度（$y=1.0$m）$x=0$m、1.0m、2.0m、3.0m（路基内部）、3.5m、4.0m（路肩）、4.5m、4.8m（边坡）共 8 个不同部位，图 6.3-6 显示，不同位置处路基含水率受气候降水、蒸发影响程度有明显的差异。在路基内部 $x=0$m、1.0m、2.0m、3.0m 四个观察点之间含水率相差很小，基本在 1% cm³/cm³ 以内；路肩部位 $x=3.5$m、4.0m 两个观察点之间含水率变大，在 5% cm³/cm³ 以内；而路基边坡范围内含水率差异显著，$x=4.5$m、4.8m 两个观察点之间含水率差异可达 $10\%\sim15\%$ cm³/cm³。

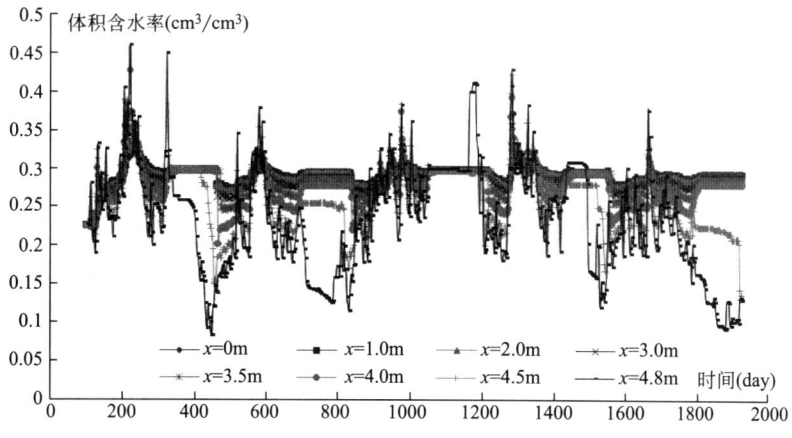

图 6.3-6 低路堤水平方向不同位置（x 轴）湿度场随时间变化

6.4 典型季冻区路基模量场分布与演化特征

前几章有关路基土冻融循环室内试验表明，季冻区路基经过多次冻融循环后，路基土回弹模量与压实度、冻前含水率、冻结温度绝对值呈三参幂函数关系。本节在上一节路基土湿热耦合分析基础上，结合已建立的冻融稳定后路基土回弹模量预测模型，利用考虑真实气候和地下水条件下模拟出的路基温湿度场分布，计算分析不同工况条件下季冻区路基内部回弹模量分布及变化规律。

模拟工况考虑季冻区路基温湿度状态的主要控制因素，设置了不同季冻区（长春和拉萨共 2 个）和不同地下水条件（水位为−1m、−2m、−4m、−6m、−8m、−10m 及无水位共 7 个）2 组分析工况（见表 6.4-1），模拟不同工况下路基内部温度场、湿度场和回弹模量场分布与变化特征。

工况设置一览表 表 6.4-1

工况编号	控制条件		分析指标
	气候区域	地下水位	
Ⅰ-1	长春	−4.0m	不同季冻区路基温度场、湿度场、回弹模量场
Ⅰ-2	拉萨	−4.0m	
Ⅱ-1	长春	−1.0m	
Ⅱ-2	长春	−2.0m	
Ⅱ-3	长春	−4.0m	不同地下水位条件下路基温度场、湿度场以及回弹模量场
Ⅱ-4	长春	−6.0m	
Ⅱ-5	长春	−8.0m	
Ⅱ-6	长春	−10.0m	
Ⅱ-7	长春	无	

6.4.1 不同季冻区路基模量场演化特征

考虑到对于不同气候区，路基内部温湿度场分布尤其是温度场差异较大，模拟实验设置了 2 种不同的气候条件，即东北季冻区（以长春为代表）和高原季冻区（以拉萨为代表），具体材料、气候特征等见本章模型与参数相关内容。其中模型下部地下水条件设定水位埋深为−4.0m。

（1）长春地区典型低路堤模量场演化

长春市的气候类型属于温带大陆性季风气候，四季分明，年平均气温6.0℃，气温的年差较大，最高温度 39.5℃，最低温度−39.8℃。年平均降水量522～615mm，夏季降水量占全年降水量的 60% 以上。

假定路基压实度在公路运营期不受冻融作用及气候环境因素的影响，按三级公路标准，路床范围内（0.7～1.5m）压实度为 94%，路堤范围内（0～0.7m）压实度为 93%，地基范围内（0m 以下）压实度为 90%。

　　根据上一节季冻区路基温湿度场分布瞬态模拟结果，施工期结束（2010 年 4 月 10 日）后 2～3 个月，路基内部湿度场逐渐从施工最佳含水率状态过渡到环境平衡含水率状态，图 6.4-1 为 2010 年 6 月 21 日低路堤内部冻前平衡湿度场分布云图，路基内部含水率受地下水毛细水持续上升影响，呈现下高上低的分布特征，整体较施工含水率上升 3%～6%，路堤边坡 0.5～1.0m 深度范围的含水率受气候降雨及蒸发影响出现一定的波动。

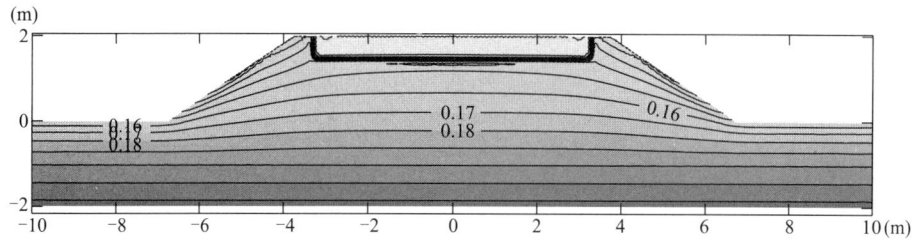

图 6.4-1　典型低路堤（长春）冻前湿度场分布

　　利用冻融前路基土回弹模量的预测公式 $E_0^\circ = 2.583K^{1.940}w^{-1.720}$，其中 K 为压实度（%），w 为冻前含水率（%），计算出路基内部冻前回弹模量场（图 6.4-2），路基内部冻前回弹模量由下至上逐渐增大。路堤内部回弹模量为 40～50MPa；路床内部回弹模量为 50～60MPa；边坡部位 0～0.5m 深度范围内因大气蒸发作用，冻前含水率较低，因此边坡部位的回弹模量相对同一高度路基内部的要高，可达 70～90MPa。

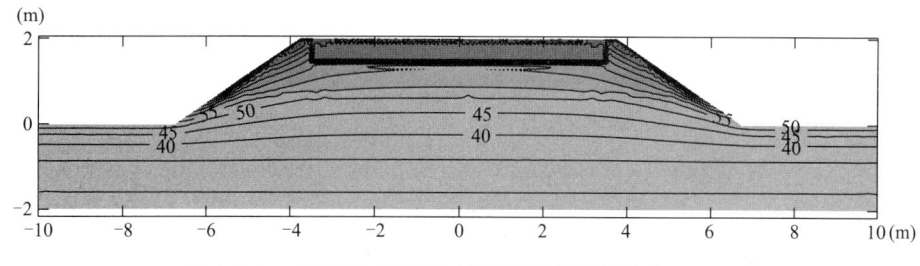

图 6.4-2　低路堤（长春）冻前回弹模量场分布（MPa）

　　图 6.4-3 为路基施工结束后 2010～2015 年 5 个冰冻期内低路堤平均冻结温度场，可以看出，路基内部的冻结温度由表及里逐渐减少，平均冻结温度范围为 -10.0～0℃，冻结温度线最大深度可达 1.5～2.0m，2.0m 深度以下的路基土几乎不发生冻融作用。

　　冻融循环室内试验表明，路基土经历 5 个冻融循环周期后回弹模量趋于稳定，利用路基土稳定冻融循环后回弹模量预测公式为 $E_5^c = 2.504K^{1.241}w^{-1.712}|T|^{-0.407}$，其中 K 为压实度（%），w 为冻前含水率（%），T 为冻结温度（℃），结合图 6.4-1 湿度场和图 6.4-3 冻结温度场及路基内压实度分布，计算出长春地区典

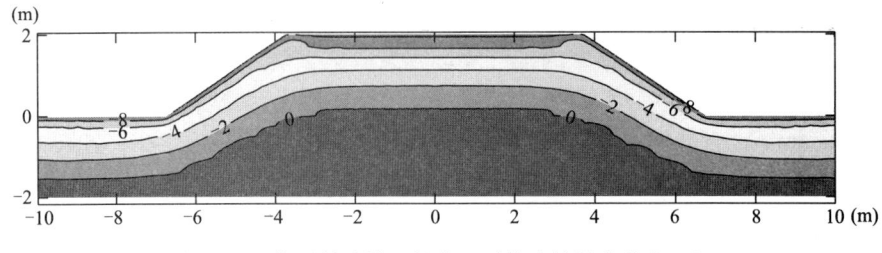

图 6.4-3 典型低路堤（长春）平均冻结温度分布（℃）

型低路堤 5 年冻融循环后回弹模量（图 6.4-4）。分析得出，多次冻融后，路基内 5 年冻后回弹模量呈现中间高上下低的分布特征，路床内部冻后回弹模量衰减为 30～40MPa，路堤内部冻后回弹模量减为 40～45MPa，边坡浅表层深度范围内受冻融影响强烈，下降为 30～40MPa。

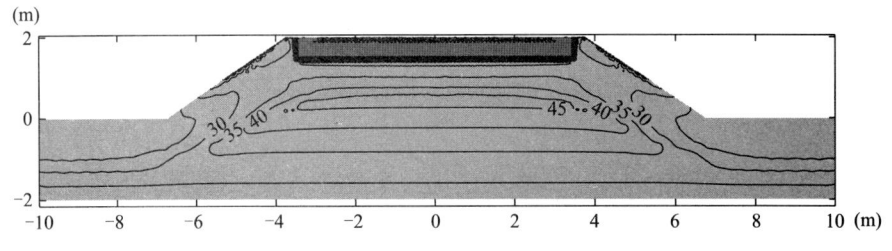

图 6.4-4 低路堤（长春）5 年冻后回弹模量场分布（MPa）

对比冻融前后路基内回弹模量的差异（图 6.4-4 和图 6.4-2），图 6.4-5 为冻融循环后低路堤回弹模量冻融折减系数分布，显示，路基土回弹模量发生冻融折减的区域大致为冻结深度范围，埋深越小折减系数越小。裸露的土路肩及路基边坡浅表层的折减幅度可达 0.50 左右；路基内部路基土受路面结构层保护，折减系数稍高，其中路床范围内折减幅度 0.52～0.60。

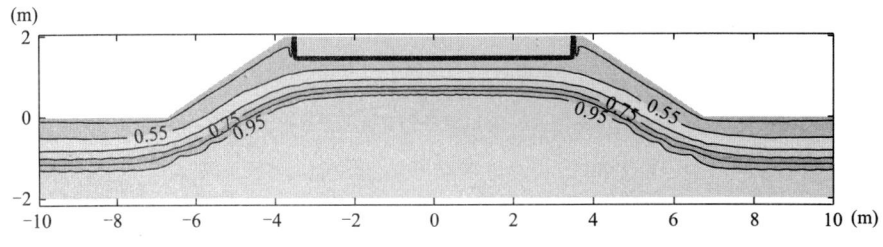

图 6.4-5 冻融循环后低路堤（长春）回弹模量折减系数分布

（2）拉萨地区典型低路堤模量场演化

拉萨的气候类型属于高原温带半干旱季风气候，冬无严寒，夏无酷暑，最高气温 29.6℃，最低气温 −16.5℃，年平均气温 7.8℃，昼夜温差较大。年多晴朗天气，降雨稀少，年降水量为 200～510mm，集中在 6～9 月份，多夜雨。

类同于长春地区路基温湿度模拟分析方法，采用拉萨地区气候条件，可得到不同时刻路基中瞬态温湿度场，图 6.4-6 为 2010 年 7 月 9 日拉萨地区低路堤内部冻前平衡湿度场分布云图，整体上湿度分布规律与长春地区类似，路基内部冻前平衡含水率受地下水毛细水影响呈现下高上低的分布特征，较施工含水率上升 3%～5%，路堤边坡浅表层的含水率也受气候降雨及蒸发影响明显。

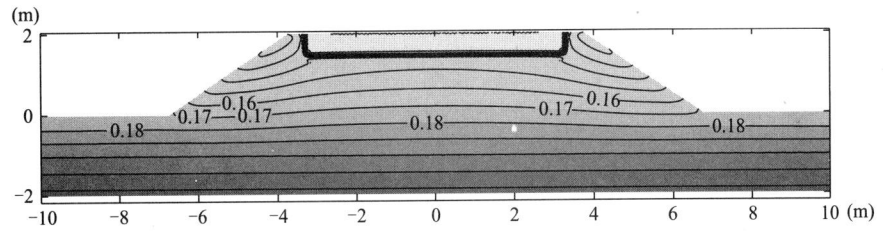

图 6.4-6 典型低路堤（拉萨）冻前平衡湿度场分布

同样，利用冻融前路基土回弹模量的预测公式 $E_0^o = 2.583K^{1.940}w^{-1.720}$，可算出第一冰冻期前拉萨地区路基内部回弹模量场（图 6.4-7），路基内部冻前回弹模量分布规律与长春地区相似，但数值上略高，路堤内部模量为 45～55MPa，路床内部模量为 55～65MPa；土路肩和边坡浅表层可达 80～100MPa。

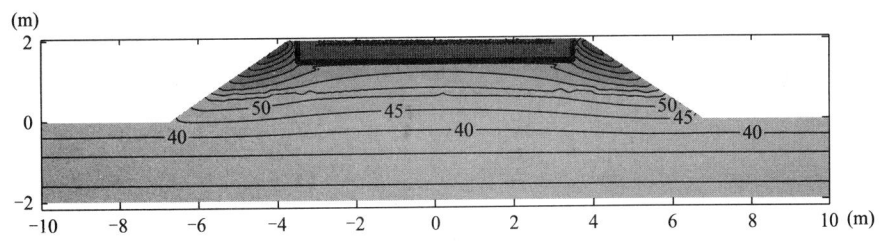

图 6.4-7 典型低路堤（拉萨）冻前回弹模量场分布（MPa）

图 6.4-8 为路基施工结束后 2010～2015 年 5 个冰冻期内低路堤平均冻结温度场，可以看出，拉萨地区路基内部冻结温度幅值和影响深度均较长春地区小得多，其平均冻结温度范围为 -2.0～0℃，冻结温度线最大深度可达 0.3～0.5m，0.5m 深度以下的路基土几乎不发生冻融作用。出现这一现象，主要由于拉萨地区昼夜温差大，年平均温度反而比长春地区高，路基内的冻结和融化往往在几天甚至一天内发生消解，冻结作用难以积累和向路基深部传递。下面以 2012 年 1 月 15 日为例，重点考察拉萨地区典型路基温度场在一天内的变化特征。

2012 年 1 月 15 日（$t = 746$day）拉萨地区的最高气温 8.3℃，最低气温 -10.7℃，1 月 16 日（$t = 746$day）的地表最高气温 8.8℃，最低气温 -9.9℃。通常在一天当中，最低气温出现在凌晨、最高气温出现在中午，峰值之间呈半余

(m)
2
0
−2
−1.6
−0.8
0
−10
−8
−6
−4
−2
0
2
4
6
8
10 (m)

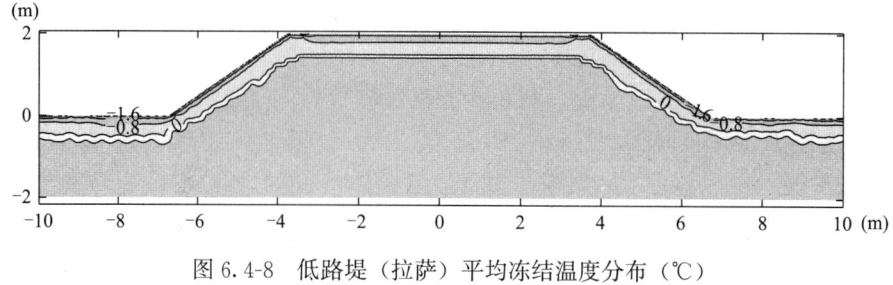

图 6.4-8　低路堤（拉萨）平均冻结温度分布（℃）

弦函数变化。以 1/12day 时间步长，模拟拉萨地区典型低路堤内温度场在 $t=$ 745day 一天内的变化特征。从图 6.4-9 温度场变化云图看出，拉萨地区路基表层在一天时间内可以完成一个完整的冻融过程。

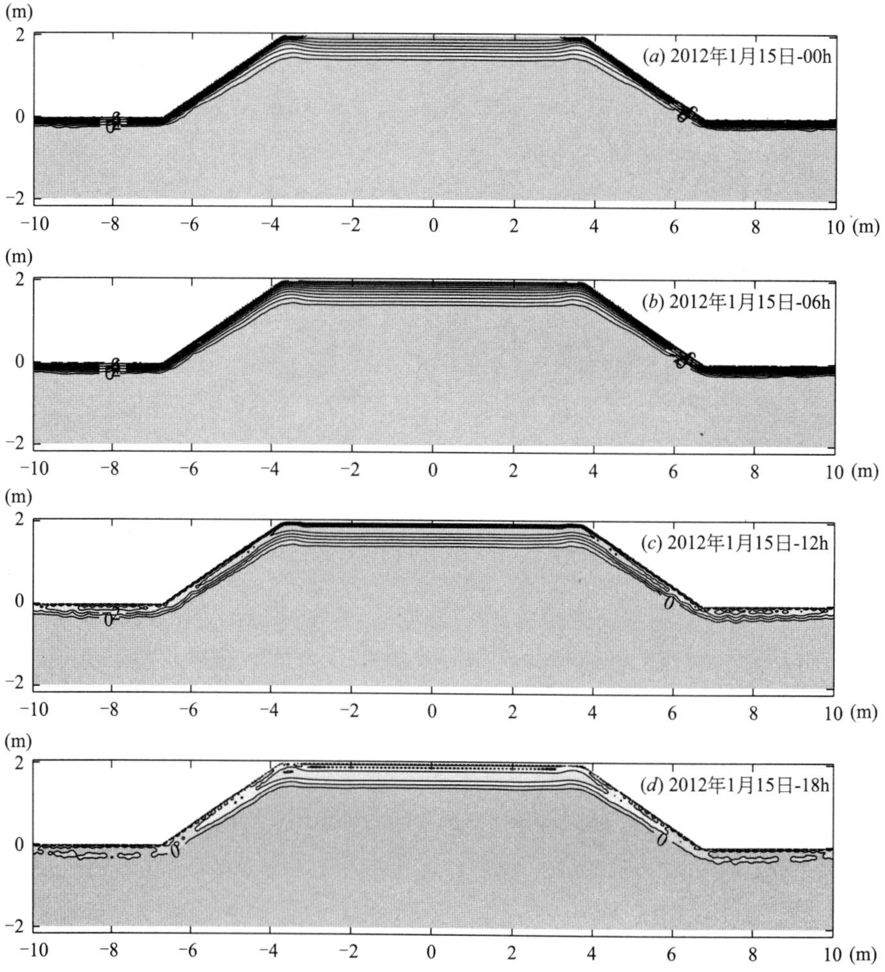

(a) 2012年1月15日-00h
(b) 2012年1月15日-06h
(c) 2012年1月15日-12h
(d) 2012年1月15日-18h
(m)
2
0
−2
−10
−8
−6
−4
−2
0
2
4
6
8
10 (m)

图 6.4-9　低路堤（拉萨）温度场在一天（$t=745$d）内变化云图（℃）（一）

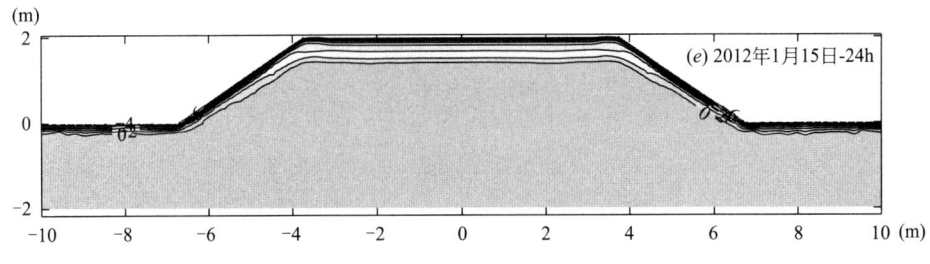

图 6.4-9 低路堤（拉萨）温度场在一天（$t=745\mathrm{d}$）内变化云图（℃）（二）

以路基土路肩中心部位（$x=3.75\mathrm{m}$）为代表，考察路基不同深度处温度分布在这一天里的变化，图 6.4-10 显示，00h～06h 内，地表气温小于零，路堤0.5m 左右深度内温度由表及里递减，冻结温度向深部缓慢传递；06～12h 内，气温逐渐过渡到正温，路基表层 0.2m 左右深度内温度慢慢回升，由表及里呈现

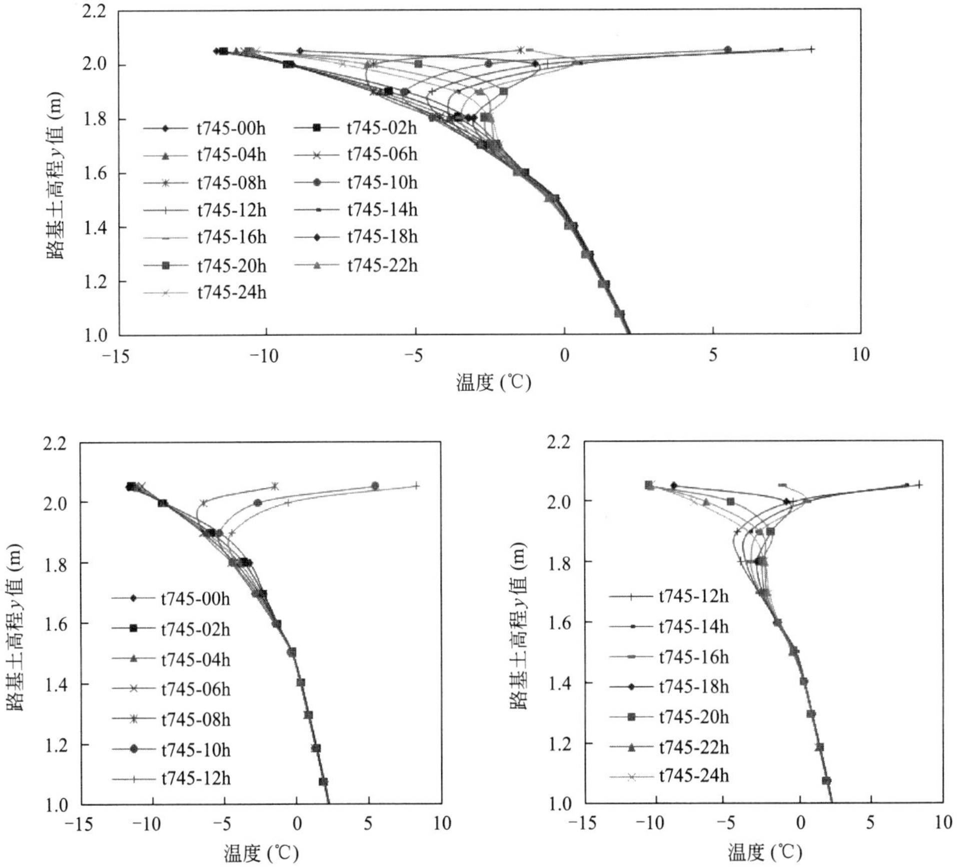

图 6.4-10 低路堤路肩部位不同埋深的温度在一天内变化

内外高中间低；12～18h 内，地表气温由正温开始回落，表层 0.1～0.2m 范围内冻土逐渐融化；18～24h 内，地表气温退回零下，表层路基土重新接受冻结，开始进入下一个冻融循环周期。

利用路基土 5 次冻融循环后回弹模量预测公式为 $E_5^c = 2.504K^{1.241}w^{-1.712}|T|^{-0.407}$，同样可算出拉萨地区典型低路堤 5 年冻后回弹模量（图 6.4-11）。对比发现，5 年冻融后，拉萨地区路基内回弹模量并未出现长春地区典型路基"中间高上下低"的分布特征，路床顶部至路堤底部回弹模量并未出现衰减，究其因主要为，拉萨地区路基冻结影响深度仅为 0.5m 以内，路基内部路基土受路面结构层保护，基本不受气候影响。对于拉萨地区路基，受冻融影响发生回弹模量衰减的区域主要为裸露的土路肩及路基边坡浅表层，且衰减幅度相对小。

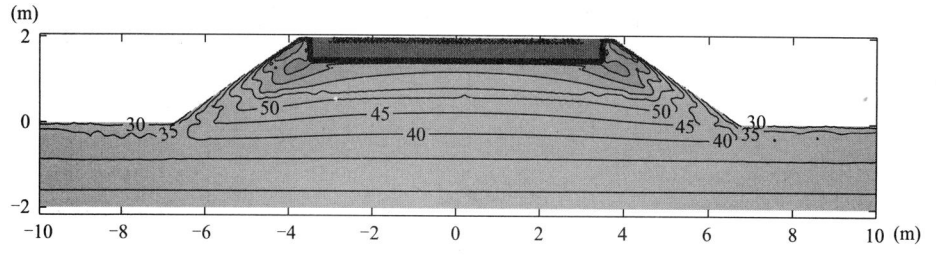

图 6.4-11　低路堤（拉萨）5 年冻后回弹模量场分布（MPa）

图 6.4-12 为冻融循环后拉萨地区低路堤回弹模量冻融折减系数分布，显示，路基土回弹模量发生冻融折减的区域约为 0～0.5m 深度范围，折减系数为 0.7～1.0，且只分布在裸露的土路肩及路基边坡浅表层。

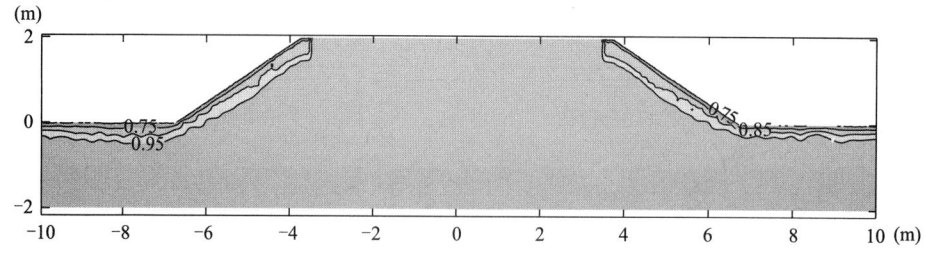

图 6.4-12　冻融循环后低路堤（拉萨）回弹模量折减系数分布

6.4.2　不同地下水条件下季冻区路基模量场演化特征

影响季冻区路基模量变化的另一个重要外在因素是路基地下水环境，对于不同的地下水条件，路基内部温湿度场分布尤其是湿度场差异较大，本部分模拟试验设置了 7 种不同的地下水条件，即地下水位分别为路基底面以下 -1m、-2m、-4m、-6m、-8m、-10m 以及无地下水位，具体材料、气候特征等见本章模型与参数相关内容。其中模型气候条件选择东北季冻区（以长春为代表）。

采用前述路基温湿度模拟分析方法，利用长春地区气候条件，可得到不同地下水条件下不同时刻路基中瞬态温湿度场，图 6.4-13 为 $t=199\text{day}$（2010 年 7 月 18 日）7 种不同地下水位工况下低路堤内部湿度场分布云图，整体上 7 种工况路基内部含水率受地下水毛细水影响呈现下高上低的分布特征，图中坐标轴单位为 m。

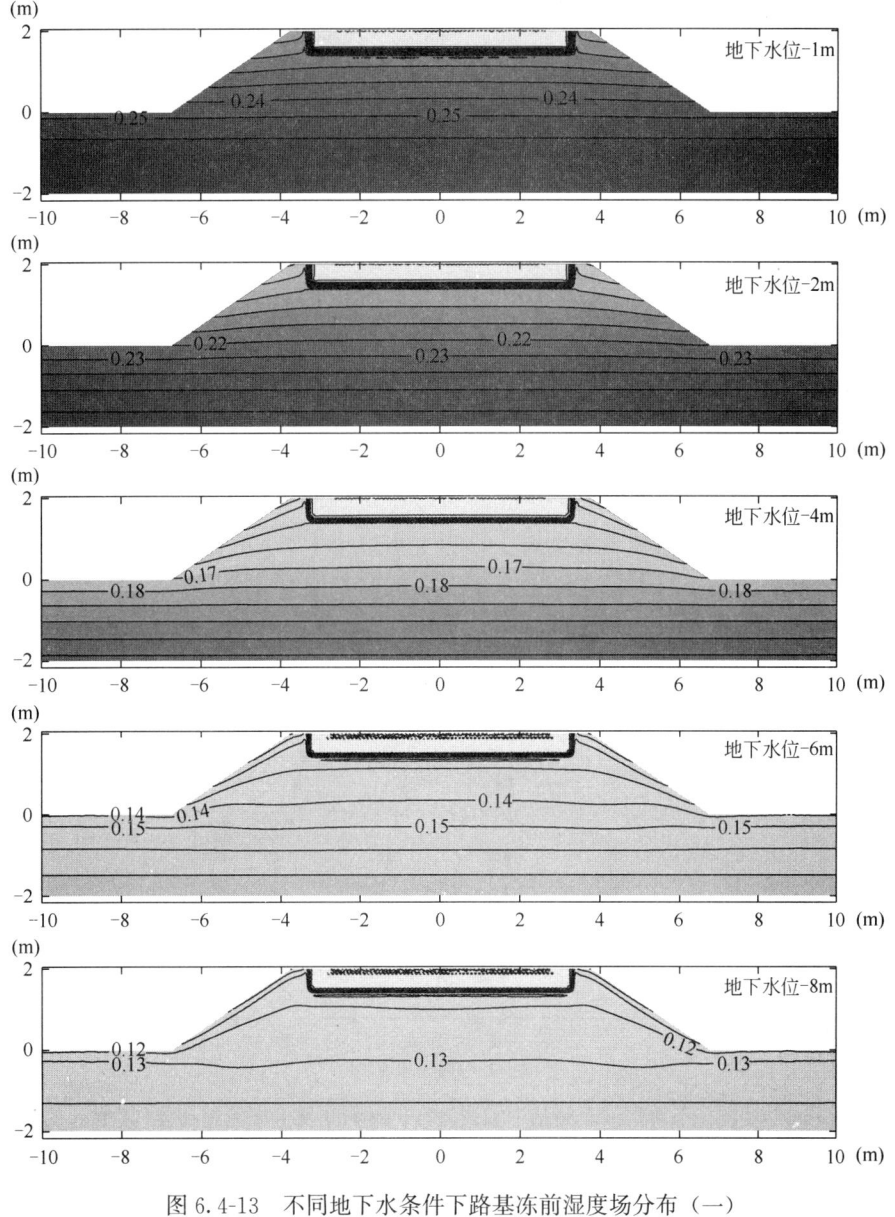

图 6.4-13　不同地下水条件下路基冻前湿度场分布（一）

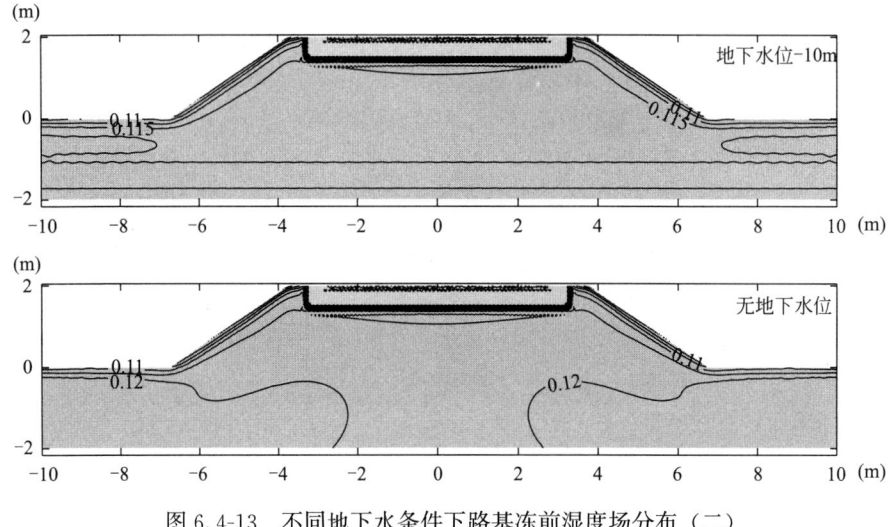

图 6.4-13　不同地下水条件下路基冻前湿度场分布（二）

对比不同工况下的湿度场分布，差异显著，地下水位越深，地下水对施工含水率影响越小，路基平衡含水率越小。图 6.4-13 与图 6.4-14 显示，当地下水位为 $-1 \sim -2\text{m}$ 时，路床范围的平衡含水率为 $20\% \sim 22\%$，较施工最佳含水率高出近 10%；而当地下水位小于 -6m 时，路床范围的平衡含水率为 $11\% \sim 13\%$，与施工最佳水率大致相当甚至更小；当下水位小于 -10m 时，地下水对路基内部的影响很小，几乎与不考虑地下水工况下的路基湿度分布相同。

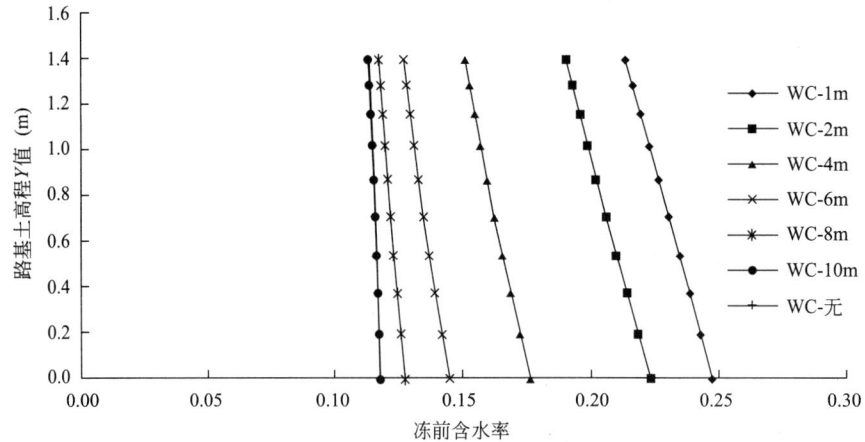

图 6.4-14　不同地下水条件下路基中轴线处（$x=0$）平衡湿度场随高度（y 值）变化

此外，对比不同工况下的冻前平衡湿度场特征还发现，地下水位越浅，路堤边坡浅表层的含水率受气候降雨及蒸发影响越不明显（图 6.4-13）。当地下水位为$-1\sim-2$m时，路肩及边坡顶部受大气降雨蒸发发生小幅度影响；当地下水位为$-6\sim-8$m时，整个边坡受大气降雨、蒸发影响。

图 6.4-15 为 7 种不同地下水工况下长春地区典型路基 5 年冻融循环后回弹模量分布云图，图中坐标轴单位为 m。整体上，5 年冻融后，不同工况路基内回弹模量均呈现中间高上下低的分布特征。但不同工况下路基土 5 年回弹模量数值差别较大，图 6.4-15 显示，当地下水位为$-1\sim-2$m时，路床内部 5 年冻后回弹模量为 $16\sim25$MPa，路堤 5 年冻后回弹模量为 $21\sim29$MPa；而当地下水位为-6m时，路床内部 5 年冻后回弹模量为 $38\sim50$MPa，路堤 5 年冻后回弹模量为$50\sim59$MPa；当下水位小于-10m时，路基 5 年冻后回弹模量与不考虑地下水工况下的分布基本一致，路床内部 5 年冻后回弹模量为 $47\sim65$MPa，路堤 5 年冻后回弹模量为 $65\sim83$MPa。

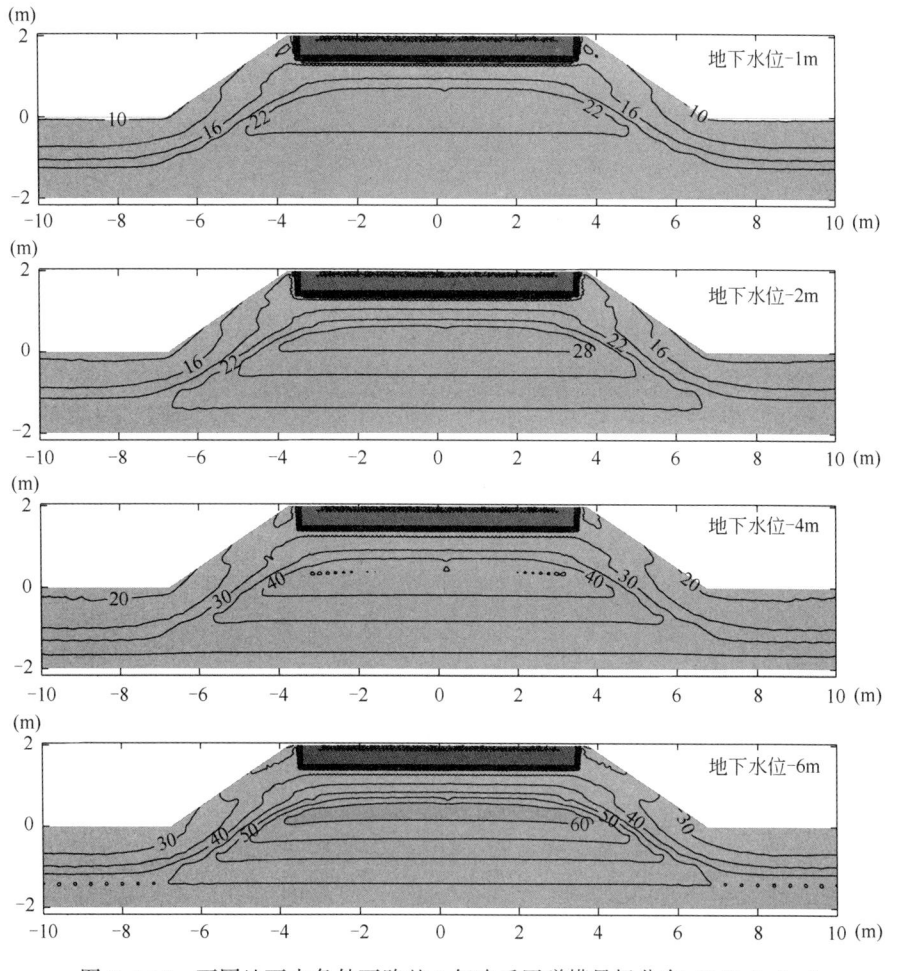

图 6.4-15 不同地下水条件下路基 5 年冻后回弹模量场分布（MPa）（一）

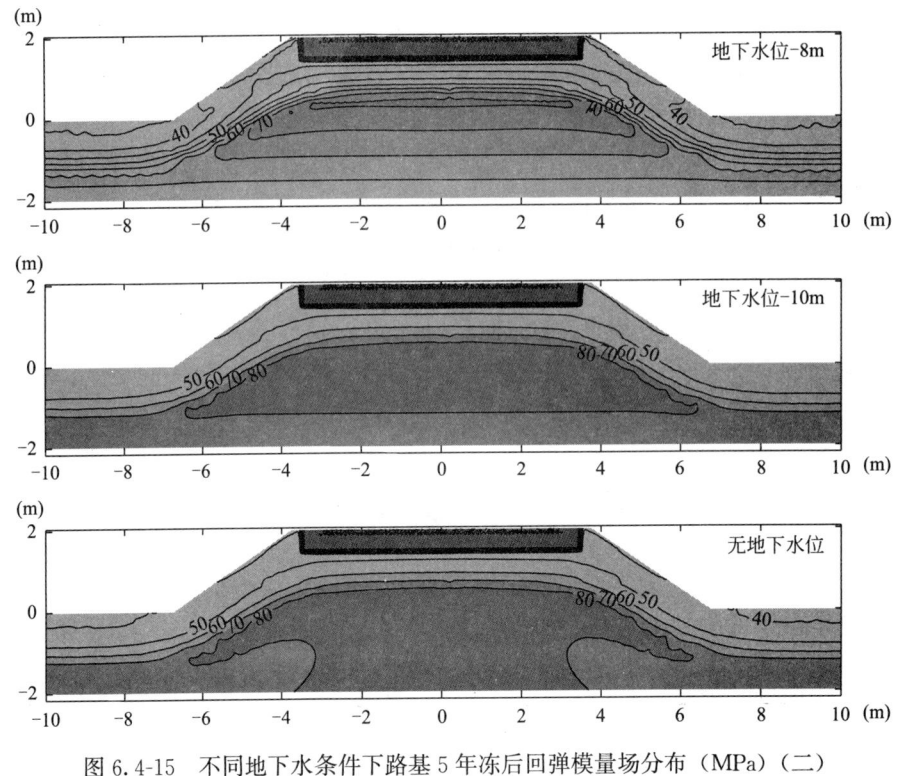

图 6.4-15　不同地下水条件下路基 5 年冻后回弹模量场分布（MPa）（二）

6.5　不同气候环境下季冻区路基结构性能劣化机制分析

在自然环境中，影响路基结构长期性能的主要因素是路基的温度、湿度环境，上一节模拟分析表明，不同季冻气候条件、地下水环境条件下，季冻区路基内部温度场、湿度场及回弹模量场变化特征差异显著。在此基础上，本节进一步分析不同气候条件、地下水环境下季冻区路基结构性能劣化机制。

（1）不同气候条件下路基结构性能劣化机制

基于 6.4.1 两个不同季冻气候区工况下的分析，对比长春和拉萨两个不同季冻区路基内回弹模量分布特征（图 6.5-1），发现：受气候及冻结作用差异影响，两处粉质黏土路基 5 年冻后回弹模量分布特征明显不同。长春地区路基内回弹模量呈现"中间高上下低"；而拉萨地区路基内回弹模量并未出现长春地区典型路基"中间高上下低"的分布特征，路床顶部至路堤底部回弹模量受路面结构保护并未出现衰减，仅在裸露的土路肩及路基边坡浅表层出现小幅度衰减。

从路基内冻融折减系数分布来看（图 6.5-1），总体上长春地区路基回弹模量折减幅度比拉萨地区强烈。长春地区路基土回弹模量发生冻融折减的区域最深为1.5m左右，路床范围内折减幅度0.52～0.60，裸露的土路肩及路基边坡浅表层的折减幅度可达0.50左右；拉萨地区路基土回弹模量发生冻融折减的区域约为0～0.5m深度范围，折减系数为0.7～1.0，且只分布在裸露的土路肩及路基边坡浅表层。

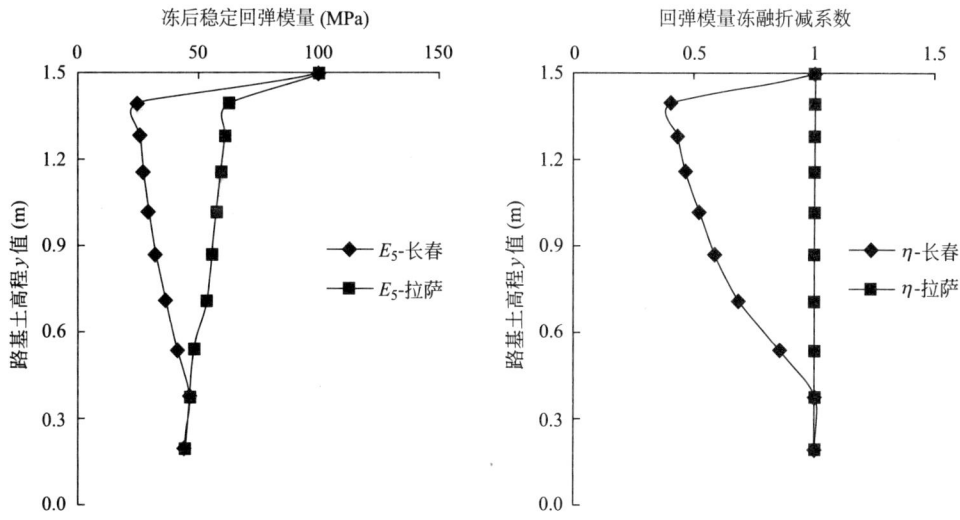

图 6.5-1 不同季冻气候区路基冻后回弹模量、冻融折减系数随高度（y 值）变化

分析不同气候区路基性能变化差异的原因，首先从路基湿度场来看（图 6.5-2），两处特征基本相似，路基内部含水率分布主要受地下水毛细上升影响，呈现下高上低，施工期结束后一段时间，路基内部湿度场逐渐从施工最佳含水率状态过渡到环境平衡含水率状态。气候作用则主要影响路基边坡浅表层含水率分布，对于粉质黏土路堤，边坡0.5～1.0m深度范围的含水率受气候降雨及蒸发影响出现一定的波动。

从路基温度场来看（图 6.5-2），由于气候特征不同，两处路基在 2010～2015 年五个冻融周期内，平均冻结温度场分布差异较大，总体上长春地区路基冻融作用比拉萨地区强烈。长春地区路基冻结温度值为 −10.0～0℃，冻结温度线最大深度可达 1.5～2.0m，2.0m 深度以下的路基土基本不发生冻融作用；拉萨地区路基冻结温度值为 −2.0～0℃，冻结温度线最大深度可达 0.3～0.5m，0.5m 深度以下的路基土几乎不发生冻融作用。

综合以上分析，在不同季冻气候区，由于不同的气温特征，尤其是冬季负温动态，路基结构内部温度场分布差异明显，气温负温越底，路基冻结影响深度越大，冻融作用对路基的回弹模量场及结构性能劣化作用影响越大。

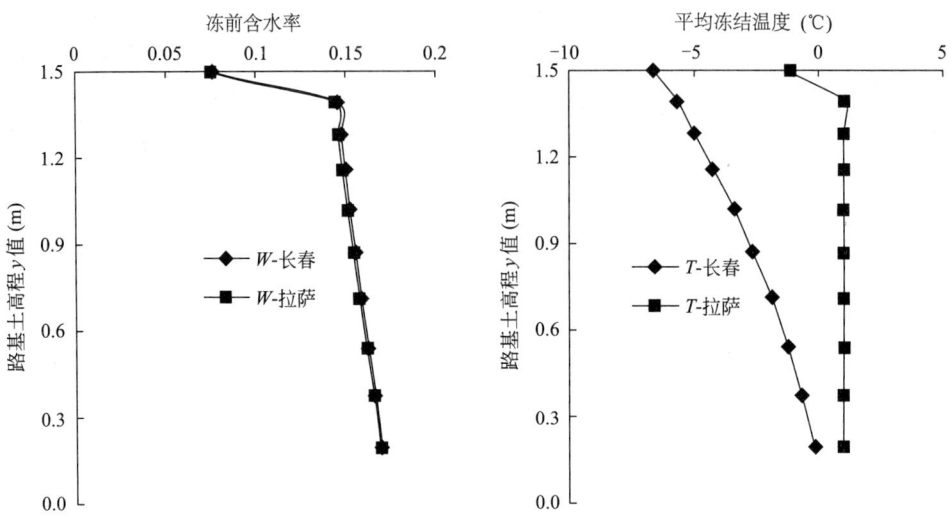

图 6.5-2　不同季冻气候区路基冻前含水率、平均冻结温度随高度（y 值）变化

（2）不同地下水环境下路基结构性能劣化机制

基于 6.4.2 七种不同地下水环境工况下的分析，对比 7 种工况路基中轴线处（$x=0$）路基土冻前回弹模量随高度（y 值）变化（图 6.5-3），发现：整体上，不同路基内冻后稳定回弹模量均呈现中间高上下低的分布特征，但不同地下水环境下路基冻后回弹模量数值差别较大。

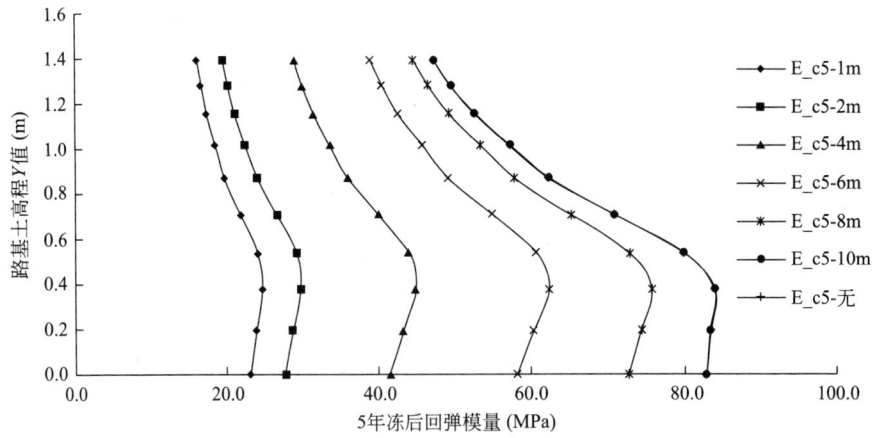

图 6.5-3　不同地下水条件下路基 5 年冻后回弹模量场随高度（y 值）变化

分析不同气候区路基性能变化差异的原因，首先从冻前回弹模量（图 6.5-4）来看：受地下水位不同引起的路基冻前平衡湿度场差异影响（图 6.4-14），7 种工况下路基冻前回弹模量场呈现更为显著的差异，其中路床范围内更为明显。当

地下水位为－1～－2m 时，路床内部冻前回弹模量为 28～40MPa，路堤冻前回弹模量为 23～34MPa；而当地下水位为－6m 时，路床内部冻前回弹模量为 71～79MPa，路堤冻前回弹模量为 58～70MPa；当下水位小于－10m 时，路基冻前回弹模量与不考虑地下水工况下的分布基本一致，路床内部冻前回弹模量为 92～94MPa，路堤冻前回弹模量为 82～91MPa。

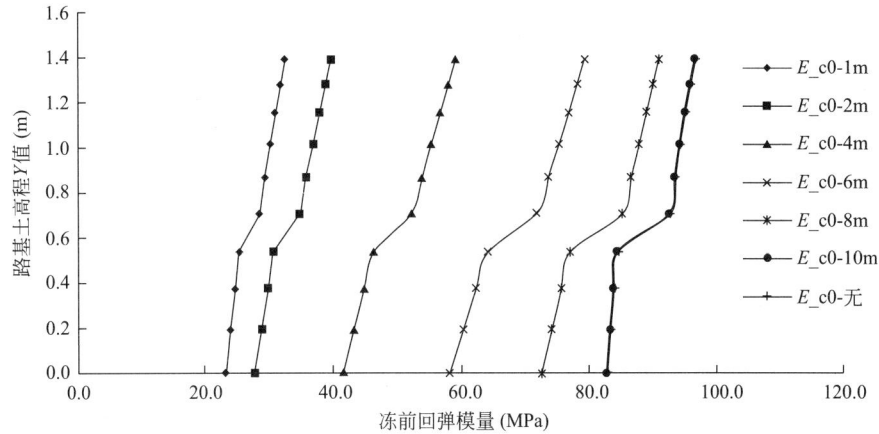

图 6.5-4　不同地下水条件下路基冻前回弹模量场随高度（y 值）变化

进一步分析冻融循环后路基回弹模量冻融折减系数，图 6.5-5 显示，不同地下水条件下，长春地区典型路基土回弹模量发生冻融折减的区域约为路面顶以下 0～1.6m 深度范围，其中路床范围内折减系数为 0.49～0.66，路堤范围内折减系数为 0.67～1.0，而裸露土路肩及路基边坡浅表层的折减幅度较路基中心部位更大；而整体上来看，不同工况下路基土回弹模量冻融折减系数基本一致，可见

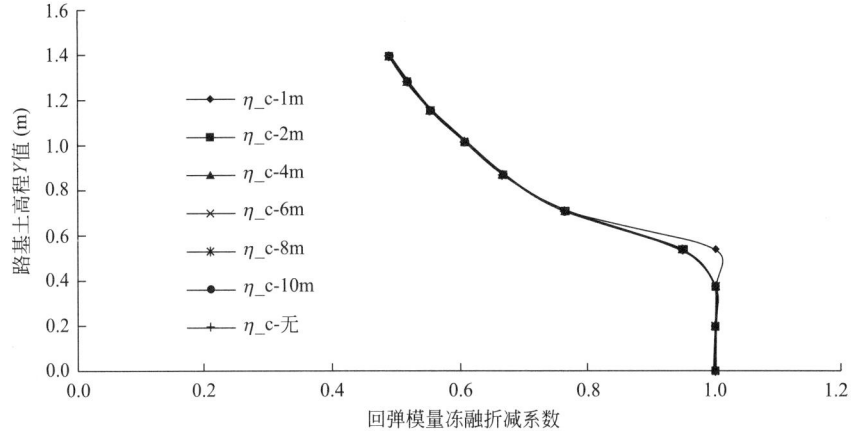

图 6.5-5　不同地下水条件下路基回弹模量冻融折减系数随高度（y 值）变化

冻融折减系数受冻结温度影响明显强于湿度影响。主要原因在于，根据折减系数公式 $\eta^{\circ}=4.214K^{-0.286}w^{0.847}|T|^{-0.423}$（开放系统）、$\eta^{c}=0.969K^{-0.699}w^{0.008}|T|^{-0.407}$（封闭系统），路基内部湿度从 12% 变化到 22%，变化幅度很少达到一倍；而冻结温度可以从 $-1℃$ 变化到 $-10℃$ 以下，温度变化幅度高达十几倍。

综合以上分析，不同地下水环境条件下，由于地下水毛细上升作用影响路基内部湿度分布的主要格局，降水蒸发影响路基只影响路基边坡有限范围内湿度分布。地下水位不同使路基湿度分布差异明显，进而影响冻前回弹模量场分布，地下水越高，路基湿度越大，路基冻前回弹模量越小，冻后回弹模量越小；气候条件对路基冻融折减系数的影响强于地下水环境的影响，不同地下水位条件下的路基回弹模量冻融折减差异较小，地下水环境主要通过影响路基湿度场和冻前回弹模量场，使季冻区路基结构性能发生劣化。

6.6　本章小结

本章考虑路基土湿热耦合效应，利用真实气候数据参数，模拟分析了不同气候、环境条件下季冻区路基内部温度场、湿度场、回弹模量分布变化特征，从路基结构层面研究了真实气候条件下季冻区粉质黏土路基性能劣化机制。得出主要结论如下：

（1）路基内不同深度处温度随着大气温度呈现周期的升降变化，路基上部的温度变化受气温周期性影响尤为显著，埋深越深路基内部温度分布受大气负温的影响越小。受气候特征影响，不同季冻区平均冻结温度场分布差异较大，长春地区路基 5 年平均冻结温度值为 $-10.0\sim0℃$，冻结温度线最大深度可达 $1.5\sim2.0m$，$2.0m$ 深度以下的路基土基本不发生冻融作用；拉萨地区路基 5 年平均冻结温度为 $-2.0\sim0℃$，冻结温度线最大深度可达 $0.3\sim0.5m$，$0.5m$ 深度以下的路基土基本不发生冻融作用。

（2）受气温动态影响，不同季冻气候区粉质黏土路基冻后回弹模量场分布差异较大。长春地区路基土回弹模量发生冻融折减的区域最深为 $1.5m$ 左右，路床范围内折减幅度 $0.52\sim0.60$，裸露的土路肩及路基边坡浅表层的折减幅度可达 0.50 左右；拉萨地区路基土回弹模量发生冻融折减的区域约为 $0\sim0.5m$ 深度范围，折减系数为 $0.7\sim1.0$，路床顶部至路堤底部回弹模量并未出现衰减，仅在裸露的土路肩及路基边坡浅表层出现小幅度衰减。

（3）不同地下水条件下的路基冻前湿度场分布差异显著，地下水位越深，地下水对施工含水率影响越小，路基平衡含水率越小。对于 $2m$ 高的路基粉质黏土路基，当地下水位为 $-1\sim-2m$ 时，路床范围的冻前平衡含水率较施工最佳含水率高出近 10%；当下水位小于 $-10m$ 时，地下水对路基内部的影响很小，几乎与不考虑地下水工况下的路基土冻前湿度分布相同。受地下水位不同引起的路基冻前平衡湿度场差异影响，不同地下水条件下路基土冻后回弹模量分布差异较大。

（4）季冻区路基结构长期性能的主要影响因素是路基的温度、湿度环境，两者受控于路基所处的自然气候条件和地下水环境。在不同季冻气候区，路基结构内部温度场分布差异明显，气温负值越低，路基冻结影响深度越大，冻融作用对路基的回弹模量场及结构性能劣化作用影响越大。气候条件对路基冻融折减系数的影响强于地下水环境的影响，不同地下水位条件下的路基回弹模量冻融折减差异较小，地下水环境主要通过影响路基湿度场和冻前回弹模量场，使季冻区路基结构性能发生劣化。

第7章 典型处治措施下季冻区路基结构性能控制机理

前一章季冻区路基结构性能劣化机制分析表明，季冻区路基性能受路基内部温湿度影响较大，尤其对于冬季温度低、持续时间长的气候区域（如我国东北地区等），冻结影响深度高达 2.0m 以上，在路床以至上路堤结构部位往往可能发生较强的冻胀融沉作用，严重影响路基性能长期稳定性，因此工程建设时需采取必要的冻害处治措施。

本章在总结梳理季冻区路基病害常用处治措施基础上，重点针对 3 种典型处治措施（路基底设置防水隔离层、路基顶设置 EPS 保温层以及同时设置基底防水隔离层和基顶 EPS 保温层），以东北季冻区（长春为代表）典型低路堤为对象，模拟不同处治措施下路基内部温度场、湿度场、回弹模量场变化特征，分析季冻区路基结构性能的控制效果和机理。

7.1 季冻区路基冻害处治措施

在季节性冰冻地区，冬季降温时，路基出现不均匀冻胀，引发路基变形开裂，导致路面出现裂缝，春季融化，容易发生翻浆，导致路面发生开裂、沉陷及隆胀变形等病害。影响路基冻害的因素很多，其中水、土、温起重要作用。根据季冻区路基冻害的成因以及影响因素，主要的处治措施包括：设置地下排水设施、换填非冻胀性填料、铺设保温层、加设防冻层、提高路基填土高度、加强路面结构等。

7.1.1 设置地下排水设施

因地制宜地设置地下排水设施可以有效地降低地下水位、控制土基中的含水率。尤其是在冬季，利用地下排水设施控制水力梯度，可以减少水分的集聚以及毛细水的补给，从而控制冻胀量和翻浆。一般情况下，设置了地下排水设施以后，即使冻深会有少量的增加，但是总冻胀量减少。常见的地下水排水设施有渗沟、暗沟、渗井、排水井、隔离层、排水垫层等，对于季冻区路基，尤其是路基土体中地下水位较浅时，常采用隔离层来阻断土体中的水分迁移，防止水分进入路基上部，从而保持土基干燥，起到防治冻胀和翻浆的作用。

隔离层按使用材料可分为透水性隔离层和不透水性隔离层两类：

（1）透水性隔离层

透水性隔离层用碎石、砾石或粗砂等做成，厚度一般在 10～20cm；为了防止淤塞，应在隔离层上面和下面设置防淤层，隔离层底面应高出地面水 20cm 以上，并向路基两侧做成 3％的横坡（图 7.1-1）。

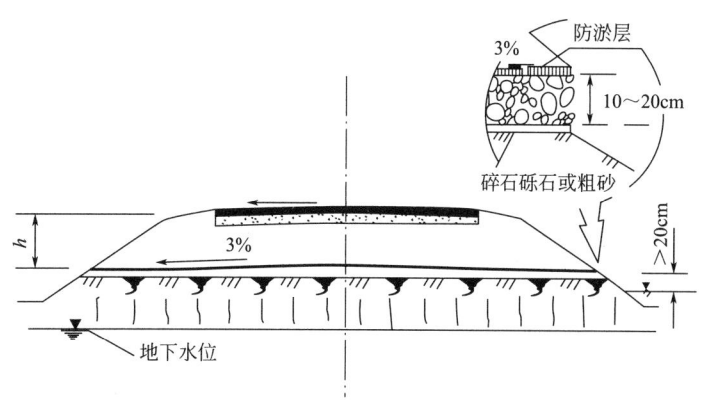

图 7.1-1　粗粒料透水隔离层（谷竟明）

（2）不透水隔离层

不透水隔离层分不封闭式和封闭式两种。

① 不封闭式

当路基宽度较窄时，可横穿全路基，称为贯通式（图 7.1-2a）；当路基较宽时，隔离层须延出路面外缘 50～80cm，称为不贯通式（图 7.1-2b）。都可起到隔断毛细水的作用。

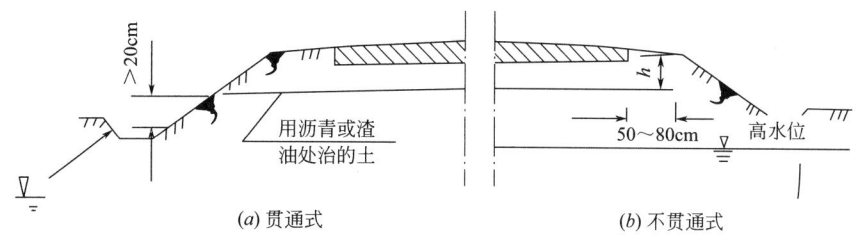

（a）贯通式　　　　　　　　　　（b）不贯通式

图 7.1-2　不透水隔离层（谷竟明）

② 封闭式

在地面排水困难或地下水位高的路段，隔离层宜采用封闭式的，既能隔断毛细水，又能隔断横向渗水。可做成垂直封闭式和外斜封闭式两种（图 7.1-3）。不透水隔离层一般采用沥青、柏油、油毡纸、不透水土工布、塑料薄膜等材料。

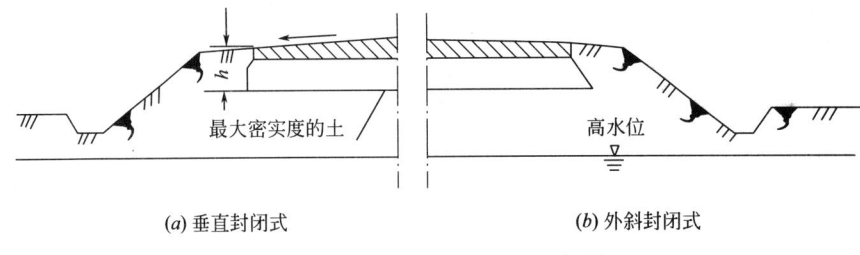

(a) 垂直封闭式　　　　　　　　　　　(b) 外斜封闭式

图 7.1-3　封闭式隔离层（谷竞明）

7.1.2　换填非冻胀性填料

不同填料的冻胀系数差别较大（表 7.1-1），尤其是路基融化后的强度差别更明显。路基填料对减轻冻胀具有重要作用，因此选用合适的路基填料是确保路基质量的关键。细粒土的毛细作用明显，易使水分向上迁移加剧冻胀作用，所以路基填料应采用粗粒透水性好的材料，如砂砾、碎石渣等，以降低毛细水的影响，避免在路基内出现二次结冰冻胀。

季节性冻土的冻胀性分级　　　　　　　　　　　　　　表 7.1-1

土的名称	冻前天然含水率 w（%）	冻前地下水位距设计冻深的最小距离 h_w(m)	平均冻胀率 η（%）	冻胀等级	冻胀类别
碎(卵)石,砾、粗、中砂（粒径小于 0.075mm 的颗粒含量不大于 15%）,细砂（粒径小于 0.075mm 的颗粒含量不大于 10%）	不饱和	不考虑	$\eta \leqslant 1$	I	不冻胀
	饱和含水	无隔水层	$1 < \eta \leqslant 3.5$	II	弱冻胀
	饱和含水	有隔水层	$3.5 < \eta$	III	冻胀
	$w \leqslant 12$	>1.0	$\eta \leqslant 1$	I	不冻胀
		$\leqslant 1.0$	$1 < \eta \leqslant 3.5$	II	弱冻胀
	$12 < w \leqslant 18$	>1.0			
		$\leqslant 1.0$	$3.5 < \eta \leqslant 6$	III	冻胀
	$w > 18$	>0.5			
		$\leqslant 0.5$	$6 < \eta \leqslant 12$	IV	强冻胀
粉砂	$w \leqslant 14$	>1.0	$\eta \leqslant 1$	I	不冻胀
		$\leqslant 1.0$	$1 < \eta \leqslant 3.5$	II	弱冻胀
	$14 < w \leqslant 19$	>1.0			
		$\leqslant 1.0$	$3.5 < \eta \leqslant 6$	III	冻胀
	$19 < w \leqslant 23$	>1.0			
		$\leqslant 1.0$	$6 < \eta \leqslant 12$	IV	强冻胀
	$w > 23$	不考虑	$\eta > 12$	V	特强冻胀

续表

土的名称	冻前天然含水率 w（%）	冻前地下水位距设计冻深的最小距离 h_w(m)	平均冻胀率 η（%）	冻胀等级	冻胀类别
粉土	$w \leqslant 19$	>1.5	$\eta \leqslant 1$	I	不冻胀
		≤1.5	$1 < \eta \leqslant 3.5$	II	弱冻胀
	$19 < w \leqslant 22$	>1.5			
		≤1.5	$3.5 < \eta \leqslant 6$	III	冻胀
	$22 < w \leqslant 26$	>1.5			
		≤1.5	$6 < \eta \leqslant 12$	IV	强冻胀
	$26 < w \leqslant 30$	>1.5			
		≤1.5	$\eta > 12$	V	特强冻胀
	$w > 30$	不考虑			
黏质土	$w \leqslant w_p + 2$	>2.0	$\eta \leqslant 1$	I	不冻胀
		≤2.0	$1 < \eta \leqslant 3.5$	II	弱冻胀
	$w_p + 2 < w \leqslant w_p + 5$	>2.0			
		≤2.0	$3.5 < \eta \leqslant 6$	III	冻胀
	$w_p + 5 < w \leqslant w_p + 9$	>2.0			
		≤2.0	$6 < \eta \leqslant 12$	IV	强冻胀
	$w_p + 9 < w \leqslant w_p + 15$	>2.0			
		≤2.0	$\eta > 12$	V	特强冻胀

注:1. w_p 为土的塑限含水率（%）;W 为冻前天然含水率在冻层内的平均值;

2. 盐渍化冻土不在表列;

3. 塑性指数大于 22 时,冻胀性降低一级;

4. 粒径小于 0.005mm 粒径含量大于 60%时为不冻胀土;

5. 碎石类土当填充物大于全部质量的 40%时,其冻胀性按填充物土的类别判定;

6. 隔水层指季节冻结层底部及以上的隔水层。

路基填料设计应根据路基高度、地表水位、地下水位、容许总冻胀量及路面结构类型等,按表 7.1-2 确定路基填料。路床宜采用中粗砂、砂砾、碎石、高炉矿渣、钢渣等抗冻性好的材料,强风化软质岩、遇水崩解软质岩石不得用作上路床填料。对于一些砂石料缺乏的地区,可以采用水泥、石灰、粉煤灰等固化剂稳定细粒土。据黑龙江省某试验路段 5 年观测资料分析,其垫层材料及路基在冻融反复作用下强度衰减系数为:水泥稳定砂砾 20%～25%,石灰土 30%～40%,砂垫层 25%～30%,路基 25%～30%,稳定细粒土冻融后长期强度较差。

季节性冻土路基填料选择表　　　　　　　　表 7.1-2

路基形式	冰冻分区	地下水位或地表常水位距路面距离（m）	土的冻胀等级			
			上路床	下路床	上路堤	下路堤
填方路基	重冻区	$h_w > 3$	Ⅰ	Ⅰ、Ⅱ、Ⅲ	—	—
		$h_w \leqslant 3$	Ⅰ	Ⅰ、Ⅱ	Ⅰ、Ⅱ、Ⅲ	—
	中冻区	$h_w > 3$	Ⅰ、Ⅱ	Ⅰ、Ⅱ、Ⅲ	—	—
		$h_w \leqslant 3$	Ⅰ	Ⅰ、Ⅱ		
零填方	重冻区	$h_w > 3$	Ⅰ	Ⅰ		
挖方路基	中冻区	$h_w \leqslant 3$				
		$h_w > 3$	Ⅰ	Ⅰ、Ⅱ		
		$h_w \leqslant 3$	Ⅰ	Ⅰ		

注：1. 土的冻胀等级见表 7.1-1；

　　2. 重冻区、中冻区，高速公路、一级公路上路床采用Ⅰ类土时，其细粒土（粒径小于 0.075mm 含量）含量宜小于 5%；

　　3. 缺少砂石料地区，采用无机结合料、矿渣、固化剂等进行处治时，填料可不受此表限制。

当天然地基中存在冻胀性土时，为削弱路基的冻胀，应换填非冻胀性材料，这样可以减少冻深范围内的冻胀性土层厚度，减少总冻胀量。在采用换填方案时，要重点考虑换填材料，在季节性冰冻地区，换填材料要满足规定的压实要求和承载能力，此外还要具有良好的抗冻稳定性。目前换填法被公认为是一种比较彻底的处治路基病害的方法，但是由于其造价高、对线路正常运营干扰大，所以采用换填法时，应结合具体的地质条件、结构特点以及地下水状况，确定合理的换填材料和换填深度。

7.1.3　铺设保温层

在路基路面结构层中铺设保温层，可以增大热阻，提高土中温度，延迟路基土发生冻结。铺设保温层可以将冻结深度控制在抗冻稳定性较好的层位中，从而有效地控制水分的迁移富集，大幅度地减小冻胀危害。目前在季冻区公路路基中，常采用泡沫塑料、苯乙烯海绵塑料混凝土、含有多孔填充料的轻混凝土等高效隔温材料来防治冻胀。随着保温材料的发展，越来越多的保温材料如 XPS 保温板、EPS 保温板以及热棒等不断应用到工程当中，从而为季冻区路基的保温护道提供了思路。

7.1.4　加设防冻层

在中、重季节冻结区的高级、次高级路面上，为防止发生不均匀冻胀，路面总厚度不应小于设计要求的防冻最小总厚度。如果小于设计要求的防冻最小总厚度，要采用抗冻稳定性良好的材料铺设防冻层进行补足。防冻层材料建议选用抗冻稳定性良好的砂砾、粗砂、煤渣以及矿渣等粒料。

7.1.5　提高路基填土高度

提高路基填土高度是保证路基路面强度和稳定性，减薄路面，降低造价的重要途径。提高路基填土高度，增大了路基边缘至地下水或地面水水位间的距离，从而减小了冻结过程中水分向路基上部迁移的数量，使冻胀减弱，使翻浆的程度和可能性变小。大量的工程实践证明，提高路基填土高度是一种简便易行、效果显著的常用措施。但是随着土地资源的日趋紧张和对环境要求的进一步提高，高路堤方案虽然经济性较好，但其应用受到了越来越多的限制，不适合再作为主流技术推广。

7.1.6　加强路面结构

在冻胀与翻浆地段，常使用整体性好的石灰土、煤渣石灰土、水泥稳定砂砾等半刚性结构层，以加强路面结构防止路面发生不均匀冻胀。石灰土水稳定性和冰冻稳定性均较好，力学强度也较高，石灰土属多孔性材料，对土基水温状况有调节作用；煤渣石灰土结构层防治冻胀与翻浆的作用效果，与石灰土大致相同，水稳定性则比石灰土好。水泥稳定砂砾结构层防治冻胀与翻浆的作用效果，与石灰土、煤渣石灰土类似，但其强度和水稳定性则比石灰土与煤渣石灰均高。

7.2　典型处治措施下季冻区路基回弹模量变化分析

在上一节基础上，重点针对季冻区公路工程实践中最为常用的防水和保温措施，以东北季冻区（以长春为代表）典型低路堤为例，分析在路基底设置防水土工布隔离层、路基顶设置 EPS 保温层以及同时设置基底防水土工布隔离层和基顶 EPS 保温层 3 种防水保温措施，对季冻区路基内部温度场、湿度场和回弹模量场分布特征的影响（工况设置见表 7.2-1），模拟实验中路基高度为 2m，地下水位为路基底面以下－2m，其他具体材料、气候特征等见第 6 章模型与参数相关内容。

工况设置一览表　　　　　　　　　　　　　　表 7.2-1

工况编号	简称	工况特征		分析指标
		基底防水隔离层	基顶保温层	
①	无防护	×	×	路基内部温度场、湿度场和回弹模量场分布与变化特征
②	防水	√	×	
③	保温	×	√	
④	防水保温	√	√	

7.2.1　路基底部设置新型三维复合防排水板隔离层

以长春地区典型路基为例（地下水埋深为路基底以下－2m），在路基底部设置一层三维复合防排水板，分析有无防水层条件下路基内部的温湿度场以及回弹模量场变化。三维复合防排水板，由立体结构的塑料芯网双面粘接渗水土工布组成，可替代传统的砂粒和砾石层。三维复合防排水板结构是由一个三维的土工网芯及其两侧粘结的复合滤水土工布和复合两布一膜，形成了具有"反滤-排水-透气-隔水-保护"功能的理想的防排水材料，能够迅速地排出道路的地下水，自身还有一个孔隙维护系统，能在高荷载下阻断毛细水。

首先分析有无防水措施两种工况下低路堤温湿度场的差别，图 7.2-1 为 2010 年 7 月 18 日低路堤内部冻前平衡湿度场分布云图，（a）图显示，不设置基底防水层时，路基内部含水率受地下水毛细水持续上升影响，呈现下高上低的分布特

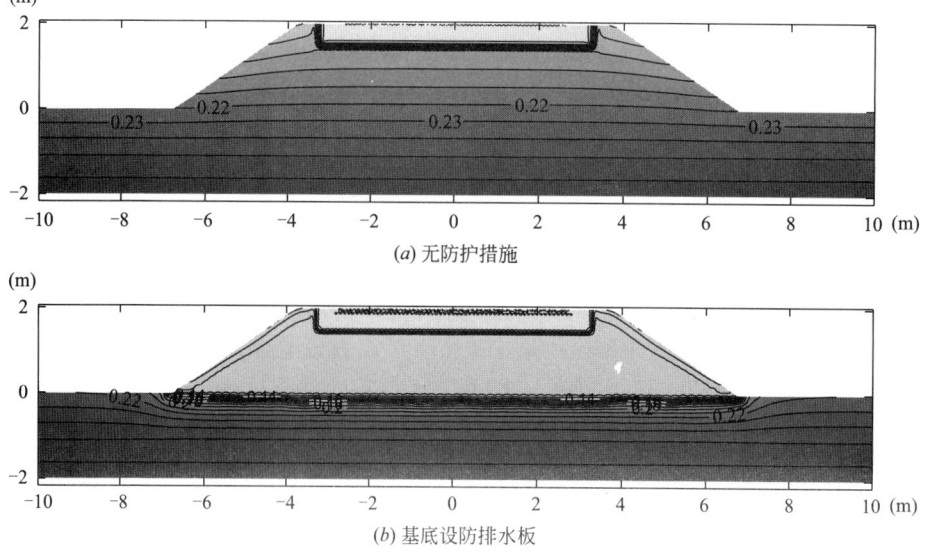

(a) 无防护措施

(b) 基底设防排水板

图 7.2-1　有无防水措施下低路堤冻前平衡湿度场分布

征，整体较施工含水率上升 6%～10%。(b) 图显示，基底设置防排水板后，毛细水未见入侵到路基结构，路基内部冻前湿度场依然基本保持着施工期最佳含水率状态；只有在路堤边坡 0.5～1.0m 深度范围的含水率受气候降雨及蒸发影响出现一定的波动。图 7.2-2 为 2010～2015 年五年内低路堤平均冻结温度场分布云图，可见有无防水措施下低路堤平均冻结温度场分布特征基本一致，区别不大。

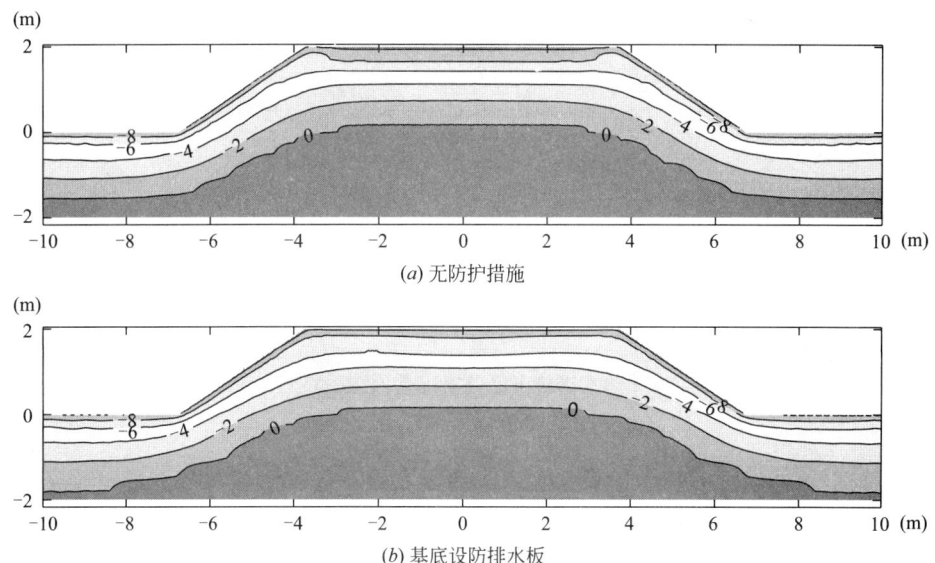

(a) 无防护措施

(b) 基底设防排水板

图 7.2-2　有无防水措施下低路堤平均冻结温度场分布（℃）

再来对比有无防水措施两种工况下低路堤回弹模量的变化，图 7.2-3 与图 7.2-4 分别为有无防水措施下低路堤冻前、冻融稳定后回弹模量场分布。可以看出，两种工况下路堤回弹模量场整体分布趋势一样，但不管路堤冻前还是冻后回弹模量场，在回弹模量场数值上，有防水措施时的比无防水措施大得多。

而回弹模量冻融折减系数方面，图 7.2-5 有无防水措施两种工况下低路堤回弹模量冻融折减系数分布，对比显示，有无防水措施两种工况下的折减系数差别较小，可见防水对折减系数的影响较小。

以路基中轴线处（$x=0$）为代表，制作剖面图（图 7.2-6），进一步分析有无防水措施两种工况下的路基性能差别。图 (a) 冻前含水率分布图显示，有防水工况下路基范围内的冻前含水率较无防水工况下的降低了 8%～10%，且底部的差值比顶部的更为明显；图 (b) 平均冻结温度场分布图显示，有无防水措施两种工况下的平均冻结温度场基本没有差别；图 (c) 冻前回弹模量分布图显示，有防水层工况下冻前回弹模量为 80～100MPa，比无防水层工况下的提高了 1.0～2.0 倍；图 (d) 五年冻后回弹模量分布图显示，有防水层工况下 5 年冻后回弹

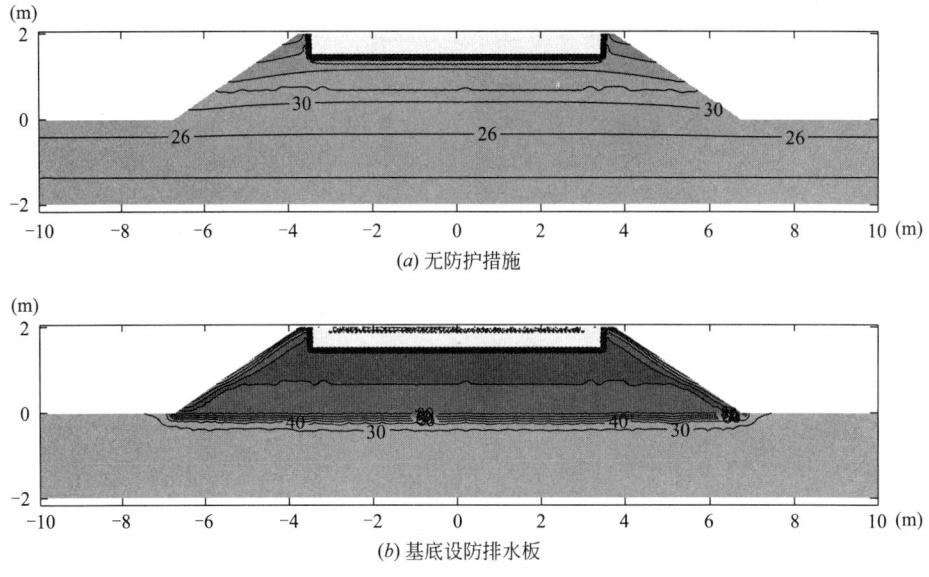

(a) 无防护措施

(b) 基底设防排水板

图 7.2-3　有无防水措施下低路堤冻前回弹模量场分布（MPa）

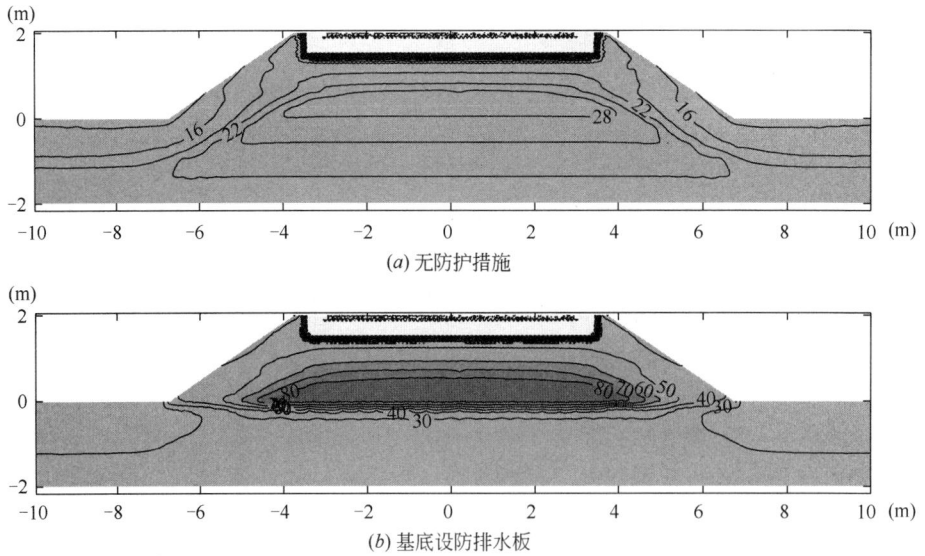

(a) 无防护措施

(b) 基底设防排水板

图 7.2-4　有无防水措施下低路堤 5 年冻融稳定后回弹模量场分布（MPa）

模量为 45～85MPa，比无防水层工况下的提高了 1.0～1.5 倍。

以上分析表明，对于地下水位较高的季冻区路基，在底部设置一层防排水板，可以抑制地下水毛细入侵，有效控制路基湿度分布，提高路基的冻前回弹模量场，进而使 5 年冻后回弹模量场在折减后依然保持较高强度水平。

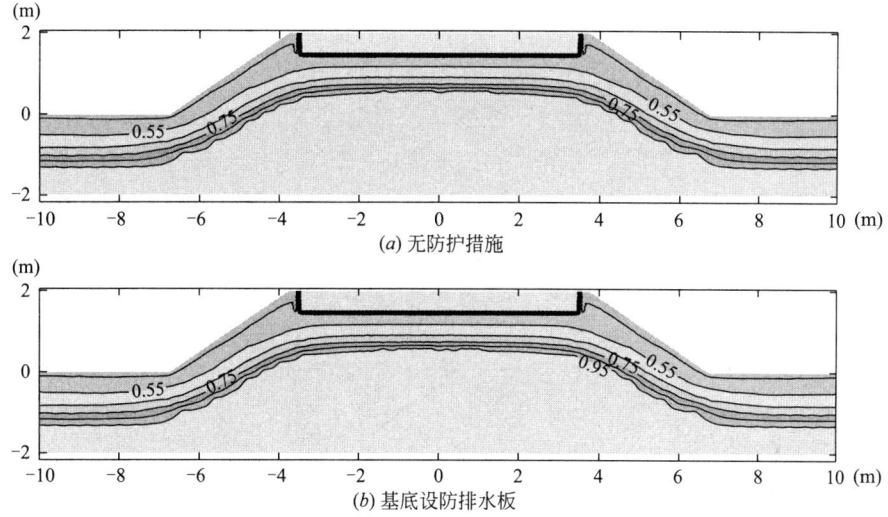

图 7.2-5　有无防水措施下低路堤回弹模量冻融折减系数分布

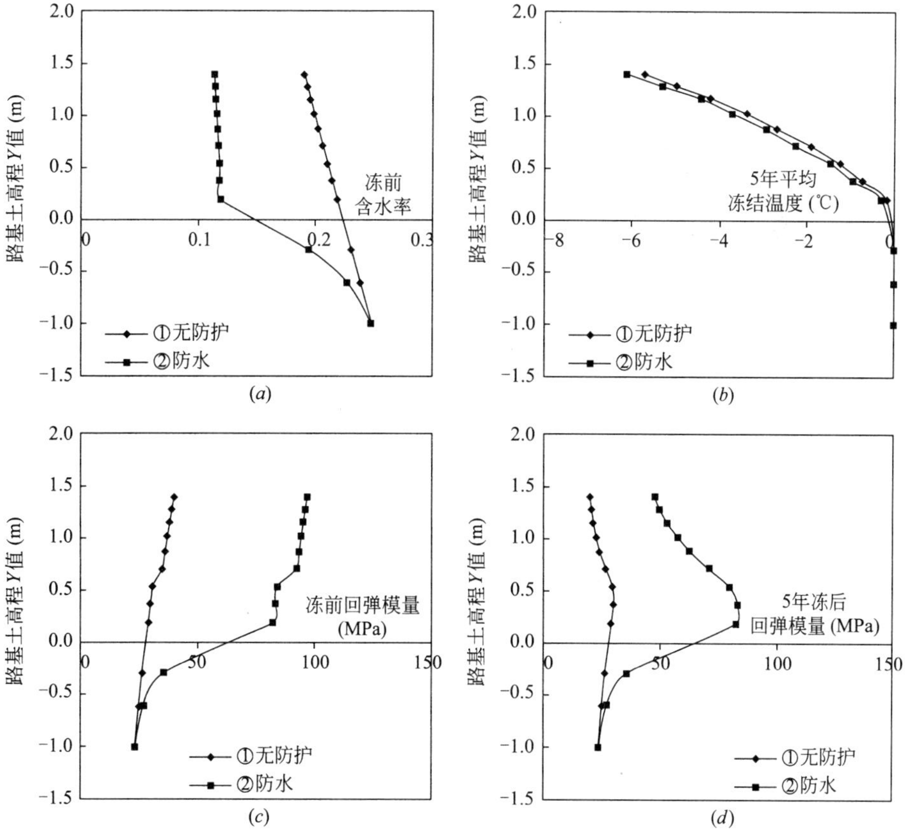

图 7.2-6　有无基底防水条件下路基中轴线处（$x=0$）参数对比

7.2.2　路基顶部设置 EPS 保温层

以长春地区典型路基为例（地下水埋深为路基底以下−2m），在路基顶部设置一层 10cm 厚 EPS 防冻保温层，分析有无保温层条件下路基内部的温湿度场以及回弹模量场变化。聚苯乙烯泡沫（Expanded Polystyrene 简称 EPS）是一种轻型高分子聚合物，它是采用聚苯乙烯树脂加入发泡剂，同时加热进行软化，产生气体，形成一种硬质闭孔结构的泡沫塑料，由于 EPS 材料中内壁气泡为封闭状，互不相通，吸水率小，抗冻性好，保证了在浸水条件下仍具有良好的隔热性能，其热传导率为 0.024～0.041W/m·K，不到液态水传导率的 1/10。青藏公路昆仑山越岭地段 EPS 板隔热路基试验（1990）研究表明，6cm 厚的 EPS 隔热层可减少地表向深层的热流量，减小地下多年冻土层上限的下移，可减缓多年冻土层的冻融，保持路基结构性能的长期稳定。

首先分析有无保温措施两种工况下低路堤温湿度场的差别，图 7.2-7 为 2010 年 7 月 18 日低路堤内部冻前平衡湿度场分布云图，显示有无保温措施下低路堤冻前湿度场分布特征基本一致。图 7.2-8 为 2010～2015 年五年内低路堤平均冻结温度场分布云图，（a）图显示，不设置基顶保温层时，路基内部冻结影响深度约为 1.8m。（b）图显示，基顶设置保温层后，路基中心部位的冻结影响深度明显降低，约为 0.8m，路基两侧边坡由于没有设置保温层冻结影响深度依然较深，可见保温层可以较好地降低路基冻结影响深度。

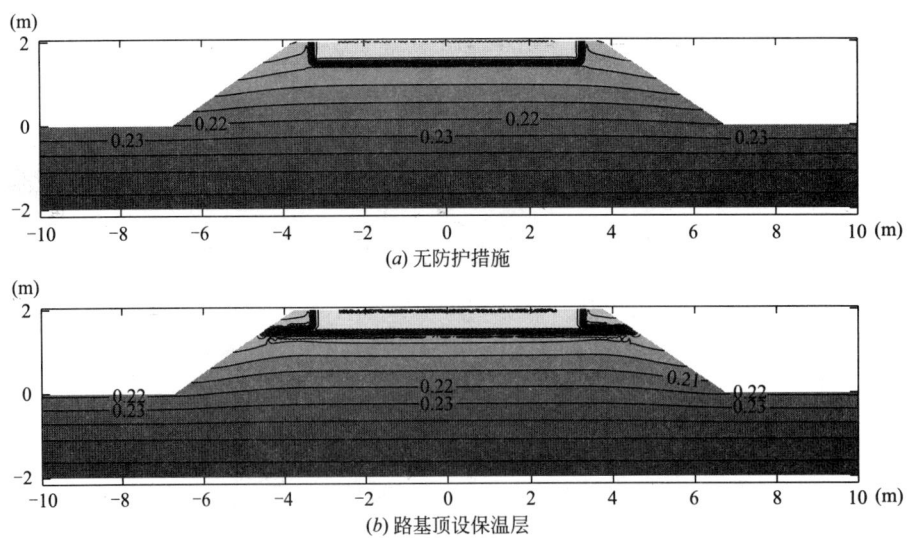

图 7.2-7　有无保温措施下低路堤冻前湿度场分布

再来对比有无保温措施两种工况下低路堤回弹模量的变化，图 7.2-9 与图 7.2-10 分别为有无保温措施下低路堤冻前、冻融稳定后回弹模量场分布。可

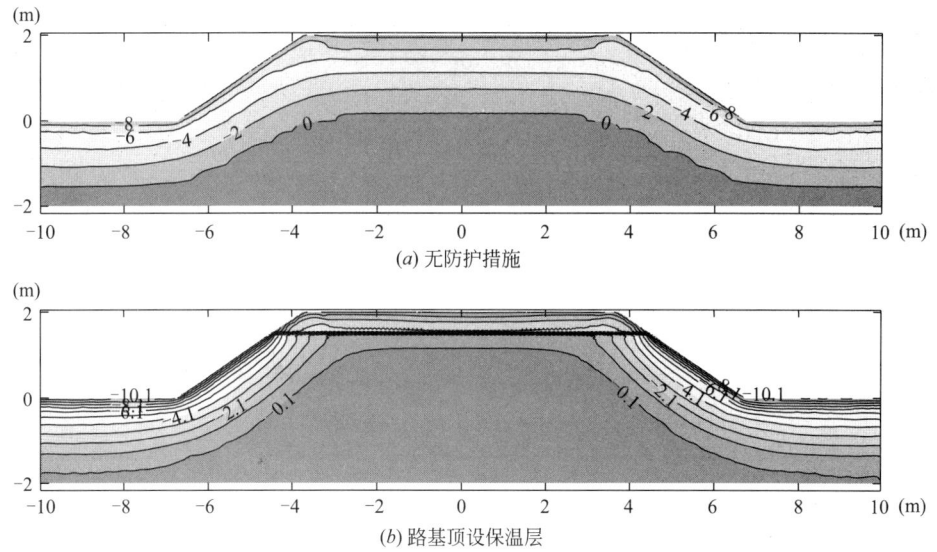

(a) 无防护措施

(b) 路基顶设保温层

图 7.2-8 有无保温措施下低路堤平均冻结温度场分布（℃）

以看出，两种工况下的路堤冻前回弹模量场分布相同；而冻后路基回弹模量场整体分布趋势一样，但在回弹模量场数值上，有保温措施时的比无保温措施大得多，其中路床部位表现更为明显。

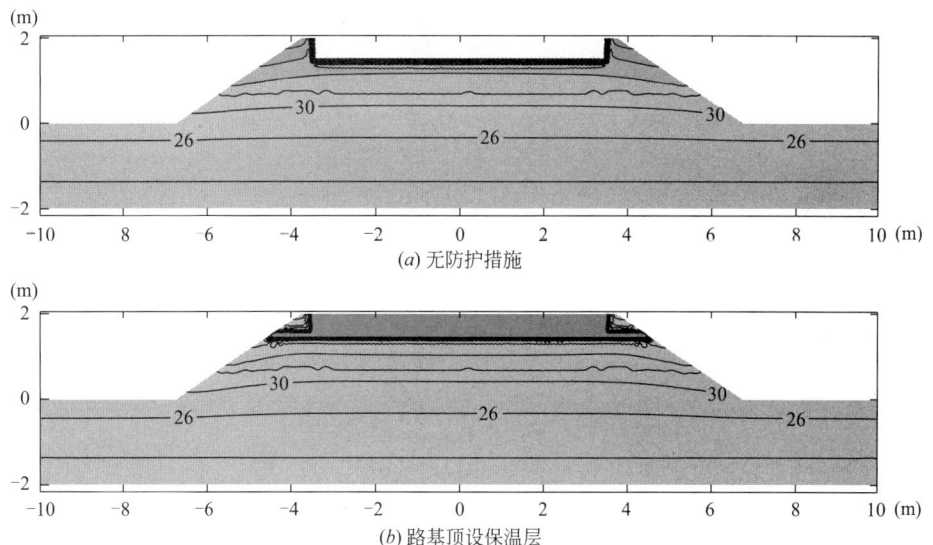

(a) 无防护措施

(b) 路基顶设保温层

图 7.2-9 有无保温措施下低路堤冻前回弹模量场分布（MPa）

而回弹模量冻融折减系数方面，图 7.2-11 有无保温措施两种工况下低路堤回弹模量冻融折减系数分布，对比显示，无保温层工况下路床范围内的回弹模量

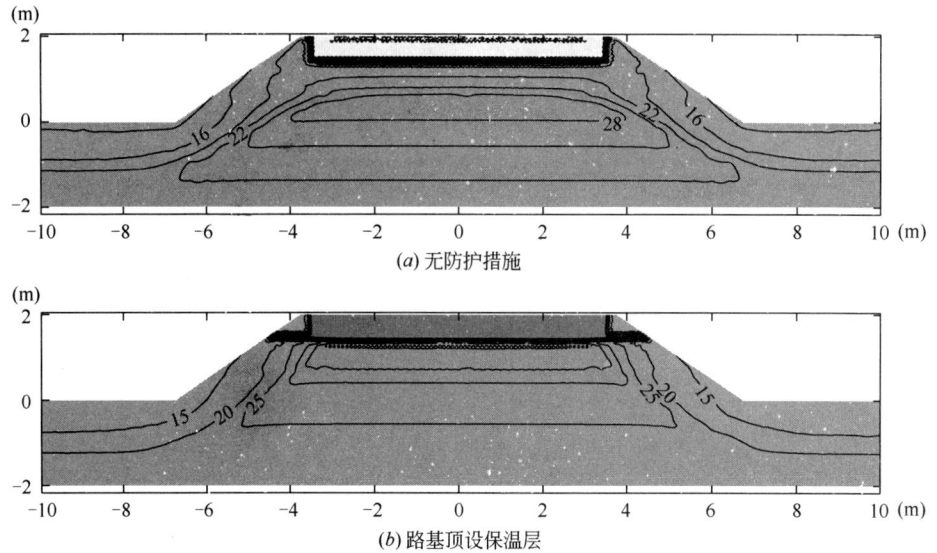

(a) 无防护措施

(b) 路基顶设保温层

图 7.2-10 有无保温措施下低路堤冻融稳定后回弹模量场分布（MPa）

冻融折减系数为 0.5～0.75，有保温层工况下路床范围内的回弹模量冻融折减系数为 1.0，路基中心部位基本不出现冻融折减（c 图），相比无保温时的路基（a图）有了明显的改善。表明设置保温层主要通过控制路基冻结温度来改善路基的回弹模量冻融折减系数场，进而保证路基性能及回弹模量场在冻融过程中不会发生大的衰减。

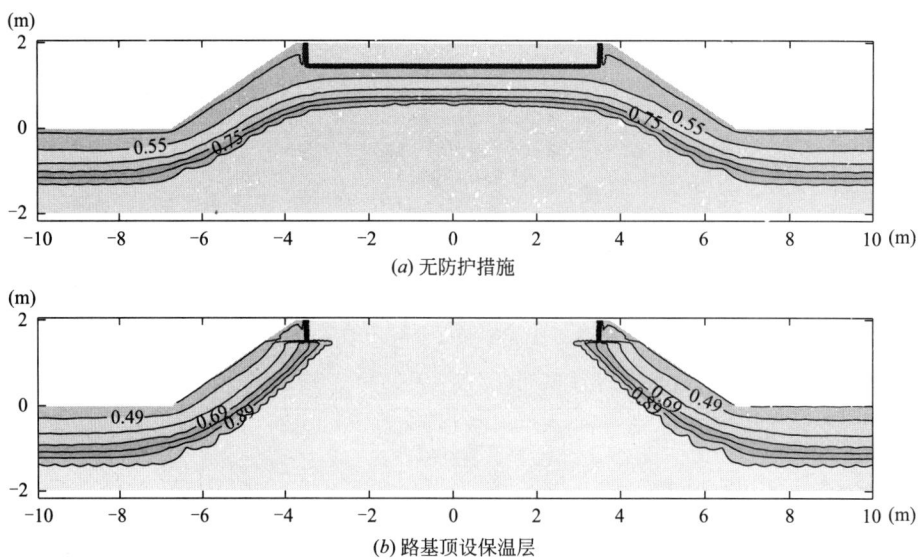

(a) 无防护措施

(b) 路基顶设保温层

图 7.2-11 有无保温措施下低路堤回弹模量冻融折减系数分布

　　同样以路基中轴线处（$x=0$）为代表，制作剖面图（图 7.2-12），进一步分析有无保温措施两种工况下的路基性能差别。图（a）冻前平衡湿度场分布图显示，有无保温措施两种工况下的湿度场基本没有差别；图（b）平均冻结温度分布图显示，有保温工况含水率下的冻结深度为 0.8m，路床范围内的平均冻结温度为 $-1\sim0℃$，比无保温工况下的冻结深度下降了 1.0m，路床范围内的平均冻结温度降低了 $4\sim6℃$，可见保温层对路基防冻效果明显；图（c）冻前回弹模量分布图显示，有无保温层工况下冻前回弹模量基本一致，其主要原因为两种工况下的冻前平衡湿度场基本相同；图（d）五年冻后回弹模量分布图显示，无保温层工况下路床范围内的 5 年冻后回弹模量为 20~31MPa，有保温层工况下路床范围内的 5 年冻后回弹模量为 32~45MPa，比无保温层工况下的提高了 0.5~1.0 倍。

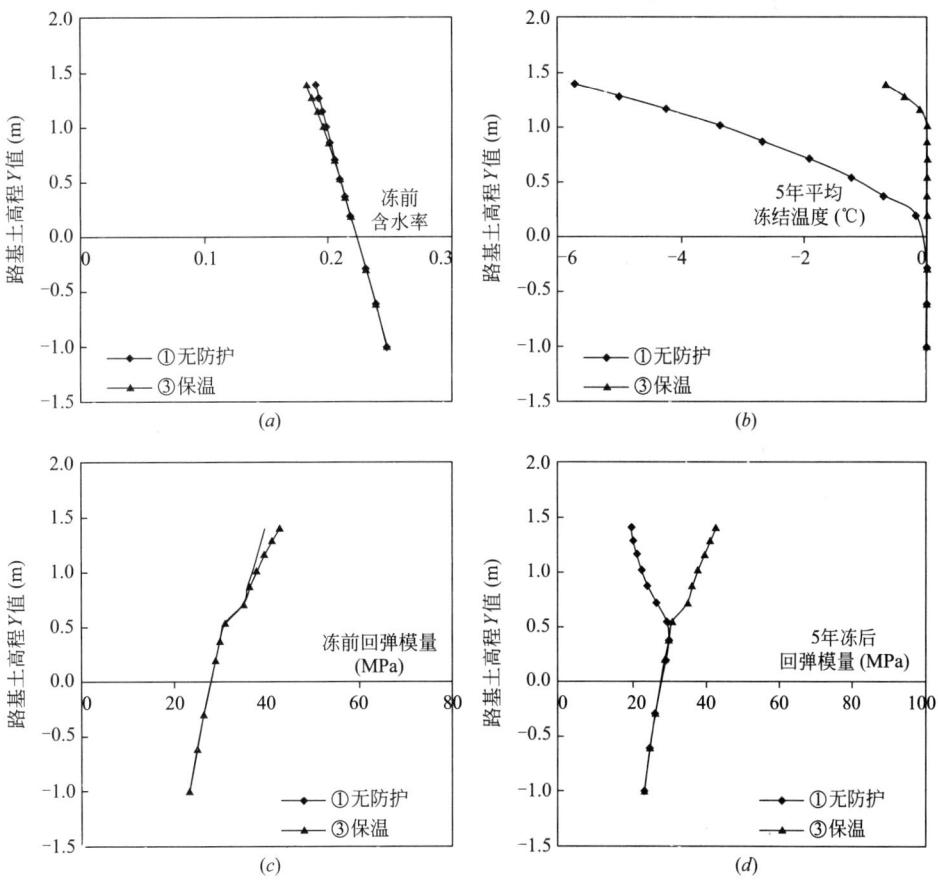

图 7.2-12　有无基顶保温条件下路基中轴线处（$x=0$）参数对比

　　以上分析表明，对于冻结影响深度较大的季冻区路基，在路基顶设置一层

EPS 防冻保温层，可以有效地控制路基冻结温度，提高冻融稳定后路基土回弹模量，进而保证路基性能及回弹模量场在冻融过程中不会发生大的衰减。

7.2.3　路基设置基顶 EPS 保温层＋基底三维复合防排水板隔离层

以长春地区典型路基为例（地下水埋深为路基底以下－2m），在路基底部设置一层三维复合防排水板，并在路基顶部设置一层 10cm 厚 EPS 防冻保温层，分析有无防水保温条件下路基内部的温湿度场以及回弹模量场变化。

首先分析有无防水保温措施两种工况下低路堤温湿度场的差别，图 7.2-13 为 2010 年 7 月 18 日低路堤内部冻前湿度场分布云图。（a）图显示，不设置基底防水层时，路基内部冻前平衡含水率受地下水毛细水持续上升影响，整体较施工含水率上升 6%～10%。（b）图显示，基底设置防排水板后，毛细水未见入侵到路基结构，路基内部冻前湿度场近似保持着施工期最佳含水率状态，表明路基内部湿度得到了较好的控制。图 7.2-14 为 2010～2015 年五年内低路堤典型冻结温度场分布云图，（a）图显示，不设置基顶保温层时，路基内部冻结影响深度约为 1.8m。（b）图显示，基顶设置保温层后，路基中心部位的冻结影响深度明显降低，约为 1.2m，路基两侧边坡由于没有设置保温层冻结影响深度依然较深，可见保温层可以较好地降低路基冻结影响深度。由此可见，路基采取防水保温措施后，路基内部的温湿度场受环境的影响程度均得到了显著地抑制。

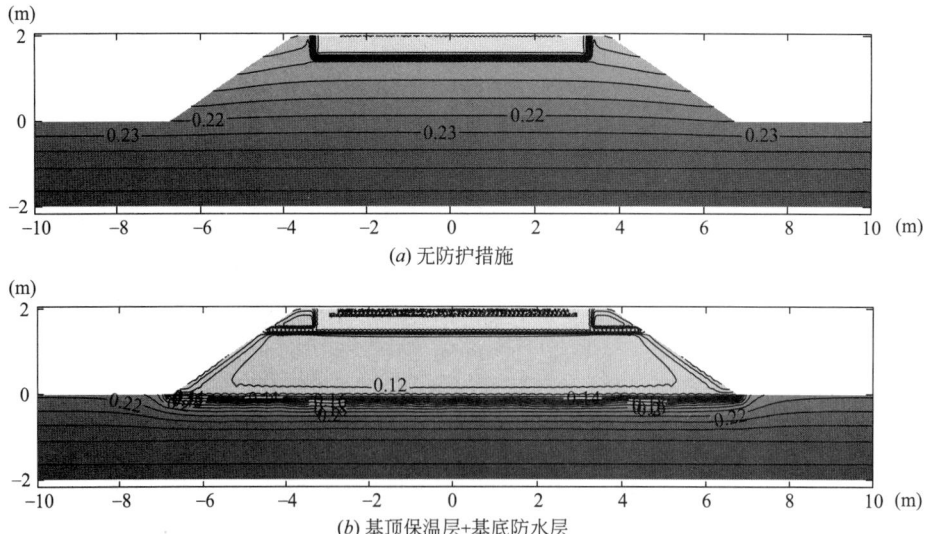

(a) 无防护措施

(b) 基顶保温层+基底防水层

图 7.2-13　有无防水保温措施下低路堤冻前湿度场分布

再来对比有无防水保温措施两种工况下低路堤回弹模量的变化，图 7.2-15 与图 7.2-16 分别为有无防水保温措施下低路堤冻前、冻后回弹模量场分布。可

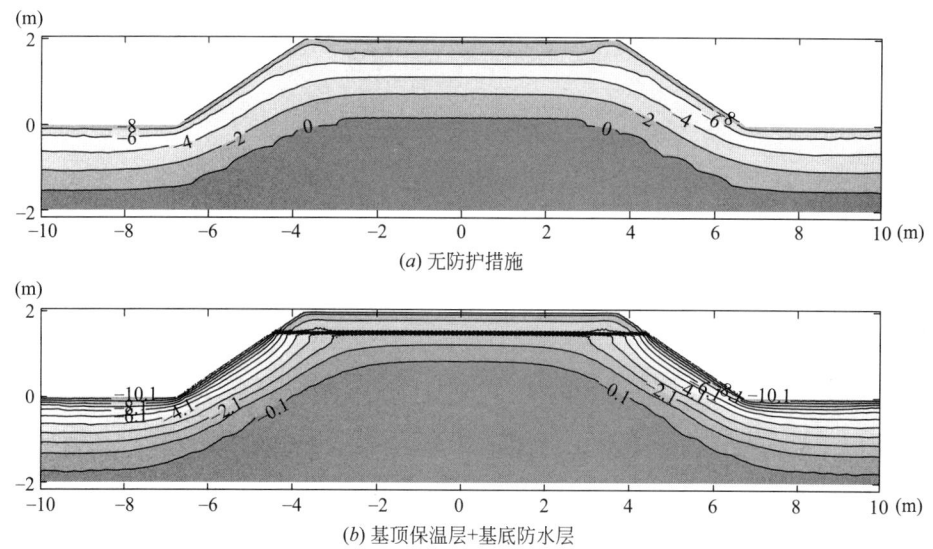

图 7.2-14　有无防水保温措施下低路堤温度场分布（℃）

以看出，两种工况下路堤回弹模量场整体分布趋势一样，但不管路堤冻前还是冻后回弹模量场，在回弹模量场数值上，有防水保温措施时的比无防水保温措施的高出 1.0～2.0 倍。

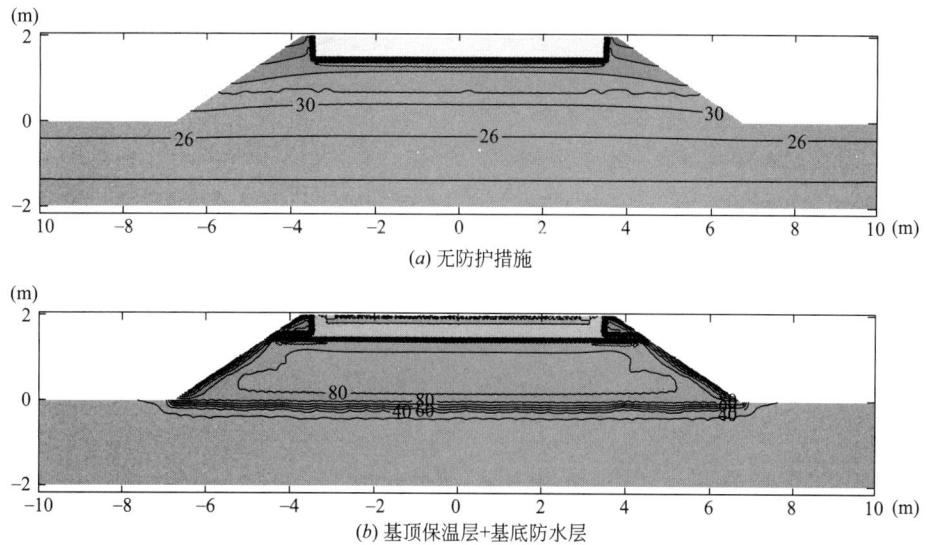

图 7.2-15　有无防水保温措施下低路堤冻前回弹模量场分布（MPa）

　　而回弹模量冻融折减系数方面，图 7.2-17 有无防水保温措施两种工况下低路堤回弹模量冻融折减系数分布，对比显示，无防水保温层工况下路床范围内的

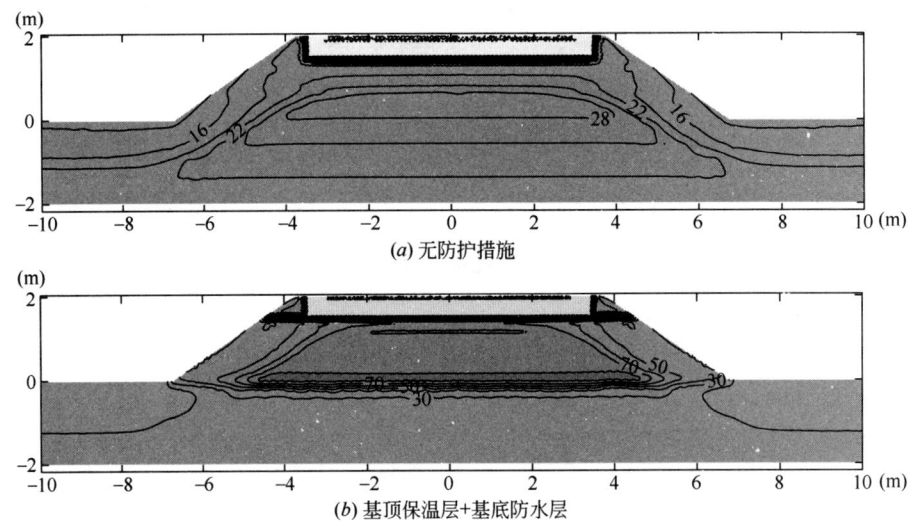

(a) 无防护措施

(b) 基顶保温层+基底防水层

图 7.2-16　有无防水保温措施下低路堤冻融稳定后回弹模量场分布（MPa）

回弹模量冻融折减系数为 0.5～0.75，有防水保温层工况下路床范围内的回弹模量冻融折减系数为 0.85～1.0，路基中心部位冻融折减幅度和范围均很小（图 b），相比无防水保温时的路基（图 a）有了很明显的改善。

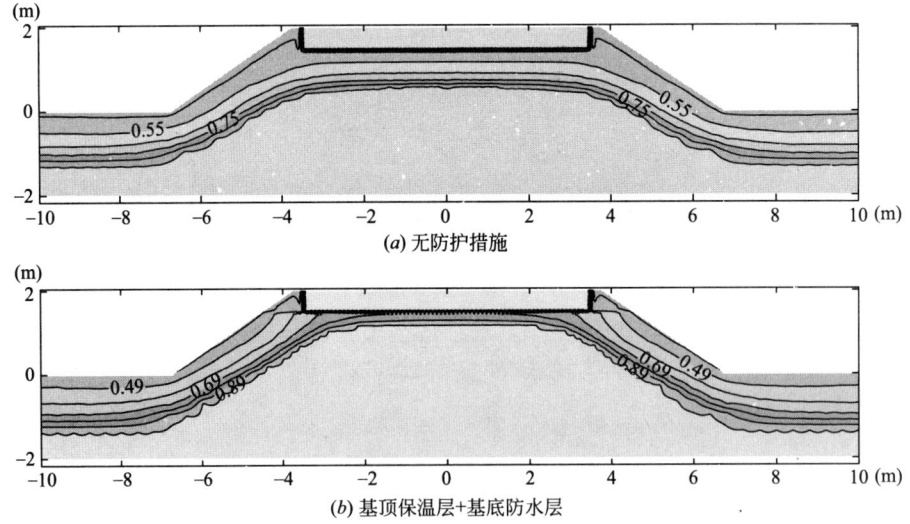

(a) 无防护措施

(b) 基顶保温层+基底防水层

图 7.2-17　有无防水措施下低路堤回弹模量冻融折减系数分布

同样以路基中轴线处（$x=0$）为代表，制作剖面图（图 7.2-18），进一步分析有无防水保温措施两种工况下的路基性能差别。图（a）冻前平衡湿度场分布图显示，有防水保温工况下路基范围内的冻前含水率比无防水工况下的降低了

8%~10%，且底部的差值比顶部的更为明显；图（b）平均冻结温度分布图显示，有防水保温工况含水率下的冻结深度为 1.2m，路床范围内的平均冻结温度为 -2~0℃，比无防水保温工况下的冻结深度下降了 0.8m，路床范围内的平均冻结温度降低了 2~6℃；图（c）冻前回弹模量分布图显示，有防水保温层工况下冻前回弹模量为 75~100MPa，比无防水保温层工况下的提高了 1.0~2.0 倍；图（d）五年冻后回弹模量分布图显示，无防水保温层工况下路床范围内的 5 年冻融稳定后回弹模量为 20~31MPa，有防水保温层工况下路床范围内的 5 年冻融稳定后回弹模量为 55~75MPa，比无保温层工况下的提高了 1.5 倍以上。

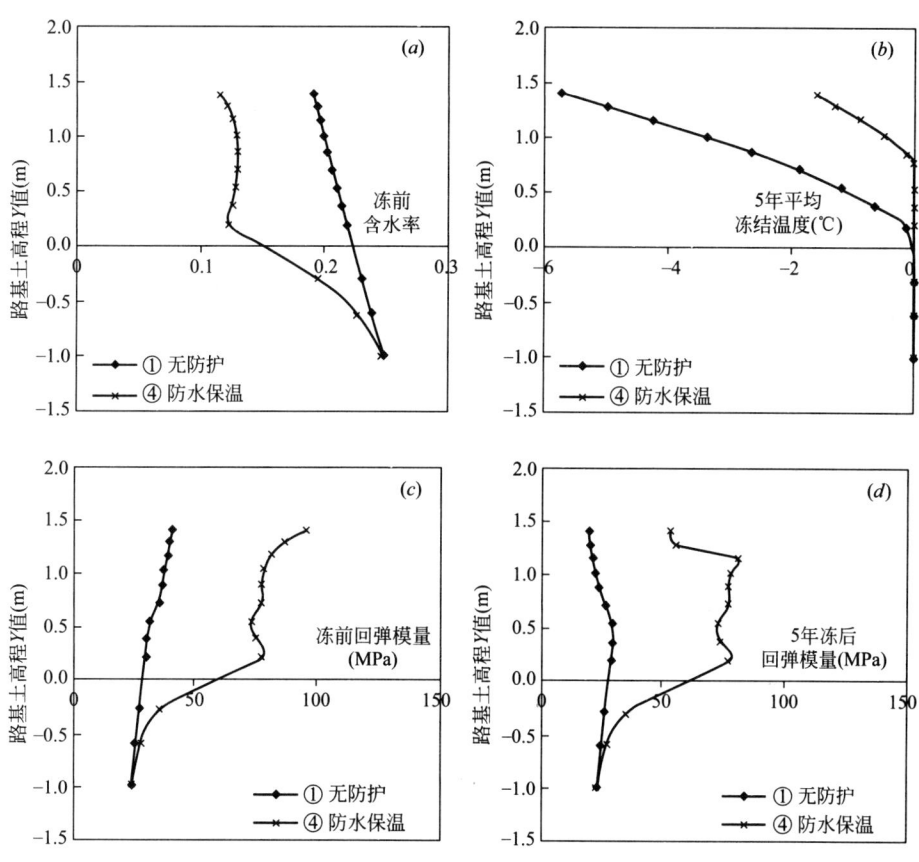

图 7.2-18　有无基顶保温条件下路基中轴线处（$x=0$）参数对比

以上分析表明，对于地下水较高且冻结影响深度较大的季冻区路基，在路基底部设置一层三维复合防排水板，同时在路基顶设置一层 EPS 防冻保温层，一方面可以有效抑制地下水毛细入侵、控制路基湿度分布，提高路基的冻前回弹模量场；另一方面可以控制路基冻结温度，改善路基的回弹模量冻融折减系数，进而保证路基性能及回弹模量场在冻融过程中始终保持较高强度水平，从而可以较好地控制路基内部的温湿度变化、有力保障路基强度及长期稳定性。

7.3　防水保温措施下季冻区路基结构性能控制机理分析

上一节模拟分析表明，不同处治措施作用下，季冻区路基内部温度场、湿度场及回弹模量场变化特征差异明显。本节在此基础上，进一步对比①无防护、②只设基底防水层、③只设基顶保温层、④同时设基底防水层和基顶保温层四种工况，分析不同工况下路基中冻前平衡湿度、5 年平均冻结期温度、冻前回弹模量、5 年冻融稳定后回弹模量等的分布特征差异，探究防水保温措施下季冻区路基结构性能控制机理。

以路基中轴线处（$x=0$）为代表，制作剖面图，图 7.3-1 为不同路基温湿防护工况下季冻区路基内部的冻前平衡湿度（a 图）、5 年典型冻结期温度（b 图）、冻前回弹模量（c 图）、5 年冻融稳定后回弹模量（d 图）沿深度方向的分布。重点考察路基范围内的参数特征，分析得出：

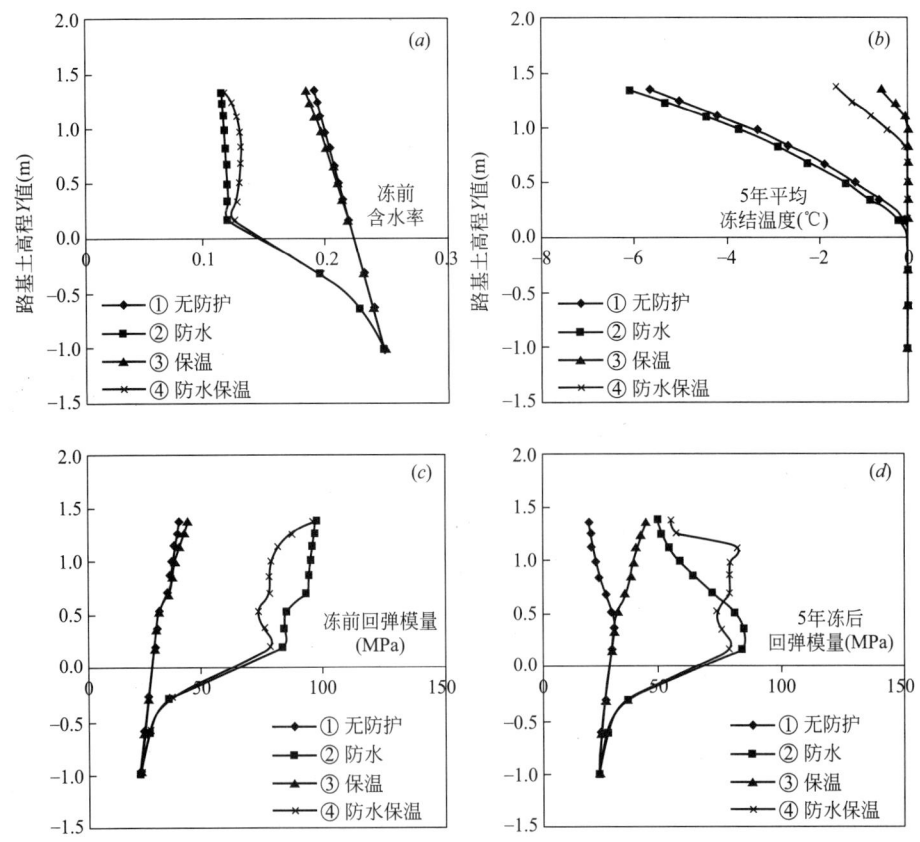

图 7.3-1　不同路基温湿防护工况下季冻区路基内部特征参数对比

（1）从路基范围内的冻前平衡含水率分布（图 7.3-1*a*）来看，工况①与③冻前含水率分布特征相近、数值上为 18%～22%，工况②与④冻前含水率分布特征相近、数值上为 11%～13%，工况②④冻前含水率比工况①③下降了 7%～10%。表明基底设置防水层可以有效地控制路基内部冻前湿度变化，而基顶保温层对路基内冻前湿度分布影响很小。

（2）从路基范围内的 5 年冻结期典型温度分布（图 7.3-1*b*）来看，工况①与②平均冻结温度分布特征相近、数值上为 -6～0℃、冻结深度为基顶以下 1.3m，工况③与④平均冻结温度分布特征相近、数值上为 -1.5～0℃、冻结深度为基顶以下 0.6m，工况①②比工况③④的平均冻结温度下降了 0～4.5℃、冻结深度下降了 0.7m。可见基顶设置保温层可以有效地降低路基内部冻结温度及其影响程度，而基底防水层对路基内冻结温度分布影响较小。

（3）从路基范围内的冻前回弹模量分布（图 7.3-1*c*）来看，其差异特性与冻前平衡湿度分布（图 7.2.19*a*）规律上类同、但数值变化趋势上相反，主要原因是冻前回弹模量主要受控于冻前含水率、与冻结温度无关。工况①与③冻前回弹模量分布特征相近、数值上为 28～43MPa，工况②与④冻前回弹分布特征相近、数值上为 72～100MPa，工况②④冻前回弹模量比工况①③上升了 44～56 MPa。表明：通过基底设置防水层控制路基内部冻前湿度，可以显著提高冻前回弹模量，而基顶保温层对路基内冻前回弹模量改变较少。

（4）从路基范围内的 5 年冻融稳定后回弹模量分布（图 7.3-1*d*）来看，其差异特性同时受冻前含水率分布（图 7.3-1*a*）与平均冻结温度分布（图 7.3-1*b*）影响，因此四种工况各不相同，尤其是路床范围内冻后回弹模量差异表现更为明显。路床范围内，工况① 5 年冻后回弹模量为 19～26MPa，工况②为 43～70MPa，工况③为 28～43MPa，工况④为 53～80MPa；路堤范围内，工况①与③ 5 年冻后回弹模量分布特征相近、为 26～43MPa，工况②与④ 5 年冻后回弹模量分布特征相近、为 55～77MPa。四种工况下的防护效果排序为：①无防护＜③只设基顶保温层＜②只设基底防水层＜④同时设基底防水层与基顶保温层，可见，对于地下水较高且冻结影响深度较大的季冻区路基，应特别注意基底防水措施，同时做好保温措施，这样有利于保障季冻区路基结构的长期性能。

7.4 本章小结

本章在总结分析季冻区路基病害防护措施基础上，重点针对路基隔水保温措施，模拟分析了典型处治措施条件下粉质黏土路基内部温度场、湿度场和回弹模量场分布与变化特征，研究了防水保温措施对季冻区路基结构长期性能的控制效果与机理，得出主要结论如下：

（1）季冻区路基冻害的防护措施主要有：设置地下排水设施、换填非冻胀性填料、铺设保温层、加设防冻层、提高路基填土高度、加强路面结构等。

（2）对于地下水位较高的季冻区路基，在底部设置一层防排水板，防排水层的设置不能改善路基内部冻融影响范围和程度，但可抑制地下水毛细入侵，有效控制路基冻前平衡湿度分布，提高路基的冻前回弹模量场，进而使冻后稳定回弹模量场在折减后依然保持较高强度水平。

（3）对于冻结影响深度较大的季冻区路基，在路床顶部设置防冻保温层，难以控制路基内部湿度分布，但可有效降低路基平均冻结温度，增加路基的回弹模量冻融折减系数，从而保证路基性能及回弹模量场在冻融过程中不会发生大的衰减。

（4）季冻区路基冻害防治关键在于防水保温，不同气候环境条件下的路基应采用不同的防水保温措施。对于地下水较高且冻结影响深度较大的季冻区路基，防水层比保温层对路基土长期强度的影响更为显著，为此应优先做好基底防水措施，同时做好保温措施。

第8章 总 结

本书通过填料微观分析、室内小尺度冻融循环模拟、路基结构足尺仿真测试等多尺度分析方法，系统研究了季冻区粉质黏土路基回弹特性变化规律、回弹模量预估模型、路基结构性能劣化机制及控制机理等，主要结论如下：

（1）季冻区公路路基结构性能的主要影响因素有填料类型、湿度状态、密实状态、外部温湿气候环境等，填料状态参数（压实度、湿度等）以及气候环境条件（温度、降雨、地下水等）的变化是路基土回弹特性劣化的表观原因。

（2）未冻融粉质黏土填料回弹模量试验发现，一般地区路基土回弹模量随压实度、初始含水率呈幂函数衰减关系。

① 相同压实度条件下，未经历冻融的粉质黏土填料回弹模量随含水率增加而减小，回弹模量与含水率呈幂函数关系。

② 相同含水率条件下，未经历冻融的粉质黏土填料回弹模量随压实度增加而增加，回弹模量与压实度也可用幂函数表征。

③ 未冻融路基土回弹模量与压实度、初始含水率呈双参数幂函数关系，可采用 $E = Aw^{\alpha}K^{\beta}$ 进行描述，并给出了粉质黏土填料回弹模量预估方程的 A、α、β 回归值（式 3.4-1）。

（3）不同冻融循环条件下粉质黏土回弹模量室内试验表明，季冻区路基土回弹模量随压实度、冻结温度、含水率呈幂函数衰减关系。

① 冻融稳定后的回弹模量受压实度和初始含水率的影响显著。压实度大、初始含水率小，回弹模量高；反之，回弹模量低。

② 相同压实度、初始含水率情况下，开放系统冻融后土样的回弹模量要比封闭系统冻融后回弹模量要小。

③ 冻融循环后粉质黏土填料回弹模量与压实度、初始含水率、冻结温度绝对值呈三参数幂函数关系，可采用 $E_5 = AK^{\alpha}w^{\beta}|T|^{\gamma}$ 进行描述，并分别针对开放系统和封闭系统，给出了 A、α、β、γ 的回归值（式 4.7-1、式 4.7-2）。

④ 定义了季冻区路基土回弹模量折减系数 $\eta = E_5/E_0$，即冻融后稳定状态的回弹模量与冻融前回弹模量的比值，给出了典型压实度、典型初始含水率开放系统和封闭系统下季冻区粉质黏土路基回弹模量折减系数（表 4.6-1～表 4.6-8）。

（4）不同冻融循环次数条件下粉质黏土填料 SEM 试验得出，冻融过程中填料微观结构参数的变化是季冻区路基土路用性能劣化的内在原因。

① 随着冻融循环次数的增加，粉质黏土平均直径＜5μm 的颗粒百分含量基本呈上升趋势，路基土的黏粒增加，粉粒减少；土颗粒排列向均匀化发展；圆形度都呈上升趋势；丰度较大（0.6～1.0）的颗粒含量逐渐增加。

② 随着冻融循环次数的增加，粉质黏土平均直径＞10μm 的孔隙百分含量呈下降趋势，冻融循环使孔隙贯通重组的趋势增加；土孔隙排列向均匀化发展；圆形度都呈上升趋势；丰度较大（0.6～1.0）的孔隙含量逐渐增加。

③ 冻融过程中粉质黏土路用性能的劣化机制表现为：冻融循环作用→土体微观结构参数不断变化→土颗粒间的摩擦力和咬合力下降→在宏观上表现为土刚度和强度下降。

（5）典型季冻区粉质黏土路基回弹模量场模拟分析表明，公路运营期间季冻区路基结构性能的劣化主因，在于自然气候和地下水环境引起的路基内部温度场、湿度场变化。

① 在不同季冻气候区，路基结构内部温度场分布差异明显，气温负值越低，路基冻结影响深度越大，冻融作用对路基的回弹模量场及结构性能劣化作用影响越大。长春地区路基土回弹模量发生冻融折减的深度范围为 1.5m 左右，路床范围内折减幅度 0.52～0.60；拉萨地区路基土回弹模量发生冻融折减的区域约为 0～0.5m 深度范围，折减系数为 0.7～1.0。

② 不同地下水条件下的路基冻前湿度场分布差异显著，地下水位越高，季冻区路基冻前平衡含水率越大，路基冻融前后回弹模量场变化幅度越大。

③ 地下水环境对路基冻融折减系数的影响弱于气候条件的影响，不同地下水位条件下的路基回弹模量冻融折减差异较小，地下水环境主要通过影响路基湿度场和冻前回弹模量场，使季冻区路基结构性能发生劣化。

（6）典型防水保温防护条件下粉质黏土路基内部温湿场、回弹模量场仿真分析得出，防水、保温措施对季冻区路基土长期性能的影响效果与作用机理不同。

① 在路基底部设置防排水层，不能改善路基内部冻融影响范围和程度，但可抑制地下水毛细入侵，有效控制路基冻前平衡湿度分布，提高路基的冻前回弹模量场，进而使冻后稳定回弹模量场在折减后依然保持较高强度水平。

② 在路床顶部设置防冻保温层，难以控制路基内部湿度分布，但可有效降低路基平均冻结温度，增加路基的回弹模量冻融折减系数，从而保证路基性能及回弹模量场在冻融过程中不会发生大的衰减。

③ 季冻区路基冻害防治关键在于防水保温，对于地下水较高且冻结影响深度较大的季冻区路基，防水层比保温层对路基土长期强度的影响更为显著。

参 考 文 献

[1] 崔托维奇 H. A. 冻土力学 [M]. 张长庆，朱元林译. 北京：科学出版社，1985.

[2] 邱国庆，周幼吾，程国栋，等. 中国冻土 [M]. 北京：科学出版社，2000.

[3] 马巍. 关于青藏铁路建设的若干重大问题//21 世纪的岩土力学与岩土工程. 武汉：2003：90-101.

[4] 程国栋. 青藏铁路工程与多年冻土相互作用及环境效应 [J]. 中国科学院院刊. 2002，1：21-25.

[5] 吴紫汪，程国栋，朱林楠等. 冻土路基工程 [M]. 兰州：兰州大学出版社，1988.

[6] 陈肖柏，刘建坤，刘鸿绪等. 土的冻结作用与地基 [M]. 北京：科学出版社，2006.

[7] 齐吉琳，程国栋等. 冻融作用对土工程性质影响的研究现状 [J]. 地球科学进展，2005，20（8）：887-892.

[8] 齐吉琳，马巍. 冻土的力学性质及研究现状 [J]. 岩土力学，2010，31（01）：133-143.

[9] 铁道部第三勘察设计院. 冻土工程 [M]. 北京：中国铁道出版社，1994.

[10] 崔建恒. 青藏公路多年冻土路基整治探讨 [J]. 冰川冻土. 1993，15（2）.

[11] 李金城. 2001-2006 年青藏铁路多年冻土区冻害调查与分析 [J]. 冰川冻土. 2008，30（1）：9-16.

[12] 童长江，管枫年. 土的冻胀与建筑物冻害防治 [M]. 北京：水利水电出版社，1985.

[13] 徐敩祖，王家澄，张立新等. 土体冻胀和盐胀机理 [M]. 北京：科学出版社，1995.

[14] 叶尔绍夫主编. 张长庆译. 冻土工程学 [M]. 莫斯科：莫斯科国立大学出版社，1999.

[15] 吴紫汪，马巍. 冻土强度与蠕变 [M]. 兰州：兰州大学出版社，1994.

[16] 童长江. 我国冻土融化压缩特性研究 [J]. 冰川冻土，1989，10（3），327-331.

[17] 何平，程国栋，杨成松等. 冻土融沉系数的评价方法 [J]. 冰川冻土，2003，25（6），608-613.

[18] Andersland，O. B.，Ladanyi，B.. Frozen Ground Engineering（Second edition）[M]. Press：John Wiley & Sons，Inc.

[19] MORGENSTERN N R，NIXON J F. One-dimensional consolidation of thawing soils [J]. Can. Geotech. J.，1971，(8)：558-565.

[20] FORIERO A，LADANYI B. FEM assessment of largestrain thaw consolidation [J]. Journal of Geotechnical Engineering，1995，121（2）：126-138.

[21] GIBSON RE，SCHIFFMAN RL，CARGILLKW. The theory of one dimensional consolidation of saturated clays II：Finite nonlinear consolidation of thick homogeneous layers [J]. Can. Geotech. J.，1981，18（2）：280-293.

[22] CARTER J P，SMALL J C，BOOKER J R. A theory of finite elastic consolidation [J]. Int. J. Solids Struct，1977，13：467-78.

[23] Harlan R. L. Analysis of coupled heat-fluid transport in partially frozen soil [J]. Wat. Resour. Res. 1973，9（5）：1314-1323.

[24] Sheshukov A. E., Egorov A. G. Numerical modeling of coupled moisture, solute and heat transport in frozen soils [A]. Lewkowicz A G Allard M. The 7th International Permafrost Conference [C]. Canada：Laval University，1998，987-992.

[25] Nixon J. E., Discrete ice lens theory for frost heave in soil [J]. Can. Geotech. J. 1991，28：843-859.

[26] 何平，程国栋，朱元林. 土体冻结过程中的热质迁移研究进展 [J]. 冰川冻土，2001，23 (1)：92-98.

[27] 何平，程国栋，俞祁浩等. 饱和正冻土中的水、热、力场耦合模型 [J]. 冰川冻土，2000，22 (2)：135-138.

[28] 李萍，徐敩祖，陈峰峰. 冻结缘和冻胀模型的研究现状与进展 [J]. 冰川冻土，2000，22 (1)：90-95.

[29] 马巍. 吴紫汪. 围压作用下冻结砂土微结构变化的电镜分析 [J]. 冰川冻土，1995，17 (2)：152-157.

[30] 苗天德，魏雪霞等. 冻土蠕变过程的微结构损伤理论. 中国科学（B辑）.1995，25 (3)：309-317.

[31] 马巍，朱元林，马文婷等. 冻结黏性土的变形分析 [J]. 冰川冻土，2000，12 (1)：43-47.

[32] 沈忠言，王家澄，彭万巍. 单轴受拉时的冻土结构变化及机理分析 [J]. 冰川冻土，1996，18 (3)，262-267.

[33] 刘增利，李洪升，朱元林. 冻土单轴压缩损伤特征与细观损伤测试 [J]. 大连理工大学学报，2002，42 (2)：223-227.

[34] 刘增利，李洪升，朱元林等. 冻土初始与附加细观损伤的 CT 识别模型 [J]. 冰川冻土，2002，24 (5)：676-680.

[35] 吴紫汪，马巍等. 冻土蠕变过程中结构的 CT 分析 [J]. CT 理论与应用研究，1995，4 (3)：31-34.

[36] 吴紫汪，马巍等. 冻土单轴蠕变过程中结构变化的 CT 动态监测 [J]. 冰川冻土，1996，18 (4)：306-311.

[37] 马巍，吴紫汪等. 冻土三轴蠕变过程中结构变化的 CT 动态监测 [J]. 冰川冻土，1997，19 (1)：52-57.

[38] 吴紫汪，马巍等. 冻土蠕变变形特征的细观分析 [J]. 岩土工程学报，1997，19 (3)：1-6.

[39] 沈忠言，吴紫汪. 冻土三轴强度破坏准则的基本形式及其与未冻水含量的相关性 [J]. 冰川冻土，1999，21 (1)：22-26.

[40] Williams P. J. Properties and behavior of freezing soils [R]. Oslo：Norwegian. Geotech. Inst. Public. 1968.

[41] Konrad, J. M. Physical processes during freeze-thaw cycles in clayed silts [J]. Cold Regions Science and Technology，1989，16 (3)：291-303.

[42] 李洪升，刘增利，李南生. 基于冻土水分温度和外荷载相互作用的冻胀模式 [J]. 大连理

工大学学报，1998，38（1）：29-33.

［43］ 王大雁，马巍等.冻融作用对青藏黏土物理力学性质的影响［J］.岩石力学与工程学报，2005，24（23）：4313-4318.

［44］ 徐敩祖，张立新，邓友生.多晶冰中的未冻水含量［J］.冰川冻土，1995，17（3）：149-152.

［45］ 张立新，徐敩祖，邓友生.含氯化钠冻土未冻水含量与冻融过程关系的特征［J］.冰川冻土，1993，15（1）：258-262.

［46］ 盛煜，福田正己，金学三等.未冻水含量对含废弃轮胎碎屑冻土超声波速度的影响［J］.岩土工程学报，2003，22（6）：716-719.

［47］ Nakano Y，Arnord R. Acoustic properties of frozen Ottawa sand［J］. Water Resources Research，1973，9（1）：178-184.

［48］ Nakano Y，Martin A. J. ，Smith M. Ultrasonic velocities of the dilatational and shear waves in frozen soil［J］. Water Resources Research，1972，8（4）：1024-1030.

［49］ Fukuda M. Measurement of ultrasonic velocity of frozen soil near 0℃［J］. Low Temperature Science（A），1989，（50）：83-86.

［50］ 王大雁，朱元林，马巍等.冻土超声波波速与冻土物理力学性质试验研究［J］.岩石力学与工程.2003，22（11）：1837-1840.

［51］ Archie，G. E. The electric resistivity log as aid in determining some reservoir characteristics［J］. Trans. American Institute of Mining，Metallurgical and Petroleum Engineering，1942，14（6）：54-62.

［52］ Arulanandan，Muraleetharan. Level ground soil liquefaction analysis using in situ properties，Part I［J］. J. Geotech. Eng. Div. ，ASCE，1988，114（7）：771-790.

［53］ Waxman，M H，Smith，L J M. Electrical conductivity in oil-bearing shaly sand［J］. Society of Petroleum Engineers Journal，1968，65（5）：1577-1584.

［54］ 缪林昌，刘松玉，严明良等.水泥土的电阻率特性研究［J］.工程勘察，2000，（5）：32-34.

［55］ 于小军，刘松玉.电阻率指标在膨胀土结构研究中的应用探讨［J］.岩土工程学报，2004，26（3）：393-396.

［56］ 付伟，汪稔，胡明鉴等.不同温度下冻土单轴抗压强度与其电阻率关系试验研究［J］.岩土力学，2009，30（1）：73-78.

［57］ 付伟，汪稔.饱和粉质黏土反复冻融电阻率及变形特性试验研究［J］.岩土力学，2010，31（03）：769-774.

［58］ 付伟，汪稔，李志清，胡明鉴.单轴载荷下冻土的导电性及机敏性能试验研究［J］.岩土力学，2009，30（07）：1974-1980.

［59］ 付伟.单轴压缩与冻融作用下粉质粘土电阻率特性试验研究［D］.中国科学院研究生院（武汉岩土力学研究所），2009.

［60］ 付伟，汪稔，胡明鉴等.不同温度下冻土单轴抗压强度与电阻率关系研究［J］.岩土力学，2009，30（01）：73-78.

[61] 谈云志，吴翩，付伟等.改良粉土强度的冻融循环效应与微观机制［J].岩土力学，2013，34（10）：2827-2834.

[62] 王大雁，朱元林，马魏等.超声波法测定冻土动弹性力学参数试验研究［J].岩土工程学报，2002，24（5）：612-615.

[63] 梁波，张贵生，刘德仁.冻融循环条件下土的融沉性质试验研究［J].岩土工程学报，2006，28（10).

[64] 魏海斌、刘寒冰.冻融循环对粉煤灰土动强度的影响［J].吉林大学学报，2007，37（2).

[65] 黄明奎，张学富，王成.多年冻土区路基填土力学参数实验研究［J].重庆交通大学学报，2008，37（3).

[66] Chamberlain，E.J.，andBlouin，S.E.，1977. Freeze-thaw enhancement of the drainage and consolidation of fine-grained dredged material in confined disposal areas. Cold Regions Research and Engineering Laboratory，Hanover，New Hampshire，U.S.A.，Octerber 1977，Report D-77-16.

[67] Viklander，P.，1995. Influence of cycles of freezing and thawing on the permeability in soils，a literature investigation. Lulea University of Technology，Lulea，Sweden，Technical Report 1995：12T，[in Sweden].

[68] Viklander，P.，Knutsson，S.，1997. Permeability changes in a fine-grained till due to cycles of freezing and thawing. In：Knutsson，S.(Eds.)，Proc. International Symposium on Ground Freezing and Frost Action in Soils，15-17 April 1997，Lulea，Sweden. A.A. Balkema，Rotterdam，pp. 193-202.

[69] Linell，K.A.，Kaplar，C.，1959. The factor of soil and material type in frost action. Highway Research Board Bulletin No. 225，pp. 88-126.

[70] Solymar，Z.V.，Nunn，J.O.H.，1983. Frost sensitivity of core materials：case histories. Can. Geo. J.，20：373-384.

[71] Yong，R.N.，Boonsinsuk，P.，and Yin，C.W.P.，1985. Alteration of soil behavior after cyclic freezing and thawing. Proceedings，4th International Symposium on Ground Freezing，Sapporo，Japan，August 1985，pp. 187-195.

[72] Yanful，E.K.，Haug，M.D.，and Wong，L.C.，1990. The impact of synthetic leachate on the hydraulic conductivity of a smectitic till underlying a landfill near Saskatoon，Saskatchewan. Canadian Geotechnical Journal，27：507-519.

[73] Wong，L.C.，Haug，M.D.，1991. Cyclical closed-system freeze-thaw permeability testing of soil liner and cover material. Can. Geotech. J. 28，784-793.

[74] Othman，M.A.，Benson，C.H.，1993. Effect of freeze-thaw on the hydraulic conductivity and morphology of compacted clay. Can. Geotech. J. 30，236-246.

[75] Othman，M.A.，Benson，C.H.，1993. Effect of freeze-thaw on the hydraulic conductivity of three compacted clays from Wisconsin. Transportation Research Record，1369：118-125.

[76] Benson，C.H.，Othman，M.A.，1993. Hydraulic conductivity of compacted clay fro-

zen and thawed in situ. ASCE Journal of Geotechnical Engineering，119：276-294.

[77] 罗小刚，陈湘生，吴成义.冻融对土工参数影响的试验研究 [J].建井技术，2000，21 (2)：24-26.

[78] 汪仁和，张世银，秦国秀.冻融土工程特性的试验研究 [J].淮南工业学院学报，2001，21 (4)：35-37.

[79] 杨平，张婷.人工冻融土物理力学性能研究 [J].冰川冻土，2002，24 (5)：665-667.

[80] 杨成松，何平，程国栋等.冻融作用对土体干容重和含水率影响的试验研究 [J].岩石力学与工程学报，2003，22 (增 2)：2695-2699.

[81] Alkire Bemand D.，Mrrsion James M. Change in soil structure due to freeze-thaw and re-peated loading [J]. Tmnsportation research record. 1983. 91 (8)：15-21.

[82] Leroueil S.，Rardif J.，Roy M. etal. Effects of forst on the mechanical behaviour of Champlain Sea clays [J]. Canadian Geotchnical Journal. 1991，28 (5)：690-697.

[83] Graham J. Effects offreezen-haw and softening on a natural clay at low stresses [J]. Canadian Geotchnical Journal. 1985，22 (1)：69-78.

[84] Chuilin Y. M.. Yazynin O. M.. Frozen soil macro and mierostructure formation [A]. In 5th International Conference on Pemafrost [C]. Trondheim Tapir Publishers，1988，320-323.

[85] Broms B. B. Yao Y. C. Shear strength of a soil after freezing and thrawing [J]. ASCE Journal of the soil mechanics and foundations division，1964，90 (4)：1-26.

[86] Gandahl. R.. The damaging effects of frost action in roads，overview of types of damage and preventive measures. Swedish Road and Traffic Research Institute，VTI Report no. 230，Linkoping，Sweden. 1980：418-423.

[87] Fredlund，D. G.，Bergan，A. T.，Sauer，E. K. Deformation characterization of sub-grade soils for highways in northern environments [J]. Can. Geotech. J. 1975，12，213-223.

[88] Bergan，A. T.，Fredlund，D. G.，1972. Characterization of freeze-thaw effects on sub-grade soils [C]. Proc. Symp. On frost Action in Soil，Organization for economic Coopera-tion and Development，Oslo，Norway.

[89] Chamberlain，E. J.，Cole，D. M.，Johnson，T. C.，1977. Resilient modulus and Poisson's ratio for frozen and thawed silt and clay subgrade materials [R]. A. S. C. E. Special Conf. Appl. of Soil Dyn. in Cold Reg.，San Francisco，Preprint No. 3011.

[90] Johnson，T. C.，Cole，D. M.，Chamberlain，E. J.，1978a. Influence of freezing and thawing on the resilient properties of a silt beneath an asphalt concrete pavement [R]. USA Cold Regions Research and Engineering Laboratory，CRREL Report 78-23.

[91] Johnson，T. C.，Cole，D. M.，Chamberlain，E. J.，1979. Effects of freeze-thaw cycles on resilient properties of fine-grained soils [J]. Eng. Geol.，13：247-276.

[92] Cole. D. M.，Bently. D.，Durell. G.，Johnson，T. C.，1986. Resilient modulus of freeze-thaw affected granular soils for pavement design and evaluation [R]. USA Cold Re-

gions Research and Engineering Laboratory, CRREL Report 4-86.

[93] Berg, L., Bigl, S. R., Stark, J. A., Durell, G. D., 1996. Resilient modulus testing of materials from Mn/ROAD, Phase 1 [R]. USA Cold Regions Research and Engineering Laboratory, CRREL Report 96-19.

[94] Simonsen, E., Janoo, V. C., 1999. Resilient properties of unbound road materials during seasonal frost conditions. ASCE J. Cold Regions Eng., submitted.

[95] 马巍,徐学祖.冻融循环对石灰粉土剪切强度特性的影响 [J].岩土工程学报,1999,21 (2):158-160.

[96] 徐学祖,王家澄,马巍等.冻融循环对石灰土路基稳定性的影响 [C].第五届全国冰川冻土学大会论文集(上),兰州:甘肃文化出版社,1996,627-631.

[97] 陈湘生,濮家骝,殷昆亭,罗小刚.地基冻融循环离心模型试验研究 [J].清华大学学报(自然科学版),2002,42(4):531-534.

[98] 和礼红,汪稔,石祥峰.冻土结构性研究方法初探 [J].岩土力学,2003,24(增2):148-152.

[99] 朱志武,宁建国,马巍.冻土屈服面与屈服准则的研究 [J].固体力学学报,2006,27 (3):307-310.

[100] 陈飞熊,李宁,程国栋.饱和正冻土多孔多相介质的理论构架 [J].岩土工程学报,2002,24(2):213-217.

[101] 陈飞熊,李宁,徐彬.非饱和正冻土的三场耦合理论框架 [J].力学学报,2005,37 (2):204-214.

[102] 李洪升,王悦东,李亚明.冻土材料非线性断裂模型的试验研究 [J].岩石力学与工程,2006,25(7):1391-1395.

[103] Beskow G. Soil freezing and frost heaving with special application to roads and railroads [J]. Swedish Geol. Survey Yearbook, 1935, 26(3):375-380.

[104] Everett D. H. The thermodynamics of frost damage to porous solids [J]. Trans. Faraday Soc., 1961, 57:1541-1551.

[105] 倪铁山.季冻区铁路路基冻害原因分析与整治措施研究 [D].长春:吉林大学,2009.

[106] 皇淑森.铁路路基基床冻害与整治 [M].中国铁道出版社,北京,2005.

[107] 徐学祖,何平,张健明.土体冻结和冻胀研究的新进展 [J].冰川冻土,1997.19(3):280-283.

[108] 冻土地区建筑地基基础设计规范 JGJ 118—98[M].北京:中国建筑工业出版社,1998.

[109] 袁忠准.我国东北地区寒区建筑中的冻土研究回顾 [J].冰川冻土,1988.10(3):338-341.

[110] 杨成松,何平等.冻土热融下沉研究的现状和进展 [J].工程地质学报 2004.12:147-151.

[111] 戴惠民,乐鹏飞等.季冻区公路路基土冻胀性的研究 [J].中国公路学报,1994,7 (2):1-8.

[112] 郑秀清等.水分在季节性非饱和冻融土壤中的运动 [M].北京:地质出版社,2002.

[113] 李向群.吉林省公路冻害原因分析及处理方法研究 [D].中国优秀硕士学位论文全文数据库：中国知网. 2006.

[114] 谷宪明.季冻区道路冻胀翻浆机理及防治研究 [D].中国优秀硕士学位论文全文数据库：中国知网. 2007.

[115] 王静，吕翔等，季冻区路基土静动模量关系研究 [J].公路交通科技，2015.33：26-31.

[116] 许健，牛富俊等.季节冻土区防冻胀护道对保温路基地温特征影响效果研究 [J].铁道学报，2011，(3).

[117] 于静波，程培峰,.季冻区公路路基使用状况评价指标体系与评价方法的研究 [J].公路，2016，(2).

[118] Heukelom W，Klomp A J G. Dynamic Testing as a Means of Controlling Pavements during and After Construction [C]. Proc. 1st Intl. Conference on the Structural Design of Asphalt Pavements，1962：667～685.

[119] Green J L，Hall J W Jr. Nondestructive Vibratory Testing of Airport Pavements：Experimental Test Results and Development of Evaluation Methodology and Procedure，Report No. FAA-RD-73-205，Vol. 1 [R]. Washington，D. C.：Federal Aviation Admin. ，1975.

[120] Brown S F，Hyde A F L. Significance of Cyclic Confining Stress in Repeated-load Triaxial Testing of Granular Material [C]. Transp. Res. Rec. 537，Transportation Research Board，Washington，D. C. ，1975，pp. 49-58.

[121] Boyce J R. The Behavior of Granular Material under Repeated Load [D]. Nottingham：University of Nottingham，1976.

[122] Boyce J R. A Non-linear Model for the Elastic Behaviour of Granular Materials under Repeated Loading [C]. Proc. ，Int. Symp. on Soils under Cyclic and Transient Loading，1980，pp. 285-294.

[123] Wai Y. Y. G. ，Jorge A. C. A Study of the Influence of Suction on the Resilient Modulus of Pavement Subgrade Soils. International Symposium on Subdrainage in Roadway Roads and subgrades. Espana，World Road Association，1998，pp：137～144.

[124] 谢华昌，凌建明.湿度和吸力对处治土路基回弹模量的影响 [J].中国公路学报（增刊），2001，14（9）：19-21.

[125] 申爱琴，张登良.陕西陕北地区路基土参数的研究 [J].西安公路交通大学学报，1996，4：28-31.

[126] 张世洲.基于非饱和土力学的路基土回弹模量预估模型 [D].上海：同济大学，2007.

[127] 兰伟.非饱和粘性路基土回弹模量预估模型探讨 [J].西部交通科技，2008，(5)：5-9.

[128] 兰伟.路基土非饱和特性及回弹模量预估模型 [D].上海：同济大学，2009.

[129] 李聪，邓卫东.考虑非饱和土基质吸力影响的路基回弹模量研究 [J].公路交通技术，2008，(4)：5-8.

[130] 邱欣，钱劲松，张世洲.基于基质吸力的粘性路基土动回弹模量预估模型研究 [J].水文地质工程地质，2011，38（3）：49-53.

[131] 谢华昌，凌建明.路基处治土回弹模量的预估方法 [J].建筑材料学报 2008，（04）：441-445.

[132] 李聪.干湿循环条件下完全扰动黄土路基回弹模量分析 [J].交通科学与工程，2009，25（2）.

[133] 毛雪松，侯仲杰等.基于含水率和冻融循环的重塑土回弹模量试验研究 [J]．岩石力学与工程学报，2009，28（增2）：3585-3590.

[134] 王威娜，支喜兰等.冻融循环作用下路基土回弹模量试验研究 [J].冰川冻土，2010，32（5）：954-959.

[135] 杨俊，李元丰，刘世宜.冻融循环对风化砂改良膨胀土回弹模量影响研究 [J].合肥工业大学学报（自然科学版），2017，40（05）：685-689.

[136] 刘方，冉武平.冻融循环作用对粉质黏土回弹模量影响的试验研究 [J].土工基础，2016，30（06）：726-729＋742.

[137] 陈忠达，陈冬根，陈建兵，董元宏，张苛.冻融循环对不同含水率粗粒土回弹模量的影响 [J].郑州大学学报（工学版），2014，35（04）：9-13.

[138] 韩春鹏.石灰处治土路基冻融作用特性研究 [D].东北林业大学，2011.

[139] 程培峰，陈景龙等.季冻区路基土回弹模量影响因素分析 [J]．公路，2013（10）：174-178.

[140] 赵安平.季冻区路基土冻胀的微观机理研究 [D]，长春：吉林大学，2008.

[141] 王静.季冻区路基土冻融循环后力学性质研究及微观机理分析 [D].长春：吉林大学博士学位论文，2012

[142] K.太沙基.徐志英译.理论土力学 [M].北京：地质出版社，1960.

[143] 吴万平，凌建明，付伟等.路堤合理高度研究 [R].武汉：中交第二公路勘察设计研究院有限公司，2011.

[144] 孟黔灵，吴万平，凌建明，姚海林.公路路基结构性能与设计指标研究 [R].武汉：中交第二公路勘察设计研究院有限公司，2014.

[145] 陈东丰，吴万平，付伟等，季冻区公路低路堤修筑关键技术研究 [R].长春：吉林省交通科学研究所，2015.

[146] 付伟，季冻区路基土回弹模量衰减机理与预估模型研究 [R].武汉：中交第二公路勘察设计研究院有限公司，2017.

[147] 付伟，孟黔灵等.季节性冰冻地区路基结构性能演化规律研究 [R].武汉：中交第二公路勘察设计研究院有限公司，2014.

[148] 付伟，吴万平，程平等.多功能公路土基冻融循环试验装置 [P].湖北：CN201707329U，2011-01-12.

[149] 陈文.季节性冰冻区公路路基湿度与模量研究 [D].武汉：武汉工业学院，2012.

[150] Colias, K., Megown, A. The form and function of microfabric feature in a variety of natural soils [J].Geotechnique, 1974, 2：93-98.

[151] T. W. Lambe. The engineering behavior of compacted clay [J]. J. SMFD, ASCE, 1958. 84 (SM2).

[152] Aylmore，L. A. G. and Quirk，J. P. Swelling of clay water systems [J]. Nature，1959，183（4677）：1752-1753.

[153] Tancredi Caruso，E. Kathryn Barto，Md. Rezaul Karim Siddiky，Jeffrey Smigelski，

[154] C. A. Moore，C. F. Donaldson. Quantifying soil microstructure using fractals [J]. Geotechnique，1995，45（1）：105-116.

[155] V. R Ouhadi，R. N Yong. Impact of clay microstructure and mass absorption coefficient on the quantitative mineral identification by XRD analysis [J]. Applied Clay Science. 2003，23（1-4）：141-148.

[156] Olivier Monga，Fatou Ndeye Ngom，Jean Francois Delerue. Representing geometric structures in 3D tomography soil images：Application to pore-space modeling [J]. Computers & Geosciences. 2007，33：1140-1161.

[157] Olivier Cuisinier，Jean-Claude Aurio，Tangi Le Borgne，Dimitri Deneele. Microstructure and hydraulic conductivity of a compacted lime-treated soil [J]. Engineering Geology. 2011，123：187-193.

[158] T. Zhang. Linear elastic constitutive relation for multiphase porous media using microstructure superposition：Freeze-thaw soils [J]. Cold Regions Science and Technology. 2011，65（2）：251-257.

[159] 高国瑞. 兰州黄土显微观结构与湿陷机理探讨 [J]. 兰州大学学报，1979，（1）：123-134.

[160] 吴义祥. 工程黏性土微观结构的定量研究 [D]. 北京：中国地质科学院，1988.

[161] 查甫生，刘松玉等. 土的微结构特征对其电阻率的影响实验研究 [J]. 工程勘察. 2008（10）：6-10.

[162] 查甫生，刘松玉等. 黄土湿陷过程中微结构变化规律的电阻率法定量分析 [J]. 岩土力学. 2010，31（6）：1692-1698.

[163] 李伟. 黏性土基本力学特性微结构机理研究 [D]. 上海：同济大学，2008.

[164] 王宝军，孙兆刚. 季冻区路基冻害产生机理及防治措施「J]. 北方交通，2012，（06）：76-78.

[165] 张冬青. 季节性冰冻路基病害及防治措施研究 [D]. 长春：吉林大学，2008.

[166] 付伟，王云. 防水保温对季冻区路基回弹模量场的影响分析 [J]. 公路，2016，61（07）：76-81.

[167] 付伟，王云. 季冻区低路堤回弹模量场分布与变化特征分析 [J]. 公路，2016，61（11）：76-81.